La Palabra de Amma

Volumen 1

Sri Mata Amritanandamayi

La Palabra de AMMA

Volumen 1

Procedente de Matruvani – Clasificada por Temas

Mata Amritanandamayi Center, San Ramon
California, Estados Unidos

La palabra de Amma - Volumen 1
Procedente de Matruvani - Clasificada por Temas

Publicado por:
 Mata Amritanandamayi Center
 P.O. Box 613
 San Ramon, CA 94583
 Estados Unidos

---------- *Sayings of Amma – Volume 1 (Spanish)* ----------

© 2008 Mata Amritanandamayi Misión Trust, Amritapuri, Kollam, Kerala, 690546, India
Reservados todos los derechos. No se permite reproducir, almacenar en sistemas de recuperación de la información ni transmitir ninguna parte de esta publicación, cualquiera que sea el medio empleado – electrónico, mecánico, fotocopia, grabación, etc. –, sin el permiso previo de los titulares de los derechos de la propiedad intelectual.

Dirección en España:
 www.amma-spain.org
 fundacion@amma-spain.org

En la India:
 inform@amritapuri.org
 www.amritapuri.org

Dedicatoria

Con el más profundo de los agradecimientos, pongo el trabajo que por Su Gracia ha tomado forma de libro, a los Sagrados Pies, de mi amada Madre.

Amma, es el cuerpo que emerge de la misma Conciencia Suprema, para a través de Él, guiarnos y evitarnos sufrimiento a la humanidad, con Sabiduría, pues Ella no es un ser sabio, Ella es la Sabiduría, con Amor, pues Ella no es capaz de dar mucho Amor, Ella es el Amor Infinito que fluye incesantemente hacia toda la humanidad, con Compasión, porque Ella es la misma Compasión.

Amma es una Luminaria, que va introduciendo Su Luz Divina, en todos aquellos que se lo permitimos, y de esta manera, uno a uno, y por contagio a los que éstos tienen a su alrededor, va elevando la conciencia de la humanidad.

El libro que tienes en tus manos, contiene parte de sus enseñanzas, clasificadas por temas, y sólo puedo decirte que el trabajo de confeccionarlo a Ânand, le ha supuesto un gran aprendizaje para ir empezando a saber cómo vivir.

Ânand

Índice

Volumen 1

Dedicatoria	5
Prólogo	9
Introducción	12
Actitud - Camino a seguir	15
Amma: ¿Quién es?	71
Amor	94
Apego - Desapego	127
Ashram	133
Ayudar a los demás	138
Bhajans	150
Casarse	153
Compasión	159
Conocimiento	165
Creación - Naturaleza	170
Deseos - Gustos y aversiones	175
Devoción	178
Dharma	183
Dinero	191
Dios	195
Discernimiento	203
Disciplina	206
Educación - Padres / Hijos	208
Ego	211
Entrega	236
Escuchar - Oír	248
Esfuerzo	250
Espiritualidad	255

Expectativas	259
Experiencias	261
Fe	264
Felicidad	270

Volumen 2

Dedicatoria	283
Prólogo	287
Introducción	290
Gunas	293
Guru y su Gracia	294
Hábitos y vasanas	321
Hablar	324
Humildad	330
Inicios - Inauguraciones	335
Inocencia	338
Instrumento	347
Karma	349
Kundalini	359
Llorar	363
Libertad	365
Mantra japa	367
Maternidad - Femineidad	370
Meditación	397
Mente - Pensamientos	401
Meta - Realización	419
Miedos	427
Muerte	429
Obediencia	435
Objetivo de la vida	439
Orar - Rezar	441
Paciencia	460
Pasado - Presente - Futuro	469

Perdón	476
Preguntas a Amma	479
Rabia - Ira	480
Religión	485
Renuncia	511
Sadhana– Prácticas espirituales	513
Samskara	525
Seres humanos	527
Seva	532
Shraddha	539
Sufrimiento	542
Trabajo	550
Tulasi	552

Prólogo

Hay una parte de mi naturaleza a la que le interesa encontrar la respuesta a algún tema en concreto sobre lo que ha dicho o se ha publicado de alguien en particular.

Este deseo, inherente en mi interior, me ha llevado a recopilar por temas, todo lo que puedo, de lo que Amma ha dejado dicho y en consecuencia escrito, pues es el mejor alimento que le puedo proporcionar a mi alma.

A veces en mi vida al lado de Amma, Ella me proporciona más tiempo para que realice este trabajo y otras no tanto, pero la Palabra de Amma es tan poderosa, que en ocasiones en las que he podido estar durante bastantes horas inmerso en Sus Enseñanzas, recopilando, cortando, pegando,... al levantarme y por unos instantes, no me he podido sostener en pie, estaba totalmente fuera de mí, con una embriaguez divina, en la que ya me quedaría para siempre de buen grado.

Sus enseñanzas son como Ella misma dice, las escrituras védicas, que nos costaría varias vidas asimilarlas, y que Amma nos las proporciona en pastillas, para que las podamos tomar cómodamente.

Sus enseñanzas son de una sencillez apabullante, las comprende cualquier niño de cuatro años, y al mismo tiempo encierran una profundidad a veces imposible de alcanzar con la mente humana.

En las enseñanzas de Amma, he encontrado cómo desarrollar entusiasmo en mi interior, junto con la manera de recorrer el camino hacia Dios, y cómo levantarme en las innumerables caídas que sufro mientras lo recorro.

Estoy en un momento en el que casi no me es posible leer nada que no proceda de Amma, porque me distrae.

En cambio mientras un día sucede una cosa, y otra día otra, se van integrando en mí Sus mensajes, e intento ponerlos en práctica. Es con toda sinceridad lo que más me cuesta, la puesta en práctica, pero merece tanto la pena, pues observo que lo que voy consiguiendo poco a poco, va llenando mi corazón de alegría. Voy percibiendo la vida de otra manera, y entonces mi ser rebosa Agradecimiento, entonces el entusiasmo crece en mi interior.

Nuestra conciencia no está siempre en el mismo punto, y en ciertas ocasiones al leer alguna frase en concreto, o a lo mejor una sola línea, que ya había pasado varias veces por delante de mis ojos, y en teoría por el cedazo de mi mente, he notado que aquel momento en concreto, era diferente al de otras veces. Salía desde las letras impresas en el papel, una flecha que directamente se clavaba en el centro mismo de mi corazón. Es en ese momento cuando aquella enseñanza por la Gracia de Amma, se integra en el ser; es la Gracia que premia el esfuerzo.

Entrar en la órbita de Amma, no importa vivir a Su lado o a miles de kilómetros de distancia, es lo más grandioso que a un ser humano le puede ocurrir. Es hacernos conscientes de que la Madre Divina espera que le abramos la puerta de nuestro corazón para que a través de Su Omnipresencia, nos pueda facilitar la ayuda que necesitamos en cada instante de nuestra vida. Es hacernos conscientes de que Dios, la Conciencia Suprema ha tomado este cuerpo de Amma, para guiarnos a todos y cada uno allí donde Él reside: la Beatitud Eterna.

Tanto si no conoces al cuerpo de Amma, como si ya eres devoto de Ella, a lo mejor estos apuntes te pueden ayudar a mejorar tu vida; para su utilización, me atrevería a hacerte tres recomendaciones:

● No es una publicación para leer toda seguida como otro libro, sino por temas concretos. Más bien es preferible quedarte en un

Prólogo

mensaje determinado, si notas que al leerlo te impacta o se mueven cosas en tu interior.

- Cuando busques sobre algún tema en particular y leas frases repetidas, no te desanimes, no te aburras, observa que ocurre en tu interior, y probablemente puedas descubrir alguna resistencia que está poniendo tu ego, para que no integres aquella enseñanza en cuestión, o no la pongas en práctica.

- Decide que la Palabra de Amma guíe tu vida. Para ello disponte a leer un poco cada día de Sus Mensajes Divinos, pero sobre todo, a hacer el esfuerzo de ponerlos en práctica.

En esta publicación hay una parte importante de las Enseñanzas de Amma, recíbelas como un regalo que Dios mismo pone en tus manos, para que tu vida cambie a mejor.

Ânand

Introducción

En este apartado intentaremos exponer el criterio que se ha seguido en la confección de esta clasificación por temas de todo lo que Amma ha dicho en los Matruvanis editados en español desde el 2.000 al 2.007, y el de marzo del 2.008. En total 8 años.

Detrás de cada mensaje hay en los principios de cada tema unas sentencias cortas en las que se reflejan al final por ejemplo: la referencia (C.2), este es el indicativo de la procedencia de esta sentencia de Amma, y que en este caso sería Calendario del 2.002, pues aparte de los Matruvanis, también están recogidos Sus Consejos en los Calendarios.

Y ya a continuación al final de cada mensaje sea corto o sea largo, aparece este indicativo: (M.S.0) cuyas siglas corresponden a: Matruvani Septiembre 2.000, o sea que esta sería su procedencia.

Hay muchas sentencias que al final podemos ver lo siguiente: (M.D.2) *Ver Actitud*. Si esto aparece por ejemplo en el tema Dinero, quiere decir que para más información sobre aquella misma sentencia se puede acudir a Actitud (M.D.2), y allí se encontrará un contenido más amplio sobre lo que estamos leyendo en Dinero.

Esto se ha hecho así para no repetir tanto el mensaje entero que Amma nos trasmite en una frase o en una oración, y que hubiera hecho que la publicación duplicara su volumen.

Por ejemplo la frase que viene a continuación, está escrita en tres temas: Devoción, Conocimiento y Meta.

* Por medio de la devoción se alcanza el Conocimiento Supremo. El Conocimiento es la Meta, y la Devoción es el medio que nos lleva hasta esta Meta. (M.D.5)

Y este otro mensaje lo encontrarás de esta manera en: Felicidad

Introducción

✻ El arco iris se convirtió en un ser tan bello porque se olvidó de sí mismo y entregó su vida a los demás. De igual manera, cuando nos olvidamos de nosotros mismos y vivimos por la felicidad de los demás, experimentamos la belleza auténtica de la vida. (M.D.4) *Ver Religión*

Entonces puedes ir a *Religión* y en el mensaje (M.D.4), si hay varios (M.D.4) miras donde se encuentra esta frase y allí encontrarás el contenido que hace referencia a esta sentencia.

En el contenido del libro hay muchas entrevistas que le han hecho a Amma alrededor del mundo, entonces el criterio que se ha seguido en las entrevistas es poner en letra cursiva la pregunta, y la respuesta de Amma ya en letra normal.

Actitud - Camino a seguir

✻ Hijos, coman para vivir, duerman para despertar. (C.2)

✻ Hijos míos, por muy alta que sea nuestra posición social, debemos pensar siempre que simplemente somos servidores de nuestros semejantes. (C.3)

✻ Cuando aceptemos que todo es la voluntad de Dios, todas nuestras cargas desaparecerán. (C.3)

✻ Aunque os olvidéis de comer, no os olvidéis nunca de pensar en Dios. (C.3)

✻ El amor y la belleza se hallan dentro de ti. Trata de expresarlos a través de tus acciones y con certeza tocarás la esencia del éxtasis. (C.4)

✻ Una cara sonriente, palabras de consuelo, miradas de compasión, todo esto son también meditaciones. (C.5)

✻ Sé siempre un principiante. Un principiante tiene paciencia, humildad, entusiasmo y una fe optimista. (C.5)

✻ Purificad vuestros corazones. Ved a Dios en todas partes y amad a todos los seres. (C.5)

✻ Cuando ves todas las cosas como Dios, mantienes una actitud de adoración. Toda tu vida se convierte en una forma de plegaria, una canción de alabanza. (C.6)

✻ Aquellos que son amables y afectuosos con los demás, no necesitan andar en busca de Dios, pues Él acudirá presto al corazón que late lleno de compasión. (C.6)

✳ Cuando nos olvidamos de nosotros mismos y vivimos para hacer felices a los demás, sentimos la auténtica belleza de la vida. (C.6)

✳ Realiza las acciones con gran cuidado y atención, y con la actitud de que, lo que hagas, es una ofrenda a Dios. (C.6)

✳ La cualidad primera y esencial que un aspirante espiritual debe cultivar es una actitud no egoísta. La acción es el mejor criterio para comprobar el grado de nuestra abnegación.

✳ Hijos míos, vosotros sois la esperanza y el futuro del mundo. Dejad que se abran las flores que hay en vuestro interior para envolver la tierra entera de su dulce perfume. Secar las lágrimas de los que sufren y expandir la luz de la espiritualidad. (M.S.0)

✳ Es muy difícil cambiar la naturaleza del mundo. Somos nosotros los que realmente tenemos que cambiar. Amma explica una historia relacionada con esta cuestión.

Había una vez un hombre que paseaba a su hijo en un cochecito. El bebé estaba muy intranquilo, y no hacía más que llorar y gritar. El padre intentaba por todos los medios que se calmara. Le daba galletas, un muñeco, un chupete..., pero el bebé no dejaba de llorar y tiraba al suelo todo lo que se le daba. Mientras tanto, el padre repetía tranquilamente, una y otra vez: "Venga, Juan, cálmate, no te enfades... Juan, ya lo arreglaremos... Venga, cálmate, cálmate ya." Finalmente, se pararon. Otra mujer caminaba detrás, a corta distancia, y vio la paciencia que tenía este padre con su hijo. La mujer levantó al niño y lo acarició en su regazo, dándole unos golpecitos en la espalda. Entonces comentó: "¡Hay que ver qué paciencia tiene con su hijo! ¡Cuánto ha llorado este pobre niño! ¡Menudo trabajo le está dando! A continuación se volvió hacia el niño y le dijo cariñosamente: "Juanito, mi niño, ¿qué te pasa? ¿Por qué lloras? No llores más, Juanito, dime, ¿qué

te molesta?" En este momento el padre intervino para decir: "Perdone, señora, pero mi hijo no se llama Juanito. Soy yo el que se llama Juan. El niño se llama Jorge."
El padre había adoptado la actitud correcta. Sabía que era difícil calmar al bebé, por tanto procuró calmarse a sí mismo, no mostrándose enfadado ni impaciente. Al cambiar nosotros mismos, podemos lograr la paz mental. Amma insiste sobre la importancia de la paciencia. Cuando somos pacientes, progresamos. Si tomamos el capullo de una flor y lo abrimos, toda la belleza de la flor quedará destruida. Pero si la flor florece naturalmente, a su debido tiempo, resultará maravillosa. Debemos fomentar la paciencia, pues la paciencia es el fundamento de todo desarrollo. (M.J.1)

✻ Si damos primacía a Dios, todo lo demás en nuestra existencia se situará en su lugar adecuado. Cuando Dios forme parte de nuestras vidas, el mundo nos seguirá. Si damos primacía al mundo, Dios no nos seguirá. Si abrazamos al mundo, Dios no nos abrazará. (M.J.1)

✻ Un anciano fue a la consulta de un oculista. El doctor le pidió que se sentara y leyera las letras que había en un gran panel para comprobar su visión. "perdone, doctor, pero no leo nada", dijo el hombre.
"¿Ni siquiera la primera línea?", le preguntó el médico sorprendido.
A continuación le dio un par de gafas y le pidió que lo intentara de nuevo. "Tampoco lo puedo leer ahora", dijo el hombre. El doctor fue dándole gafas cada vez más potentes, mientras el paciente seguía repitiendo. "Tampoco, así lo puedo leer".
El oculista, totalmente frustrado, acabó por exclamar: "Le he dado las gafas más potentes que se conocen, ¿cómo es posible que no haya podido leer ni siquiera la primera línea?

El paciente le respondió fríamente: "Lo que pasa, doctor, es que no sé leer".

Mientras no sepamos leer, no sirve de nada que nos pongamos las gafas más potentes. De igual forma, mientras nuestro corazón no esté abierto, ni aún contando con el mejor maestro, podremos obtener beneficio alguno. (M.S.1)

* Sólo si existe, podrá existir el amado. Sin amante, no hay Bienamado. Dios, nuestro Bienamado, no aparecerá, a menos que el amante interior se despierte. El *Guru* no aparecerá hasta tanto no se despierte en nosotros la actitud propia del discípulo. (M.S.1) *Ver Guru*

* No importan los años que se pasen junto a un *Guru*, lo esencial es la actitud interior del discípulo. (M.S.1) *Ver Guru*

* El discípulo que se entrega totalmente piensa: "No soy nada, ni nadie. Tú lo eres todo". La actitud de discípulo se despierta en aquellos que tienen esta humildad, y en ellos fluye la Gracia del *Guru*. Que mis hijos desarrollen madurez mental y humildad para merecer y recibir esa Gracia. (M.S.1) *Ver Guru*

* En cierta ocasión un discípulo le preguntó a Amma: "¿Cómo podemos cultivar el ideal de "tyaga"?

Amma le contestó: "En la etapa inicial, *tyaga* se practica en pequeños actos de la vida cotidiana. Entonces ese *samskara* crecerá en nosotros y tal vez nos convirtamos en auténticos *tyagis*. Por ejemplo, puede que veas a un hombre llevando una pesada carga sobre su cabeza, y sin que te lo pida, puedes acercarte a él y echarle una mano. Esto podría ser un acto de *tyaga*.

Imagina que estás cansado de realizar un trabajo manual desde hace rato, y el trabajo no ha terminado. En lugar de abandonar el trabajo de golpe, sigues un poco más. Si es posible, concluyes tu

Actitud - Camino a seguir

trabajo, pues siempre es mejor terminarlo. Ese sería otro ejemplo de *tyaga*.

Imagina que tienes la costumbre de dormir un número determinado de horas. Reduce un poco la duración del sueño y utiliza el tiempo para meditar o hacer algún servicio. También puedes durante las horas diurnas compensar el tiempo que se pierde al dormir. O cuando has estado sentado meditando durante un tiempo y tus piernas empiezan a sentir dolor, en lugar de abandonar la meditación, permanece en la misma postura y continúa meditando un poco más.

Estos actos atraerán la Gracia del *Guru* y Él te transmitirá su gran fuerza para avanzar a través del sendero espiritual. A través de estos actos de *tyaga* serás capaz de expandir tu mente, de ser más altruista y superar las limitaciones que se te presenten por la identificación del ser con el cuerpo y la mente. (M.S.1)

✷ "Hijos míos, si mantenemos una actitud desinteresada, progresaremos. Al ayudar a los demás nos estamos, de hecho, ayudando a nosotros mismos. Y, por el contrario, cada vez que hacemos una acción interesada, nos dañamos a nosotros mismos. Aprended a alabar a todos. Nunca maldigáis a nadie, pues un ser humano no es solo un puñado de carne y huesos. Hay una conciencia que actúa dentro de cada uno. Esa conciencia no es una entidad separada o aislada, forma parte de la totalidad, de la Unidad Suprema. Cualquier cosa que hagamos se refleja en la Totalidad, en la Mente universal única, y siempre vuelve a nosotros con la misma intensidad. Cuando hacemos una buena o mala acción se refleja en la Conciencia Universal. Por tanto, aprended a ser desinteresados y aprended a alabar a los demás. Orad por todos, pues necesitamos el apoyo y las bendiciones de toda la creación para elevarnos espiritualmente.

Cuando rezamos por los demás el universo entero reza por nosotros, y cuando bendecimos a los demás, todo el universo nos bendice, pues el hombre es uno con la energía cósmica." (M.M.2)

✳ Esta es la naturaleza de la vida. Deberíamos, por tanto, desarrollar una actitud de aceptación hacia las situaciones que se nos presenten.

Tenemos que desarrollar una actitud de entrega, con un corazón abierto que entienda y acepte la vida tal como es, con nuestras propias limitaciones. Nuestro corazón debería estar lleno de gratitud hacia Dios. Sin embargo, nos olvidamos de todo lo que Dios nos ha dado cuando no conseguimos satisfacer plenamente nuestros deseos. (M.J.2) *Ver Entrega*

✳ Nuestros pensamientos, palabras y acciones se contradicen en lugar de estar en armonía. Cuando existe acuerdo entre nuestro conocimiento y nuestras acciones, a esa combinación la llamamos conciencia. Si tuviéramos esa conciencia, no cometeríamos tantos errores.

Todos saben que la gente que fuma puede padecer cáncer. Los fumadores leen el aviso obligatorio que aparece en el paquete de tabaco: "el fumar perjudica la salud", pero siguen fumando. Si se ven afectados por el cáncer, adquieren conciencia al experimentar en sí mismos lo que ya sabían. Entonces dejan de fumar. Esta conciencia no debería aparecer sólo como consecuencia del sufrimiento. Debería aparecer antes y estar presente en todas nuestras acciones.
(M.J.2) *Ver Conocimiento*

✳ Sed conscientes de que no nos llevaremos nada cuando muramos. Hemos venido al mundo con las manos vacías y partiremos con las manos vacías.

Había una vez un poderoso rey que tenía cuatro esposas. Su favorita era la cuarta y, dada su belleza, la llevaba con él en todos sus viajes por los reinos vecinos. También amaba bastante a la tercera esposa, le compraba vestidos y lujosos adornos y la trataba con gran refinamiento. Solo le daba lo mejor. También apreciaba a la segunda esposa. Ésta era su confidente y ella se mostraba siempre amable, considerada y paciente con él. Cuando surgía algún problema, el rey confiaba en ella para que le ayudara a superar las dificultades. La primera esposa le era muy leal, pero el rey no la amaba. Aunque ella lo amaba profundamente, él apenas la consideraba.

Un día, el rey cayó enfermo, y supo que le quedaban pocos días de vida. Pensó en su ostentosa vida y reflexionó: "Tengo cuatro esposas conmigo, pero cuando me muera, estaré solo." Entonces le pidió a la cuarta esposa: "Eres la más amada, y te he mostrado un gran cariño. Ahora que me estoy muriendo, ¿me seguirás y me harás compañía?" "La vida es tan bella que cuando te mueras me volveré a casar", respondió la cuarta esposa, y salió de la sala sin decir nada más. Aquella respuesta fue tan cortante, que sintió como si le clavaran un cuchillo en el corazón. El entristecido rey se dirigió a la tercera esposa: "Te he amado toda mi vida. Ahora que voy a morir, ¿me seguirás y me harás compañía?" "No, en absoluto", respondió la tercera esposa. Aquella respuesta dejó helado el corazón del rey. A continuación se dirigió a la segunda esposa: "Siempre te he ayudado, y tú siempre has estado dispuesta a hacer lo que te pidiera. Cuando me muera, ¿me seguirás y me harás compañía?" "Lo siento, en esta ocasión no puedo ayudarte", respondió la segunda esposa. "Todo lo más que puedo hacer es acompañarte hasta el cementerio." Su respuesta la escuchó como un trueno y el rey se sintió desolado. Cuando la primera esposa se enteró de estas peticiones, le dijo: "Yo te seguiré allí donde vayas". Al levantar la cabeza, el rey se fijó en su esposa por vez primera, en muchos años. Estaba tan triste y desolada que parecía una moribunda. El rey sintió un profundo remordimiento y le confesó: "Tenía que haberte prestado mucha más atención cuando todavía tenía la oportunidad de hacerlo".

En realidad, todos nosotros tenemos cuatro esposas: la cuarta esposa es nuestro status social y riquezas. Cuando morimos, todo pasa a los demás. La tercera esposa es nuestro cuerpo. No importa el tiempo y los esfuerzos que le dediquemos para que tenga buena apariencia. Cuando morimos, nos abandona. Nuestros familiares y amigos representan la segunda esposa. Puede que nos acompañen hasta el cementerio, pero seguramente no irán más allá. La primera esposa es el *Atman*, nuestra alma, a la que apenas prestamos atención a lo largo de nuestra vida. Pero, en realidad, solo el Ser es eterno y permanece después de la muerte. Todo lo demás, ya sea fama, riqueza, nuestro cuerpo o los seres más queridos, son bienes efímeros.

Intentemos mantener siempre la conciencia de nuestra verdadera naturaleza y refugiémonos sólo en Ella. (M.J.2)

✷ Cuando nos enfrentamos a situaciones difíciles en la vida, acostumbramos a perder toda nuestra fuerza mental y empieza a disminuir nuestra fe en Dios. Amma nos dice que es en esos momentos cuando debemos sujetarnos con más intensidad a Dios y conseguir una mayor fuerza interior. Por ejemplo, con el calor del sol, el hielo se transforma en agua, mientras que la arcilla se vuelve más sólida y fuerte. Nuestra fe y nuestra fuerza mental no deberían ser como el hielo que se deshace fácilmente, sino como la arcilla que adquiere una mayor consistencia. Ante las dificultades de la vida, en lugar de perder la fe, debemos sujetarnos fuertemente a los pies del Señor. Es propio de la naturaleza humana sentir júbilo y saltar de alegría cuando tenemos éxito. Pero, tan pronto aparece el dolor, nos hundimos como un barco. Amma nos dice que es necesario cambiar esa forma de reaccionar y ver

Actitud - Camino a seguir

en el sufrimiento, el signo de la voluntad de Dios que nos pide que seamos más cuidadosos en nuestra vida. (M.S.2) *Ver Mente*

✷ Algunas personas preguntan: "Ahora que ya estamos con Amma, ¿es realmente necesario esforzarse más?" Amma afirma que nuestro esfuerzo personal es absolutamente necesario, pues sólo entonces nos hacemos merecedores de recibir la Gracia de Dios. (M.S.2)

✷ Un día, un muchacho pobre y hambriento llegó hasta la puerta de un comedor social. Servían la comida a las doce pero, como ya era casi la una, las puertas estaban cerradas. El muchacho intentó llamar al timbre que había en la puerta. Dada su pequeña estatura, ni saltando podía llegar hasta el timbre. Consiguió unos cuantos tablones de madera y se subió para llamar, pero sin éxito. Después cogió un palo para darle al timbre. Probó de diversas maneras, pero sus esfuerzos resultaron vanos. Entonces se puso a lanzar piedras para ver si alguna daba en el timbre. Tampoco acertó. Mientras todo esto sucedía, un hombre que estaba a corta distancia y observaba los intentos del muchacho, se sintió conmovido por los esfuerzos de éste y, apiadándose de él, llamó al timbre. La puerta se abrió y le dieron al muchacho su ración de comida.

Al igual que este muchacho, deberíamos estar preparados para esforzarnos con optimismo y sin ceder al desaliento. La Gracia de Dios siempre acompañará todos nuestros esfuerzos. El esfuerzo personal nos sitúa en la sintonía adecuada para recibir la Gracia de Dios. No importa si estamos cerca o lejos de una emisora de radio, pues todos tenemos que tratar de sintonizar nuestros aparatos de radio para poder escuchar bien su música. (M.S.2)

✷ *"La meta de la vida es la realización de Dios. Esforcémonos por conseguirlo".*

Amma continuó con la lectura de 14 instrucciones, pero previamente dijo: "Si un aspirante espiritual es sincero y sigue estas instrucciones, llegará a la realización de Dios en esta misma vida. Pero Amma no fuerza a nadie. Un aspirante sincero debe intentar poner en práctica estos puntos en su vida diaria. Debe conseguir que se integren en todos sus actos."

14 Instrucciones para el Crecimiento y el Florecimiento Espiritual

1. Cuando te preguntes: "¿Qué debo hacer?", piensa en como tus acciones pueden ser útiles a la humanidad.

2. Se puede medir el progreso conseguido a través de nuestra capacidad para mantener un espíritu equilibrado y sereno ante la alabanza y la humillación, el honor y el deshonor, halagos y críticas.

3. La comunicación empieza cuando se comprende total-mente el punto de vista del otro.

4. Si no puedes hablar con amor y respeto, espera hasta que te sea posible.

5. Cuando hieres a alguien, hieres a todo el mundo y a ti en particular.

6. Si alguien se está comportando de una forma ofensiva según tu parecer, reflexiona y observa las veces en las que has actuado así hacia los demás o hacia ti mismo.

7. Establece una cita con Dios todos los días y procura queesta cita sea tu máxima prioridad.

8. Entrena y ejercita para liberar al pensamiento de los objetosde los sentidos.

9. Equilibra tu vida entre *Hatha, Karma, Jnana y BhaktiYoga*.

Actitud - Camino a seguir

10. Un exceso de palabras mantiene la actividad mental y asfixia la sutil voz interior de Dios.
11. Lee cada día un texto que contenga las enseñanzas del *Guru*.
12. Establece un programa para tu sadhana y síguelo con regularidad.
13. Obtén provecho de la quietud de las primeras horas del día para la plegaria y la meditación.
14. Cuando ofendas o hieras a alguien, no te limites a pedir excusas, comprométete a no volver a cometer un acto así hacia ninguna otra persona. (M.S.2)

* *¿Puede un ser egoísta llegar a ser altruista por su propio esfuerzo? ¿Tenemos la posibilidad de cambiar nuestra propia naturaleza?*

Sin ninguna duda. Si tenéis una comprensión adecuada de los principios espirituales, vuestro egoísmo disminuirá. Un método excelente para disminuir nuestro egoísmo consiste en realizar acciones sin esperar ningún resultado personal. Recordad siempre que no sois más que un instrumento en manos de Dios. Debéis tener la actitud interior siguiente: "yo no soy el que actúa, es Dios el que me hace realizar todas las cosas." Si mantenéis esa actitud, poco a poco, desaparecerá vuestro egoísmo. (M.D.2) *Ver Ego*

* Podéis alcanzar la meta si realizáis las acciones de forma desinteresada y se lo dedicáis todo a Dios. Un buscador tendría que mantenerse firmemente unido a la meta. No dejéis de practicar *sadhana* cuando os sintáis decepcionados o frustrados. Continuad siempre con la máxima perseverancia.(M.D.2)

* Hijos míos, un *sadhak* (buscador espiritual) es aquel que se esfuerza de todo corazón para llegar a la meta. ¿Cómo vamos a tomarnos todas nuestras acciones a la ligera, si lo que pretendemos es alcanzar la libertad eterna?

Sólo cuando se logre esa liberación, responderemos de manera espontánea a todas las situaciones. En este momento, vuestras reacciones espontáneas proceden de vuestras viejas *vasanas* (tendencias). Se trata de eliminarlas y reemplazarlas por los más nobles valores de la vida.

Todo constituye una prueba, una prueba difícil para vosotros. Considerad esta prueba seriamente. Cuando Amma dice "seriamente" no se refiere a que tengáis que adoptar un aire serio. No. Es vuestra actitud la que debe ser seria. Esa seriedad debería ser interna y para ello necesitáis poseer un claro discernimiento. (M.J.3)

✻ Actualmente, Dios ocupa el último lugar en nuestra lista. Debería ocupar el primero. Si pusiéramos a Dios en primer lugar, todo lo demás se situaría en su lugar adecuado. (M.S.3)

✻ Hijos, realizad todas vuestras acciones con el pensamiento entregado a Dios. Entonces podréis vencer incluso a la muerte, y la felicidad será vuestra para siempre. (M.S.3)

✻ Desde luego, está bien mantener un horario y observar los *acharas* (lo correcto e incorrecto en la práctica espiritual). Una cierta disciplina espiritual nos ayudará para que no nos olvidemos de hacer nuestra práctica. Las reglas están para beneficiarnos, no proceden de Dios. Lo más importante, como dice siempre Amma, es la intención sincera. (M.D.3)

✻ Lleva a cabo tus acciones en el mundo, sin olvidar que tu meta final en la vida es romper con toda clase de esclavitud y limitación. (M.S.4)

✻ Dios es el siervo de aquellos que son inocentes. Los que carecen de inocencia no progresarán, por mucho que se esfuercen. Esa es la razón por la que hay muchas personas que no consiguen nunca nada, aunque hayan estado meditando muchos años. Cuando caminas por el sendero de la devoción, te vuelves inocente. El devoto tiene que mantener la actitud de que es el siervo de Dios, sentir que él y todo lo demás no son más que manifestaciones de Dios. De esa forma, beneficiará al mundo. (M.S.4)

✱ "Dios y el maestro espiritual están dentro de cada uno, pero en las primeras etapas de la práctica es sumamente importante contar con un maestro externo. Cuando se ha alcanzado cierto nivel, ya no es tan necesario. A partir de entonces, el aspirante espiritual será capaz de captar los principios esenciales en todas las cosas, y, por tanto, de progresar. Hasta que un muchacho no es consciente de su meta, estudia por temor a sus padres y maestros. Cuando llega a ser consciente de ella, estudia por propia iniciativa, rechazando diversiones o reduciendo sus horas de sueño. El temor y la reverencia que hasta entonces sentía hacia sus padres, no constituían ninguna debilidad. Hijos míos, cuando amanece en vosotros la conciencia de la meta, también despierta, de forma espontánea, el *Guru* interior. (M.S.4)

✱ La actitud de un discípulo supone discernimiento, al mismo tiempo que obediencia y entrega al *Guru*. La actitud de un niño es de inocencia y dependencia de su madre. Para el progreso espiritual son necesarias las dos actitudes.

El discípulo es un instrumento, un medio para que el mundo reciba la sabiduría del *Guru*. Es como lograr alcanzar el agua contenida en un gran tanque y distribuirla a la gente a través de un pequeño tubo.

Sólo cuando tenemos la actitud de que "no soy nada", puede el *Guru* hacer algo por nosotros. Ahora, nuestras mentes están llenas con la actitud del "yo soy". Si un vaso está lleno, todo lo que pongamos en él se derramará. Por tanto, deberíamos abandonar nuestra actitud egoísta y vaciar nuestra mente para que la Gracia de Dios fluya automáticamente y llene nuestros corazones.

Actualmente, nuestra concentración no se sitúa en el Ser sino únicamente en el nivel del cuerpo y de la mente. Realizar acciones en estos niveles es como derramar leche en una vasija vuelta al revés. No importa la leche que derramemos, pues ni siquiera una gota caerá dentro de la vasija. En realidad, toda la leche se desperdiciará. Si trabajamos con la actitud de que "yo soy el que hace la tarea", no recibiremos la Gracia de Dios, por mucho trabajo que hagamos.

Mientras conducimos por la autovía durante la noche, podemos ver numerosos carteles que indican varias rutas. Podemos leer esos letreros muy claramente. Un cartel puede pensar: "¡Mira, como soy tan luminoso, los coches saben que camino seguir!" De hecho, es la luz de los vehículos la que hace que los carteles se iluminen, pues no son auto-luminosos. De igual modo, nosotros decimos "soy yo el que hace la tarea", pero no nos preguntamos de dónde proviene esa fuerza necesaria para hacer dicha tarea. Nos sentimos orgullosos como los letreros de la carretera, pero sin la Gracia de Dios, no podríamos ni siquiera levantar nuestro dedo meñique.

Podemos fijarnos en el movimiento de nuestras manos al mismo tiempo que exclamamos: "soy yo el que hace todo esto." ¿Y qué haremos entonces? Carece de importancia ¿Cuántos segundos son necesarios para que se detenga nuestra respiración? ¿Quién decide el momento en que se producirá? Observamos claramente que todo sucede, en este mundo, de acuerdo con la voluntad de Dios. Eso no significa que sea inútil intentarlo. Debemos realizar las acciones con la humilde actitud de que somos meros instrumentos en las manos de Dios. Ni siquiera las manos con las que hacemos el trabajo, tienen la sensación de ser ellas las que actúan. De igual forma, deberíamos observar todo el trabajo como si estuviera siendo realizado por Dios, y no dejarnos llevar por la ilusión de que somos nosotros los autores de la acción. Solo así recibiremos la Gracia de Dios.

Una vez, un muchacho compró un regalo para el cumpleaños de su madre. Cuando fue a entregárselo, le dijo: "Madre, te he comprado un bonito regalo. ¡Aquí lo tienes!"

Al ver el regalo, la madre le preguntó: ¿Dónde has conseguido el dinero para comprarlo? "De tu monedero", respondió el muchacho.

De forma similar, proclamamos: "el que actúa soy yo, yo soy el que actúa". Pero realmente, ¿de dónde conseguimos la fuerza para actuar y hablar? La conseguimos de Dios. No deberíamos olvidarlo. Desarrollemos esta actitud y esforcémonos siempre para ser conscientes de que sólo somos instrumentos del poder divino. Solo si alimentamos esa actitud podemos conseguir la Gracia de Dios. Cuando nos vemos como meros instrumentos en las manos de Dios, cada uno de nuestros pensamientos y palabras están en consonancia con los deseos del *Guru*. Pero esto solo puede darse cuando nos entregamos.

Un bebé que está en la cama, si quiere girarse de lado, necesita que su madre le ayude. Todavía no sabe cómo darse la vuelta por sí mismo. Sólo sabe llorar. Cuando la madre oye el llanto del bebé, deja a un lado cualquier cosa que esté haciendo y corre a auxiliarlo. Cuando un gatito llora, su madre acude corriendo, lo agarra del cuello y lo lleva a otra parte. La madre gata no muerde el cuello del mismo para hacerle daño, sino para colocarlo en un lugar seguro. Del mismo modo, el *Guru* conduce al discípulo. Pero para comprenderlo, el discípulo ha de tener la inocencia propia de un bebé.

Por mucho que la madre riña al bebé, éste no dejará de acercarse a ella. ¿A dónde va a ir el bebé si lo abandona su madre?

La madre es el único refugio del bebé. Sabe que solo la madre puede protegerlo. Esta es la actitud que el discípulo debería tener hacia el *Guru*. Ante cualquier obstáculo, el discípulo sólo puede contar con el *Guru* para que le ayude a superarlo. Su salvación depende sobretodo del *Guru*. El discípulo debería entenderlo, no solo intelectualmente, sino siendo capaz de sujetarse firmemente a esta verdad. Ahí reside el triunfo del discípulo. Aunque el niño sea egoísta, su egoísmo nunca hará que se aparte de su madre.

Cuando Amma nos anima a desarrollar la inocencia del niño, no quiere decir que cultivemos el infantilismo. Hay una diferencia entre tener el corazón de un niño y ser infantil. Lo que se necesita es tener el corazón de un niño dotado de discernimiento. El niño sabe que solo puede contar con su madre. Cualquiera que sea nuestra edad, siempre habrá un niño en cada uno de nosotros.

Si un científico, ganador del Premio Nobel, desea aprender a tocar la flauta, debe convertirse en alumno de alguien que sepa tocarla. Es posible que el flautista no tenga una amplia cultura, pero el científico deberá dejar a un lado todo su saber científico y mostrarse paciente y atento, con la inocencia propia de un niño, si lo que quiere es aprender. Solo entonces llegará a tocar la flauta. Sin humildad resulta imposible adquirir un nuevo conocimiento. La humildad nos abre todas las puertas del saber.

Observad a los estudiantes. Aunque sean jóvenes, acuden a clase con la actitud de aprender lo que se les va a enseñar. Su humildad procede de la inocencia infantil. Aunque tengamos 98 años seguiremos teniendo sed de amor. Esta sed proviene de nuestro corazón infantil. "Sólo tengo a Dios, sólo Tú puedes salvarme", esa actitud, esa sed es la que caracteriza al corazón de un niño. En ciertas ocasiones de nuestra vida surge el corazón del niño. Algunos de mis hijos que son padres de familia, danzan como niños aunque tengan 70 años. Se levantan al alba para aprender "Sa-re-ga-ma" (las 4 primeras notas o svaras de la música india). Esto solo es posible si tenéis un corazón de niño, carente de orgullo y que obedece inocentemente las palabras de Amma.

El discípulo debería tener la misma actitud hacia el *Guru* que la que tiene un estudiante hacia su profesor. Constituye un deber del estudiante obedecer las palabras del maestro. Si un discípulo quiere desarrollar cualidades como *shraddha* (confianza), humildad y entusiasmo, debería tener la actitud de "no sé nada". Sólo entonces puede el discípulo asimilar todo lo que el *Guru* dice y desarrollar una mente receptiva. Sólo aprendemos cuando somos humildes. Cuando nos convertimos en nada, nos convertimos en todo: eso es lo que significa la expresión: "Cuando te conviertes en un "cero", te transformas en un "héroe". De tal humildad surge la entrega. Un discípulo es como un tubo conectado a un tanque de sabiduría, que es el *Guru*. El discípulo debe tener el discernimiento y la humildad que le permitan convertirse en un tubo sin obstáculos. Solo entonces fluirá el agua desde el tanque, a través del discípulo, para abastecer al mundo.

Cuando viajamos, ajustamos la marcha del vehículo en función de la carretera. Utilizamos distinta marcha según si subimos o bajamos una montaña. De forma parecida, el discípulo debería conducirse a sí mismo de modo apropiado, entendiendo cada situación. Por ejemplo, cuando Amma habla con seriedad, el discípulo ideal debería poner mucha atención y asimilar bien lo que le dicen. Y cuando Amma gasta bromas, ríe o juega, deberíamos ser capaces de valorarlo como niños. En función de la situación, tendríamos que ser capaces de adoptar la actitud propia de un discípulo o de un niño.

¿Qué espera de la juventud en el próximo milenio?

Los jóvenes son las flores del futuro, que deben abrirse y expandir su fragancia a su alrededor. Es la juventud la que configura el futuro de la sociedad y del país. Tienen que estar atentos y en alerta ante cada acción. Ellos son el auténtico tesoro del mundo. Actualmente, muchos jóvenes se están echando a perder por las drogas, y se están convirtiendo en esclavos de otros hábitos perjudiciales. Las flores que tienen que abrirse y expandir su fragancia en el futuro, están ahora estropeándose como capullos atacados por gusanos. El egoísmo y otras actitudes negativas predominan en el mundo, haciendo la vida cada vez más dura. La única solución para poner freno a esta situación es el desarrollo de buenas cualidades. Amma recuerda una historia a este respecto.

Un hombre entró en un bar y se emborrachó hasta olvidar sus penas. Cuando pagó la consumición, la mujer que regentaba el bar se mostró muy contenta y le pidió que rezara para que cada día vinieran más y más clientes al bar. El hombre se mostró de acuerdo. A cambio, le pidió a la mujer que hiciera lo mismo para que prosperaran los negocios de aquel hombre. A continuación, la mujer le preguntó "¿A qué se dedica usted?" Y el hombre, le respondió "A vender ataúdes".

Nuestras plegarias son de este tipo. Solo estamos pendientes de nuestros intereses egoístas y no de los intereses del mundo. La mujer quería conseguir más borrachos y el hombre quería que se muriera más gente para que floreciera su negocio. Apenas se daba cuenta de que él mismo, algún día, tendría que yacer en una de sus propias ataúdes.

Esta actitud debe cambiar. En lugar de pensar que cambiaremos cuando los otros cambien, debemos primero cambiar nosotros mismos, sin esperar que lo hagan los demás. Cuando cambiemos, los otros también cambiarán. Tenemos que servir al mundo de la forma en que nos sea posible.

Actitud - Camino a seguir

Se necesita tiempo y paciencia para que una flor se abra y expanda su fragancia. La juventud tiene entusiasmo, pero no paciencia. El pasado es como un cheque anulado. No tiene ninguna validez. El mañana nunca será hoy. Por tanto, no consumáis vuestro tiempo preocupándonos por el pasado y el futuro. Eso no significa que no debamos planificar el futuro. Planificar el futuro es necesario, pero no tenemos que obsesionarnos con él. Tenéis que vivir el presente haciendo un completo y sabio uso del momento que está en vuestras manos.

Entonces, la vida será mejor y mucho más bella. (M.S.4)

✳ El cuerpo tendrá que perecer tanto si trabajamos como si no hacemos nada. Por tanto, en lugar de oxidarnos sin hacer nada para la sociedad, es mejor agotarse haciendo buenas acciones.

El mundo de hoy necesita personas que expresen su bondad mediante la palabra y la acción. Si proliferan estas personas, se convertirán en un ejemplo para los demás, harán desaparecer la oscuridad en la sociedad y conseguirán que la luz de la paz y la no-violencia irradien de nuevo sobre la faz de esta tierra.(M.D.4)
Ver Religión

✳ *¿Cómo puede una mente errática purificar sus pensamientos y generar la necesaria virtud de la fe en el Guru?*

La primera y principal cualidad es *jigyasa* o el anhelo. Si alguien que ha ganado un premio Nobel quiere aprender a tocar la flauta, tendrá que sentarse a los pies del profesor de flauta. Debería tener la actitud de un principiante. La cualidad fundamental es ser conscientes del objetivo.

Si nos concentramos en un nombre, ya sea Rama o Krishna, o cualquier otro nombre o *mantra*, podemos evitar todos los pensamientos innecesarios. Todo depende de la intensidad de nuestros sentimientos hacia el objetivo. El dominio de la mente genera una inmensa cantidad de energía. Es difícil conseguir el dominio sobre la mente, pero cuando queremos conseguir algo la mente se centra automáticamente.

Nuestro nivel de conciencia en cuanto seres humanos es muy bajo. Para despertar esa conciencia interior son necesarios hábitos regulares, una mente disciplinada o seguir un horario.

Supongamos que queremos asistir a una entrevista a las 7 en punto. Pondremos el despertador a las 4 y nos levantaremos. Generalmente nos levantamos a las 8, pero ese día en particular tenemos que estar ahí a las 7. El despertador nos ayuda a crear esa conciencia. Poco a poco podremos ir consiguiendo el dominio sobre la mente. Necesitamos esas reglas básicas, del mismo modo que un niño que va a la escuela primaria necesita un horario.

Para mí no hay Creador o Creación. Al igual que el océano y las olas, todo es uno y lo mismo. Dios está en las personas y en el mundo, y el mundo está en las personas.

Es el amor el que transforma el mundo en una adoración. Incluso la naturaleza es parte de Dios. Por esa razón existen en la India templos para criaturas tan insignificantes como los lagartos, los árboles o las serpientes venenosas. Tenemos a *"Mattu Pongal"*, adoramos al sol. También al buey, pues lo necesitamos para cultivar la tierra. Es una forma de dar gracias a toda la creación, ya que es la fuerza que sostiene la vida.

¿Cuál es su mensaje para aquellos que se dedican a toda clase de malas acciones, que son corruptos e inmorales, y luego practican bhakti para purificarse?

Esas personas tienen conocimiento intelectual, pero no están centradas en el corazón. No tienen una comprensión o actitud correctas.

La pureza en la acción es verdadera devoción, y si no la hay es como guardar leche en un recipiente sucio. La leche se echará a perder.

La purificación debe darse en los niveles inferior y superior. Sin una adecuada disciplina, nada funcionará en nuestra sociedad. Por ejemplo, en Singapur, si escupes o tiras basura al suelo te ponen una multa de 100 dólares. Así que la gente no lo hace. En nuestras facultades de ingeniería intentamos aconsejar a los alumnos sobre la necesidad de no desperdiciar comida, pero no hubo cambio. Entonces acordamos sancionar a los alumnos que lo hacían, y funcionó.

Del mismo modo, si ellos no pueden despertar por sí mismos, tenemos que concienciar a través de reglas estrictas y disciplina.

Nuestra comprensión de la espiritualidad está del todo equivocada. Sólo a través de las buenas obras conseguiremos la Gracia de Dios. La gente piensa que puede sobornar a Dios.

Hay tres tipos de personas: *pakrithi, vikrithi y sanskrithi.*

El primero -*pakrithi*- son aquellas personas que no se preocupan de nadie, los demás les parecen insignificantes. Todo lo que consiguen se lo quedan.

El segundo tipo -*vikrithi*- se quedan con lo que consiguen y cogen también lo de los demás.

Y los del tercero comparten lo que tienen. Tenemos que educar a las personas de las dos primeras categorías para que sean como las de la tercera.

Cualquier cosa que tomemos del mundo, provocará una disminución de recursos. En cambio, nuestras capacidades internas no disminuyen si mantenemos la actitud correcta. Por ejemplo, en nuestro *ashram*, no recibimos apoyo de ninguna comunidad o partido político. Tenemos que servir a la sociedad. Estos hijos, si consiguen 5 paisas, devuelven a la sociedad 1000 rupias. Si la gente pensara de esta manera, podríamos cambiar el mundo. (M.D.4)

✻ • Que el árbol de nuestra vida quede firmemente enraizado en la tierra del amor.
• Que las buenas acciones sean las hojas de este árbol.
• Que las palabras amables sean sus flores.
• Y que la paz sea sus frutos. (M.D.4) *Ver Religión*

✻ Lo primero que se necesita es una vigilancia externa. Si no se da esa vigilancia en nuestra naturaleza externa, no será posible conquistar la naturaleza interna. (M.M.5)

✻ Hijos, no os dejéis seducir por esos sueños que veis externamente. Están formados por personas y objetos que desaparecerán cuando llegue su hora. (M.M.5)

✻ Deberíamos considerar nuestras obligaciones en el mundo como asignadas por Dios. Si tenemos esa fe fuerte, seremos capaces de realizar todas nuestras obligaciones como servidores de Dios, sin ningún sentido de hacedores. Tenemos que realizar las obligaciones que nos han sido asignadas. Deberíamos pensar que esas acciones son parte de nuestra práctica espiritual. Realizar cada acción como una forma de adoración. No deberíamos apegarnos a lo que hacemos, ni permitir que nuestra atención se aleje de nuestra conciencia del Ser. (M.M.5) *Ver Apego*

✻ Cuando observas la vida y todo lo que la vida te ofrece como un precioso don, eres capaz de decir Sí a todo. (M.J.5)

✻ Vivir de acuerdo con los principios verdaderos es la auténtica ofrenda a Dios. Comer sólo cuando lo necesitamos, dormir sólo lo necesario, hablar cuando sea conveniente, hablar de modo que no dañemos a los demás, no perder el tiempo, proteger a los ancianos, hablarles mostrándoles atención y afecto, ayudar a que los niños se formen, aprender algún pequeño oficio que podamos

Actitud - Camino a seguir

hacer en casa y dedicar el dinero obtenido a ayudar a los pobres y necesitados. Todo esto son oraciones dedicadas a Dios. (M.S.5)

✳ Pero puede que no desarrollemos esa actitud rápidamente. Sólo cuando sale el sol desaparece por completo la oscuridad. Sólo cuando surja el conocimiento florecerá totalmente esa actitud. Pero no tenemos que esperar hasta ese momento. Es suficiente con que cultivemos la actitud correcta y sigamos adelante. No debemos olvidar que nuestra fuerza proviene de Dios. Ni siquiera nuestra respiración está bajo nuestro control. Debemos dar el primer paso diciendo: "Allá voy". Pero hemos oído casos de personas que mueren de un ataque al corazón antes de haber terminado la frase. Por tanto, debemos fomentar la actitud de: "Sólo somos un instrumento en Tus manos."

Adorar a *Narayana* (Dios) en *nara* (la creación) es la adoración suprema. Pero nuestra mente no debe desviarse un ápice de esta actitud. (M.J.5) *Ver Orar*

✳ Olvidemos siempre las faltas de los demás. Cuando la gente nos critica o nos acusa por algo que no hemos cometido, solemos reaccionar y enfadarnos. Limitémonos a perdonarlos. Dios nos está probando y también está probando a los que nos ofenden. Hijos míos, recordad que si perdonamos y olvidamos las faltas de los demás, Dios perdonará y olvidará las nuestras. (M.S.5)

✳ No tienes que creer en la Madre o en Dios sentados en un trono de oro, en lo alto del cielo. Intenta conocer quien eres tú.

Basta con que tengas fe en ti mismo. Si no tienes fe en ti, no conseguirás nada, aunque creas en Dios. La fe en Dios es para reforzar la fe en ti, la fe en tu propio Ser. A eso se le denomina Auto-confianza, confianza en tu propio Ser.

En el sendero de la auto-realización, el intelecto o la razón son un gran obstáculo. El intelecto siempre duda, y la duda no es lo que se necesita en la espiritualidad. En ella, todo depende de la fe. De la fe en Dios o en el *Guru*, de la fe en las Escrituras o en las palabras del *Guru*. Tener fe en el *Guru*, te eleva; mientras que dudar del *Guru*, te destruye.

La fe unifica tu personalidad diversa y te ayuda a verlo todo como Unidad. La duda lo convierte todo en fragmentario. La duda te hace más diverso, mientras que la fe hace que seas uno y todo. (M.S.5)

✳ Nosotros sólo somos capaces de actuar por medio de la Gracia de Dios. Por tanto, necesitamos dedicar cada acción a Dios, antes de iniciarla. El granjero ruega antes de sembrar las semillas, y sólo entonces las plantará. El esfuerzo humano siempre es limitado. Para completar una acción y disfrutar de sus frutos necesitamos las bendiciones de Dios. La semilla que es sembrada brota y madura. Pero si hay una inundación durante el tiempo de la cosecha, toda la producción se perderá.

Lo que le da a una acción un buen resultado es la Gracia. Por ese motivo deberíamos tener la actitud de ofrecerle a Dios todo lo que consigamos antes de aceptarlo. Eso fue lo que nuestros antepasados nos enseñaron. Incluso cuando comamos, debemos ofrecer el primer bocado a Dios. Esto supone mantener el espíritu de ofrecimiento y solidaridad. A través de esa acción, somos conscientes de que la vida no gira sólo en torno a nosotros, sino que implica a los demás con los que tenemos que compartir. También es un acto de entrega al que se tiene que someter nuestra mente. (M.S.5) Ver *Orar*

✳ Antes de aquietar la mente, trata de aquietar el cuerpo. Eso no significa que tengas que perder el tiempo sin hacer nada. No tiene nada que ver con eso. Más bien, evita los movimientos innecesarios de tus manos, piernas y otras partes del cuerpo. (M.D.5)

Actitud - Camino a seguir

✺ Todas nuestras acciones deberían surgir del puro amor. Sólo cuando nuestras acciones manan de ese puro amor, se convierten en una ofrenda al *Guru*. De no ser así, las acciones se quedan en simples acciones, no se convierten en *karma yoga*.

Así, las acciones realizadas como expresión del amor, nos ayudan a evolucionar espiritualmente y se convierten en una ofrenda al *Guru*. Esas acciones nos purificarán, pues expresan auténtica devoción. (M.D.5) *Ver Amor*

✺ Una persona puede vivir sin tener fe en Dios. Pero cuando se presente una crisis, podemos avanzar con paso seguro si nos atenemos a Dios. Debemos estar dispuestos a seguir el camino que nos lleva a Él.

Una vida sin Dios puede compararse a dos abogados que debaten mutuamente sin ningún juez. El debate no conducirá a ninguna parte. A fin de llegar a un acuerdo, se necesita un juez. Sin un juez, el debate puede continuar interminablemente, sin que se alcance veredicto alguno.

Adoramos a Dios para alimentar las divinas cualidades en nuestro interior. Si podemos desarrollar esas cualidades sin adorar a Dios, entonces no hay una necesidad concreta de creer en Él.

Creamos o no, la verdad de la existencia de Dios permanece. Esta verdad no se ve afectada porque nosotros la aceptemos o no. La ley de la gravedad es un hecho. Su no aceptación no niega su validez. Pero nos veremos forzados a aceptarla cuando saltemos desde una gran altura y experimentemos sus consecuencias. De igual forma, dar la espalda a esa Verdad es como cerrar nuestros ojos y experimentar la oscuridad. Al aceptar la realidad de Dios y vivir de acuerdo a ella, es posible vivir sin sucumbir ante el dolor.

¿Qué opina Amma sobre el proselitismo (la conversión religiosa)?

Se trata de un asunto en el que cada uno tiene que decidir por sí mismo. Amma no hará ningún comentario sobre si es correcto o incorrecto. Amma sólo dirá que un cristiano debería vivir como cristiano, un musulmán como musulmán y un hindú como hindú.

Cuando Amma viaja a otros países, muchos hijos le dicen: "No quiero ser cristiano, sino pertenecer a la fe hindú." Hace poco, la hija de un musulmán de Paquistán le dijo: "Quiero convertirme al hinduismo". Amma no se mostró de acuerdo. Amma le dijo que era mejor mantenerse firme en la religión a la que uno pertenece. Amma no le pide a nadie que se convierta a otra religión. Basta con saber lo que uno es realmente. El no saberlo, supone una verdadera pérdida.

Amma da a sus hijos cristianos el mantra de Cristo, y a los musulmanes les da el mantra correspondiente a su creencia. Lo que Amma quiere decir es que no importa nuestra fe, sino que basta con desarrollar cualidades como el amor, la compasión y el perdón en nuestra vida, y entonces podremos disfrutar de paz. No es necesario convertirse a otra religión para lograrlo. Igual que no resulta práctico insistir en que cada uno lleve zapatos de la misma talla, prendas del mismo estilo, y que coma igual; tampoco tendría sentido que todos siguieran al mismo *Guru*, al mismo profeta y las mismas Escrituras.

Las prendas y el calzado que llevan niños, mujeres y hombres en cada época, guarda relación con el clima de sus respectivos países, con sus tallas y su estilo personal. Una vez elegido un camino, deberíamos mantenernos atentos para permanecer firmemente en él. Los que siguen varios senderos no irán a ninguna parte. Tened presente que, sólo tras una adecuada consideración, se debería seguir un camino.

Hijos, las religiones son creaciones humanas. Dios no creó ninguna religión en particular. Rama, Krishna y Jesús no fundaron

Actitud - Camino a seguir

religiones. Ha habido diferentes maestros para procurar el progreso espiritual de los seres humanos, de acuerdo con la constitución mental de cada época y lugar. Fueron sus seguidores los que más tarde formaron diferentes religiones con su carácter exclusivo.

Dado que la gente tiene diferentes valores y gustos, existe la necesidad de contar con muchas religiones. Cada una tiene su propia importancia. No hay una sola religión que sea adecuada para todos. Si comprendemos esta verdad, se desvanecerá la idea irracional de tratar que los demás sigan una determinada religión.

La espiritualidad es el alma interior de la religión. Las costumbres y creencias forman el caparazón externo. La espiritualidad supone despertar al Ser propio de cada uno. Aquel que trata de conseguirlo es realmente una persona religiosa. Cuanto más se despierta al Ser, más nos liberamos de los confines de la religión. Cuando comprendamos completamente a nuestro Ser, nos percataremos de que la Verdad es única y no hay nada en el universo que esté separado de nuestro Ser. Toda diferencia, sentido de separación o temor se disuelve en el Ser. Amma recuerda una historia sobre esa cuestión.

Una vez murió un tigre en un circo y trataron de reemplazarlo. Visitaron varios lugares pero no encontraron un nuevo tigre. Por aquel entonces, llegó un hombre que buscaba trabajo. El director del circo le dijo que ya tenía suficientes empleados y no necesitaba a nadie más.

El hombre imploró: "Por favor, no me abandone, ¡deme cualquier trabajo!"

El director se apiadó y le contestó: "Bien, tenemos una vacante. Nuestro tigre ha muerto. ¿Aceptarías ponerte un traje de tigre y ocupar su lugar?"

Como realmente necesitaba ganar dinero, aquel hombre aceptó al momento. Consiguió un traje de tigre y empezó a moverse y actuar como un tigre. Cuando había espectáculo, era llevado a la pista con una cuerda sujeta al cuello, y el resto del tiempo prefería seguir atado y mantenerse en una plataforma.

Un día, fue atado junto a un león. Cuando levantó la mirada vio al león delante de él. El león también estaba atado con una fina cuerda. Entonces pensó el hombre: "Como se rompa esta cuerda el león me devorará". Al ver al león moviéndose por la plataforma, con los ojos fijos en él, se puso a temblar de miedo. El león dejó de moverse, pero sin dejar de mirarlo. Sintió que el león iba a abalanzarse sobre él en cualquier momento. Entonces se dijo: "Antes que me devore, voy a rezar, pues sólo Dios puede salvarme en ese momento." El hombre vestido de tigre cerró los ojos, se postró y unió sus manos en señal de plegaria, esperando el momento en que el león lo atacara. Aunque estaba rezando, tenía cada vez más miedo. Así, mientras permanecía estirado en el suelo, seguía atento los movimientos del león por el rabillo del ojo. Tras unos instantes dejó de oír el sonido de los movimientos del león. ¿Estaría a punto de lanzarse sobre él? Miró de reojo al león. En ese momento, se quedó asombrado, pues igual que él, ¡el león estaba totalmente postrado en el suelo mirando por el rabillo de su ojo! Al valorar aquella mirada y el modo como estaba echado, sintió que no era un animal. En aquella mirada, reconoció una emoción humana. Miró de nuevo atentamente al león, y éste hizo lo mismo. El hombre se dio cuenta de lo que estaba sucediendo: aquel no era un león, sino un hombre igual que él, ¡un ser disfrazado de león! También el león se dio cuenta de lo que sucedía, así que ambos se acercaron corriendo y se dieron un abrazo.

A pesar de que habían estado, un momento antes, preguntándose quién atacaría primero, cuando se percataron de la verdad, se estrecharon en un fuerte abrazo. Ambos sintieron un gran regocijo al verse liberados de las garras de la muerte.

Gracias a postrarse humildemente ante Dios, supieron discernir sobre su propia naturaleza. Sólo a través de la humildad

Actitud - Camino a seguir

y la entrega a la Divinidad podemos percatarnos de nuestro Ser. Cuando descartamos nuestros prejuicios o concepciones sobre los demás, llegamos a darnos cuenta de que no somos diferentes de ellos. Todos los temores se desvanecen entonces.

La esencia de todos los seres es única: es paz, es amor. En el nivel más básico, todos nosotros somos uno. No hay lugar para el temor, el odio o los celos. Todas la diferencias son superficiales.

Cuando realizamos la Verdad, no existe división ni fanatismo. Cuando se da la división o el fanatismo, es porque no se ha realizado esta Verdad.

Cuanto más se despierta uno al Ser, más se libera de los límites de la religión. Seguir encerrados en los confines de la religión es como permanecer en una barca, una vez se ha alcanzado la otra orilla. La barca sólo es un medio que nos permite cruzar. De igual modo, la religión y sus rituales sólo son un medio para llevarnos a Dios. No deberíamos mantenernos atados a ellos eternamente. Supongamos que alguien señala la fruta de un árbol, no deberíamos mirar al dedo, sino a la fruta.

Tenemos que comprender el significado interno de las religiones. Primero, necesitamos conocer la religión en la que hemos nacido y en la que hemos crecido. Cuando adquirimos esta comprensión, dejamos de dar demasiada importancia a los aspectos superficiales de la religión.

Debemos centrarnos, no en incrementar el número de personas de nuestra creencia, sino en alimentar nuestras vidas de valores como verdad, *dharma* (rectitud), amor, compasión, no violencia y sacrificio que forman parte de la religión. Lo que importa son los valores y la bondad, no los números.

Destruir la fe de una persona constituye un gran pecado, es equivalente a un crimen. Tras destruir la fe de alguien, no resulta fácil construir algo más en su lugar.

Las religiones, que empezaron como caminos que conducían a la Suprema Verdad, se convirtieron más tarde en meras organizaciones. Así sucedió cuando se le dio más importancia a salvaguardar los intereses organizativos que a fomentar y absorber los valores religiosos. Cada organización tiene un sistema y sus reglas, creencias y prácticas. Para algunos, estas organizaciones se convierten en un medio de mantener autoridad y dominio. Interpretan los principios religiosos de acuerdo con sus intereses. A menudo tratan de imponer esas interpretaciones a los demás. Ciertamente, hemos visto cómo algunas personas quedan aprisionadas por la religión, cuando se supone que tendrían que ser conducidas hacia la libertad total. Las religiones, que deberían promover la paz y la felicidad interior en este mundo, se han convertido a sí mismas en causa de guerras y conflictos.

Es necesario cambiar esta situación.

Hay que esforzarse por crecer a partir de la propia fe o creencia. Dejemos que los demás también lo hagan. Ese es el medio correcto.

Hay que comprender que igual que nosotros tenemos expectativas respecto al mundo, los demás también las tienen. Deberíamos darnos cuenta de que todos nosotros somos hijos de la misma Madre. Entonces podremos eliminar el odio entre las personas. Al olvidar todo lo que odiamos, llegamos a abrazarnos mutuamente.

Al descubrir la esencia, el corazón de la religión, entramos en una nueva era de amor, unidad y respeto mutuos. (M.M.6)

✻ *¿Qué soluciones puede ofrecer a los problemas de la superpoblación, del hambre y de la contaminación que asolan a la sociedad india?*

El gobierno de la India está haciendo mucho para solventar los problemas de la superpoblación y de la contaminación. Las epidemias se han reducido considerablemente pero la necesidad fundamental es educar a la gente de la manera correcta.

Dar dinero a un pobre no garantiza que se lo gaste en comida. Puede malgastarlo en alcohol y tabaco. Por tanto, deberíamos en primer lugar ayudarle a tener una comprensión correcta e intentar despertar el sentido del *dharma* (rectitud y responsabilidad en él). El gobierno construyó unas pequeñas casas para personas sin hogar en barrios marginales, pero al poco tiempo dejaron las casas nuevas y volvieron a sus viejas chabolas.

Así que, mientras se revisa el servicio a los pobres, la Madre pone todos sus esfuerzos en intentar despertar y activar el *samskara* (la palabra *samskara* se refiere aquí a despertar la correcta comprensión –conocimiento- en una persona, que le conduce a la mejora de su carácter) correcto en ellos. El *samskara* es lo fundamental y es esencial enseñarlo a la gente. Nuestra educación debería estar orientada hacia ello. *Samskara* y servicio deberían ir unidos. Sólo entonces puede ser fructífero cualquier trabajo. Aunque esta es una ardua tarea, mis hijos del *ashram* están totalmente entregados a este servicio.

Aunque ganemos dinero y gocemos de toda la tierra, la gente seguirá refunfuñando y quejándose por lo que no tiene. Lamentarse por lo que no han conseguido se ha convertido en su verdadera naturaleza. Es difícil darle a la gente lo que piensa que le hará feliz. Sin embargo, dales *samskara* y se quedarán satisfechos. De otro modo, el único resultado serán interminables lamentos y quejas.

Las habilidades y aptitudes de cada individuo son distintas. Hijos, hasta los gemelos nacidos de los mismos padres son diferentes: uno llega a alto funcionario y el otro a simple empleado. Si el empleado, en lugar de refunfuñar y lamentarse de su suerte, hace su trabajo con la máxima sinceridad y eficiencia, puede ir escalando puestos por promoción. Sin embargo, si maldice su destino y es descuidado en su trabajo, puede que incluso lo pierda.

Así que deberíamos aprender a estar contentos con lo que tenemos y seguir adelante con el trabajo que nos ha tocado, y hacerlo con la mayor sinceridad. Deberíamos estar contentos y tener sentido del deber. Esa es la actitud que debemos desarrollar.

¿Quién es Krishna? ¿Puede explicar la Madre qué es Krishna Bhava?

La vida de Krishna fue una manifestación del juego gozoso y el desapego. Su sonrisa fue un mensaje al mundo. La sonrisa no abandonó su rostro bajo ninguna circunstancia. Le alabaran o vilipendiaran, su rostro siempre tenía la misma expresión. Se le podía ver sonreír mientras vivía como pastor, cuando mató a Kamsa venciendo así a la injusticia, cuando fue deshonrado por los Kauravas en la asamblea real, y mientras conducía a sus propios parientes a luchar y a matarse entre ellos.

Este mundo es una representación teatral. Cada uno de nosotros está para representar un papel en ella. Esto es lo que aprendemos de la vida de Krishna. Aunque alguien pueda adoptar distintos papeles en una obra, sigue sin embargo siendo el mismo. De manera parecida, deberíamos saber que somos el Ser mientras realizamos diferentes acciones en diferentes situaciones. No deberíamos perder nuestro sentido del desapego. Esto es la espiritualidad. Esta es la lección que podemos aprender de Krishna.

Suponed que se está representando una obra en el escenario con la ayuda de cintas de audio. El diálogo entero y la música de fondo han sido grabados con antelación. El actor se limita a actuar siguiendo el diálogo que sale de los altavoces. El público cree que el actor está hablando, pero sólo actúa en sincronización con el diálogo. El actor está completamente desapegado de lo que está ocurriendo en la obra.

Actitud - Camino a seguir

Krishna mostró el mismo desapego a lo largo de su vida. Podemos vivir como hijos o hijas, marido o mujer, padres, trabajadores, etc., pero en todas esas situaciones deberíamos ser capaces de mantener la conciencia de que somos la realidad inmutable. Sólo entonces podemos sonreír con cada cambio en la vida.

El *lila* (juego) de Dios es venir a este mundo como ser humano, vivir entre nosotros y compartir nuestras alegrías y penas.

En una ocasión le preguntaron a un santo: ¿Cuál es el mayor sacrificio que hace una encarnación? Él contestó: "Aunque la encarnación sabe realmente que no tiene nada que obtener de este mundo, vive como uno más entre la gente, inmersa, al igual que los animales, en los placeres mundanos. Bajando a su reino, la encarnación se esfuerza por elevarlos."

En la vida de Krishna podemos ver que no hizo nada para sí mismo ni se distanció de los demás diciendo "Yo soy Dios". Nunca eludió responsabilidad alguna sólo porque estuviese desapegado de todo. Jugó con otros pastores, llevó a pastar a las vacas, actuó como mensajero de los Pandavas e interpretó el papel de auriga. Cada momento de su vida vivió dedicado al bienestar de los demás. De esta manera mostró a la gente como debía cumplir sus obligaciones. Nunca perdió un segundo. Le dijo a Arjuna: "Está claro que no tengo nada que ganar en ninguno de los tres mundos, sin embargo estoy constantemente ocupado en cumplir mis deberes". Viendo su manera de vivir uno puede pensar que Krishna estaba apegado al mundo, pero nunca estuvo apegado a nada en este mundo.

Un príncipe jugaba al escondite con sus amigos. Tenía los ojos vendados y buscaba a sus compañeros de juego cuando uno de sus sirvientes se le acercó y le preguntó: "¿Porqué se molesta en buscarlos? Sólo tiene que darme la orden y yo se los buscaré."

El príncipe contestó: "¿Dónde estaría entonces la gracia del juego?" El príncipe disfrutó del juego mientras pudo comportarse como un niño normal y corriente.

Tenemos que asumir diferentes papeles en la vida, pero debemos saber que no somos ninguno de ellos. La gente ve distintos *bhavas* en la Madre. Pero la Madre sólo tiene un *bhava* (aspecto, actitud) y ese es el *bhava* de "Yo soy el Ser" (atma *bhava*). Eso es todo. (M.J.6)

✳ Este mundo ha sido creado para vosotros. Ningún santo o escritura dicen que no debáis disfrutar de los placeres del mundo. Pero se os pide que ejerzáis ciertas restricciones mientras disfrutáis. Mantened siempre el auto-control y dominad los objetos y las circunstancias externas. No permitáis que nada os esclavice u os controle. Cuando vuestra actitud cambia, también cambia el objetivo de la vida, y conseguís que vuestra mente se vuelva más calmada y silenciosa. (M.S.6)

✳ Cuando viajáis con Amma, no siempre resulta fácil. Sentís un gran sufrimiento y se presentan muchas dificultades. Por tanto, deseáis abandonar. Tan pronto surgen las dificultades, uno desea ir a Benarés, otro a Haridwar o al Himalaya para hacer su *sadhana*. No sois conscientes del modo que opera un Mahatma en vosotros. No lo comprendéis y os sentís abatidos. Vosotros sois niños. Jugáis y reís conmigo, pero no comprendéis lo que Amma está haciendo. No sois conscientes de quien es Amma, realmente no queréis a Amma. (M.S.6)

✳ Tengamos siempre presente nuestra meta. (M.S.6)
Ver Meta

✳ *¿Cuál es su respuesta ante los problemas ecológicos actuales?*

La conservación de la naturaleza sólo es posible si los seres humanos toman conciencia de que ellos también son parte de la

Naturaleza. Con nuestra actitud actual explotamos la Naturaleza indiscriminadamente. Si continuamos por este camino, la humanidad acabará siendo destruida. Nuestros antepasados prosperaron porque sus vidas estaban en armonía con la Naturaleza.

En los *Puranas*, la tierra se concibe como una vaca, que cuando se ordeña da todo lo que la gente necesita. Cuando ordeñamos una vaca, primero tenemos que alimentar al ternero y sólo después coger leche para nosotros.

En los tiempos de los *Puranas*, la gente quería y protegía a las vacas como si fueran su propia madre. Y esa era también su actitud hacia la Naturaleza. Hoy tenemos que aprender a considerar a la Naturaleza como nuestra propia madre. Si el estado de nuestra mente mejora, el estado del medio ambiente también mejorará. Los problemas ecológicos no pueden solucionarse sin un cambio en nuestra actitud mental.

¿Qué puede decir sobre la protección de los animales, las aves y los peces?

El Hombre y la Naturaleza son interdependientes. La gente que vive en zonas costeras no aptas para el cultivo depende del pescado para alimentarse. De manera parecida, quienes viven en zonas montañosas tienen que basar su sustento en la carne. Además, tenemos que cortar árboles para construir casas y muebles. Todo esto es necesario. Pero deberíamos limitar lo que tomamos de la Naturaleza únicamente a lo imprescindible. Sin embargo, hoy vemos cómo la codicia del hombre está causando la extinción de algunos animales, aves y árboles. Muchas especies que existían en el pasado se han extinguido. Esto ha ocurrido porque no han podido resistir los cambios que han tenido lugar en la Naturaleza. Cuando el hombre explota la Naturaleza, su ritmo se pierde. Si seguimos explotándola, la destrucción del género humano se producirá de la misma manera que se han extinguido otras especies.

El hombre es parte de la Naturaleza y de la vida en la tierra. Es justo que tomemos lo que necesitamos de la Naturaleza. Sin embargo, somos responsables de asegurar que su ritmo y armonía no se pierdan.. Por ejemplo ¿qué ocurre si cortamos una rama entera del árbol del pan para coger sólo unas cuantas hojas? (en muchos pueblos de la India, la gente las usa como cucharas). En poco tiempo. Se cortarán todas las ramas y el árbol morirá. Pero si cogemos sólo unas pocas hojas, el árbol puede reponerse fácilmente de esa pequeña pérdida. Esta debería ser nuestra manera de actuar cada vez que tengamos que tomar algo de la Naturaleza. La explotación sin límites está amenazando su existencia misma.

En la creación divina, todo sirve para que otro se beneficie. Los peces grandes se alimentan de peces pequeños y éstos, a su vez, de peces más pequeños. De la misma manera, no hay nada de malo en que el hombre tome de la Naturaleza lo necesario para su subsistencia. Pero todo lo que tome que exceda de sus necesidades legítimas es *himsa* (violencia) y esa explotación llevará a la destrucción de la humanidad.

Se dice que la acción debería surgir del amor. ¿Qué puede hacer cada uno para extender y aplicar en nuestras acciones el amor y la compasión?

Cuando actuemos deberíamos dejar a un lado nuestra individualidad limitada y ser conscientes de que somos parte del Espíritu Universal. Sólo entonces podemos llevar el amor, la compasión y la no-violencia a nuestras acciones. Es posible que pienses que no es fácil, pero aunque no podamos elevarnos a dicho estado, ¿no deberíamos al menos esforzarnos para amar y servir a los demás, y mantener esto como nuestra meta?

Madre ¿cómo deberíamos reaccionar ante los problemas actuales?

Los problemas actuales de la sociedad son motivo de profunda preocupación. Es muy importante conocer las causas de dichos problemas para después buscar soluciones. Pero el cambio ha de comenzar en el individuo. Cuando el miembro de una familia cambia a mejor, toda la familia se beneficia de ello. Incluso ayuda a progresar a la sociedad. Así que, en primer lugar, deberíamos esforzarnos en cambiar nosotros. Cualquier cambio en nosotros influirá en la gente que nos rodea, lo cual, a su vez, les ayudará a cambiar a mejor.

No podemos cambiar a los demás dándoles únicamente consejos o reprendiéndoles. Deberíamos dar ejemplo. Sólo a través de nuestro amor desinteresado podemos influir positivamente en las personas. Puede que el cambio no sea visible inmediatamente, pero eso no debería desanimarnos. Deberíamos seguir esforzándonos, pues eso producirá, al menos, un cambio positivo en nosotros mismos.

Si intentamos enderezar el rabo del perro, metiéndolo en un tubo, el rabo no se enderezará, ¡pero nuestros músculos se ejercitarán! De manera parecida, cuando intentamos cambiar a los demás, es posible que no cambien, pero eso nos permitirá mejorar. Aunque el cambio no sea muy evidente, nuestro esfuerzo irá produciendo un cambio silencioso en los demás. De cualquier manera, servirá para evitar un empeoramiento de la sociedad.

Puede que una persona que nade a contracorriente no avance ni un centímetro. Pero gracias a su esfuerzo probablemente se quede donde esté y, así, podrá salvarse. Si deja de esforzarse, se ahogará inmediatamente. De la misma manera, es esencial que perseveremos en nuestro esfuerzo.

Naturalmente, podemos preguntarnos: "¿Qué sentido tiene que una persona luche sola en la sociedad, en un mundo lleno de oscuridad?" Cada uno de nosotros tenemos una vela, la vela de nuestro corazón. Sin dudarlo un momento deberíamos encender esa vela con la lámpara de la fe. No penséis: "¿Cómo puedo recorrer una distancia tan larga con una vela pequeña?" Da sólo un paso cada vez. Habrá luz suficiente para iluminar cada paso del camino.

Un hombre se encontraba al borde de un camino totalmente abatido y frustrado. Una persona que pasaba por allí le sonrió amorosamente. Para este hombre que se sentía vacío de toda esperanza, abandonado por todos, aquella sonrisa supuso un enorme alivio. De repente se sintió lleno de esperanza, pensando que al menos una persona le había sonreído con amor. Entonces se acordó de un viejo amigo que había estado a su lado ayudándole con sus problemas hacía años. Inmediatamente le escribió una carta. El amigo se alegró tanto de recibir esa carta que le dio diez rupias a un pobre. Este compró un billete de lotería con el dinero. Y, maravilla de las maravillas ¡le tocó el primer premio!

Mientras volvía con el dinero que acababa de ganar, vio a un mendigo enfermo en la calle. Pensó: "He recibido este dinero por la Gracia de Dios. Voy a usar parte de él para ayudar a este pobre hombre". Llevó al mendigo a un hospital y le costeó el tratamiento. Cuando el mendigo recibió el alta y salió del hospital, vio por casualidad un cachorro abandonado, empapado y tan exhausto que ni siquiera podía andar. Verlo en aquel estado le llegó al alma. El perrito aullaba lastimosamente de frío y hambre. El mendigo lo recogió. Lo cubrió con su manta y encendió un pequeño fuego para hacerle entrar en calor. También compartió su comida con él, y con todo ese amor y afecto se recuperó totalmente.

El perrito siguió al mendigo. Cuando el sol se puso, éste se acercó a una casa y preguntó si podía pasar allí la noche. Los dueños permitieron que el mendigo y el perrito durmieran en el porche. Entrada la noche, los incesantes ladridos del perro despertaron al mendigo y a los habitantes de la casa. Se asustaron

Actitud - Camino a seguir

al ver que la parte de la casa donde se encontraba el dormitorio de su hijo ardía. Inmediatamente rescataron al niño y después consiguieron todos juntos apagar el fuego.

De esta manera, una buena obra llevó a la otra. La gente de la casa que había dado cobijo al mendigo y a su perro fueron salvados de las llamas. El hijo creció y se convirtió en un Mahatma y gracias a él mucha gente encontró gozo y paz en la vida. Si lo analizamos, descubriremos que todo empezó con la sonrisa de un hombre. No se gastó ni un céntimo. Todo lo que hizo fue sonreírle a un hombre de la calle. Pensad en cómo afectó a las vidas de muchas personas, como iluminó sus vidas.

Hasta lo más insignificante que hagamos por los demás puede producir una gran transformación en la sociedad. Puede que no consigamos ver el cambio enseguida, pero cada buena acción tiene sin duda su recompensa. Por eso, deberíamos intentar actuar de tal modo que nuestras acciones beneficien siempre a los demás. ¡Incluso una sonrisa es enormemente valiosa! Y una sonrisa no nos cuesta nada. Desgraciadamente, en estos tiempos la gente se ríe con frecuencia para ridiculizar a los demás, pero eso no es deseable. En su lugar, deberíamos reírnos de nuestras propias faltas y tonterías.

No somos islas distantes. Estamos unidos entre nosotros como los eslabones de una cadena. Nuestras acciones influyen sobre los demás, seamos conscientes de este hecho o no. El cambio en un individuo se refleja en otro. Es un error pensar en intentar mejorar sólo cuando los demás lo hayan hecho. No os desmoralicéis si no podéis ver un cambio tangible. La transformación tiene lugar en nuestro interior. El cambio en nosotros, en cada individuo, cambiará y transformará a toda la sociedad, a su debido tiempo.

Su sonrisa tiene algo especial. ¿A qué se debe?

La Madre no sonríe por sonreír. Es espontáneo. Cuando has realizado el *Atman* (Ser), entonces sólo hay dicha. Y una sonrisa es la expresión natural de esa dicha. ¿Tiene la luz de la luna llena que dar razón de sí misma? (M.S.6)

✽ En la antigua India había un rey que sentía una gran devoción hacia su *Guru*. Cada mañana al levantarse cantaba los sagrados nombres del *Guru* y meditaba en su gozosa forma. Le rogaba que le guiara de la ilusión a la Verdad, de la oscuridad a la Luz y de la muerte a la Inmortalidad. Después rezaba para que todo el mundo fuera feliz. Así es como comenzaba el día. (M.S.6) *Ver Guru*

✽ Hijos míos, habéis llegado aquí después de un duro y largo viaje. Estaréis cansados y la mayoría de vosotros no habréis dormido en condiciones. Tampoco hay suficientes asientos para que os podáis sentar bien. Por favor, aguantad un poco más. Por favor, tened paciencia. (M.D.6) *Ver Paciencia*

✽ Tenemos que tener mucho cuidado con otra cosa en la vida: el control de la ira.

La ira es como un arma de doble filo. Hiere tanto a la persona que la usa como a quien es atacado. ¡Cómo se contaminan nuestras mentes cuando albergamos ira hacia alguien! La mente está tan perturbada que no podemos ni sentarnos, ni estar de pie ni dormir en paz. Hace que la sangre hierva y genera todo tipo de enfermedades inexistentes. Pero a causa de ese calor no somos conscientes de los cambios que se producen en nosotros.

¡Mucha gente se para a pensar antes de sonreír a alguien! Piénsalo: "si sonrío, sentirá confianza (se acercará a mí) y puede que intente aprovecharse y pedirme un favor. ¿Necesitará ayuda económica?" Tienen mucho cuidado antes de sonreír.

Pero esto no es lo que ocurre con la ira. Cuando estamos enfadados nos olvidamos por completo de nosotros mismos.

Sin embargo, hay situaciones en las que intentamos controlarnos. Nunca descargas tu ira en tu jefe por miedo a represalias: un traslado que afecte a un posible ascenso, o peor ¡incluso perder tu empleo! Así que, en tales circunstancias, la gente intenta practicar la contención y los que no lo consiguen sufren las consecuencias y sus amargas experiencias sirven de lección a los demás. Sin embargo, no observamos tanta contención en el trato con los subordinados.

Es en realidad ahí donde hay que practicarla, ya que estas personas no pueden defenderse, no pueden responder porque dependen de nosotros. Puede que no demuestren abiertamente ninguna reacción. Pero aún y así, se quedan descorazonados y en su interior dirán: "Señor, estoy siendo castigado por un error que no he cometido, ¿no lo ves?, ¿es que no ves lo que sucede?" Hasta las vibraciones de tales pensamientos actúan como una maldición sobre nosotros. No es fácil escapar de ellas.

Hay personas que, por muy brillantes que sean, por mucho que trabajen, no tienen éxito en los exámenes. No consiguen trabajo aún después de hacer muchas entrevistas. Esto ocurre porque habrán hecho daño a alguien, cuyas sentidas oraciones se han convertido en un obstáculo para el progreso de aquellos, obstruyendo el flujo de la misericordia de Dios.

Eso no quiere decir en modo alguno que no debas reñir a nadie. Tienes que corregir las malas acciones. Puede que el amor y la paciencia no funcionen con todos. A veces hay que reprender; pero dirigiéndose al error, a la mala acción, no al individuo. No te enfades sin razón alguna. Deberíamos tener cuidado de no herir los sentimientos de los demás con nuestras palabras o acciones.

En algunas familias se observa que sus miembros fallecen uno tras otro. En otras, se puede ver una larga cadena de accidentes. Para algunos, por mucho que lo intenten, ninguna de sus propuestas de matrimonio fructifica y algunas parejas no son bendecidas con hijos. En algunas familias, sus miembros mueren jóvenes y en otras, las mujeres enviudan entre los 30 y 40 años. Podemos decir que todo esto es el efecto del *karma*.

Por esa razón Amma dice una y otra vez que cada una de nuestras acciones, cada palabra, cada mirada, incluso cada pensamiento deberían ser hechos, dichos y pensados con *shraddha*, (atención, conciencia) con mucho cuidado. Cada acción, palabra, mirada y pensamiento tiene sus propios efectos. Cada una de nuestras malas acciones y cada una de nuestras buenas acciones ejerce influencia y afecta a otros muchos. Esto le recuerda a Amma una historia:

Ocurrió en el tiempo en el que los bufones solían entretener a los reyes con sus chistes e historias. En aquella ocasión, el rey no entendió la historia que le contó un bufón. El rey pensó que se estaba riendo de él y, lleno de ira, lo golpeó con fuerza. El bufón se retorció de dolor, pues se encontraba indefenso. No dijo ni una palabra, pero apretó los dientes de rabia. Al ser golpeado sin razón alguna, no pudo controlarse y le dio otro golpe a la persona que tenía al lado. Esta le preguntó ¿Pero qué haces? Yo no te he hecho nada. ¿Porqué me pegas? El bufón le contestó: "Bueno, si alguien te pega, tú le pegas al que tienes al lado. La vida es una rueda gigante. Cada vez que gira y se detiene, todos y cada uno reciben lo que merecen. Así que no lo dudes, sigue y pega a otro."

Esto es lo que vemos a nuestro alrededor en la sociedad actual. Descargamos a rienda suelta nuestra ira y nuestras frustraciones en los que nos rodean, que no tienen ni idea del por qué. Pero no hay absolutamente ninguna duda de que lo que damos hoy volverá a nosotros tarde o temprano.

En otros países, si el marido golpea a la mujer, ésta sin duda responderá. Mientras en la India, nuestros antepasados nos han enseñado otra cosa. El marido es un verdadero Dios para la mujer, pero ¿qué es la mujer para el marido? Muchos maridos ven a sus mujeres como un objeto en el que pueden descargar su ira. El hijo, que bulle lleno de alegría y vitalidad, quizás entre en la casa en el momento en el que la mujer ha reprimido toda la rabia generada por los golpes recibidos del marido. El niño no puede parar de entusiasmo imaginando a todo lo que jugará durante la tarde con sus amigos. La ira de la madre se aviva cuando lo ve y, a su vez, empieza a pegarle y a gritarle por armar jaleo, por ensuciarse la ropa. Sigue pegándole hasta que se aplaca su ira. ¡Pobre niño! ¿Qué daño había hecho? Su mundo está lleno de alegría y risas y su madre lo ignora por completo. Una sociedad llena de egoísmo e ira hace añicos el inocente mundo de los pequeños, un mundo que sólo está lleno de juegos, alegría y felicidad.

La vida debería ser puro entusiasmo, pura risa. Eso es la religión. Eso es la espiritualidad. Eso es la verdadera oración. Dios es la sonrisa inocente y sincera que surge del interior. Y ese es el mayor regalo que podemos dar al mundo. Para el mundo actual esa risa, esas sonrisas, son ciertamente extrañas. El mundo sólo reconoce la risa artificial que destila egoísmo e ira. Eso no es una sonrisa verdadera, es sólo una línea entre los labios. En ella no hay corazón o conciencia, sólo pecado, violencia, hipocresía y autoengaño. Deberíamos recuperar el mundo inocente del niño, lleno de risas y luz. Cada uno de nosotros debería despertar al niño que yace dormido en nuestro interior. De otro modo, nunca creceremos.

Hoy, nuestro cuerpo ha crecido horizontal y verticalmente, pero nuestras mentes no han crecido en absoluto. Si nuestras mentes han de crecer y expandirse como el universo, deberíamos convertirnos en niños pequeños, ya que sólo un niño puede crecer. Deberíamos tener la inocencia y la humildad de un niño. Sólo la humildad permite que una persona crezca, se expanda. Por eso se dice que para serlo todo, tienes que convertirte en nada.

Muchos de nosotros nos quejamos de que si intentamos hacer el bien en el mundo, no podemos desarrollarnos, no podemos progresar. Cada momento de nuestra vida es una oportunidad de oro para hacer buenas obras. Para quienes están deseosos de hacer el bien, cada momento es precioso y útil, mientras que los que lo dejan para otro momento sin intentarlo siquiera, en realidad se están engañando a sí mismos.

Ningún marido le dice a su mujer: "Te querré mañana por la mañana a las 10" o "Te querré a las 5 de la tarde".

Si alguien dice eso, es evidente que está vacío, que ahí no hay amor. El amor no es algo que venga más tarde o a lo que te puedas apuntar después. El amor está AQUÍ Y AHORA. El amor y la fe son la belleza de la vida.

Desgraciadamente, pertenece a la naturaleza humana tirar piedras, destruir el amor y la fe allí donde esté presente. Pero no debería ser así ya que el amor es la rosa que llena de fragancia la sociedad. Nadie debería tirarle piedras y dañarla. La gente moderna dice que el amor y la fe son ciegos. Ellos creen en la lógica y la inteligencia. Pero Amma dice que la lógica es ciega, ya que la vida se marchita si sólo está llena de racionalismo. Por tanto, sólo deberíamos tener ojos para el amor y la fe.

Imaginad una sociedad basada únicamente en la lógica y la inteligencia. Únicamente veríamos bonitas máquinas y robots que se mueven y hablan. Por eso Amma dice que la vida sólo existe por el amor y la fe. El estiércol debería ponerse en la base del rosal. Por favor, no destruyáis la planta que llena el aire de fragancia poniéndolo encima de las flores, por favor, no matéis su belleza y fragancia.

Usad el racionalismo y la inteligencia en el lugar adecuado. No permitáis que destruyan el amor y la fe que dan fragancia y

Actitud - Camino a seguir

belleza a la vida; por favor, no permitáis que esto ocurra. Esto es lo que Amma desea manifestar.

La peregrinación a "Sabarimala" ofrece un elocuente testimonio sobre la transformación que se da en miles de personas a través del amor y la fe. A lo largo del período de 41 días de penitencia, durante el "Tiempo del Mandala" que precede a la peregrinación, la gente abandona la bebida, las malas compañías, renuncia al ego, practica la abstinencia y *brahmacharya*, todo esto ateniéndose al *dharma*. Además se amparan en la repetición del *mantra* "Swamiye Saranam". Al menos durante ese tiempo, las familias y toda la sociedad prescinden de la bebida y las drogas. Sin embargo, aun así hay quienes lanzan una lluvia de críticas. Argumentan: "Todo esto es un cuento chino para aprovecharse de la fe."

No creen en la utilidad de esta práctica ni la valoran. Hemos de tener en cuenta que la crítica es necesaria, pero no por eso debe ser ciega. No debería ser destructiva, ya que a través del amor y la fe alcanzamos finalmente la realización del Ser.

En la actualidad, el tema principal de cientos de películas, novelas y canciones es el amor. El tema preferido de los escritores es el amor. Pero no puede haber amor sólo leyendo o escribiendo sobre él. Es muy difícil encontrar amor verdadero en el mundo moderno. Incluso la relación marido-mujer se ha reducido a algo mecánico. La propia vida se ha convertido en algo monótono. Amma recuerda una historia:

Un matrimonio estaba durmiendo en su cama en el patio delantero de la casa. De repente llegó un torbellino. El vendaval se llevó a la pareja, junto con la cama, a varios kilómetros de distancia. Por fortuna, ninguno de los dos resultó herido. La mujer empezó a llorar lastimosamente y el marido le preguntó:

¿Porqué lloras? Hemos llegado aquí sanos y salvos. No hemos sufrido ni la más mínima herida.

La mujer le comentó: No lloro porque esté disgustada. Lloro de alegría.

¿Y porqué estás tan contenta?, quiso saber el marido.

La mujer respondió: Porque esta es la primera vez que viajamos juntos después de tantos años de matrimonio. Cuando me he dado cuenta, se me han saltado las lágrimas de alegría.

Así son las familias hoy en día.

El amor es la unión de los corazones. Deberíamos mantener la siguiente actitud: "Mi vida y mi persona son para el amado". El amor es entrega total. Sin embargo, no puede sentirse entrega total y amor eterno por cosas efímeras. Un amor así sólo puede sentirse y experimentarse con el Eterno *Paramatman*.

El amor verdadero es el sentimiento hacia el *Paramatman*. Es el ardiente deseo del Señor. Podemos alcanzar ese amor, esa generosidad, ese éxtasis sólo a través de una completa entrega a Dios. Por tanto, deberíamos entregarnos totalmente a Él. Es nuestro único refugio. Sin Él no podemos gozar de la pura dicha. (M.M.7)

✽ Para que una semilla crezca y se convierta en un gran árbol, tendrá primero que mantenerse bajo tierra. Sólo a través de la modestia y la humildad podemos crecer espiritualmente. El orgullo y el egoísmo nos destruirán. Sed amorosos y compasivos, con la actitud de que sois los sirvientes de todos los demás. Entonces, todo el universo se inclinará ante vosotros. (M.M.7)

✽ Cielo e infierno están aquí ahora mismo. Se encuentran dentro de nosotros. El cielo y el infierno surgen de nuestras acciones. Por tanto, necesitamos purificar nuestras acciones.

Actitud - Camino a seguir

Al hacer buenas obras, recogemos sus buenos frutos y eso es el cielo. Si nuestras acciones son malvadas, recogemos sus correspondientes resultados, y eso es el infierno. (M.J.7)

✳ Hijos míos, Dios mora en lo más profundo de nosotros mismos como inocencia, como puro e inocente amor. Esta inocencia está ahora velada por los sentimientos egoístas de la mente. Pero el amor inocente está siempre ahí, sólo que lo hemos olvidado. Para redescubrirlo y recordarlo, necesitamos ir a lo más profundo de nuestro interior. (M.J.7)

✳ En lugar de vivir una existencia de tipo animal, aprendamos a conseguir paz en esta vida. En lugar de correr tras los placeres, tratemos de comprender el objetivo de la vida y luchemos por conseguirlo. Llevemos una vida sencilla. Dar a los demás lo que no precisemos después de cubrir nuestras necesidades vitales. Vivir sin causar ningún daño a los demás, y enseñar estos principios. Deberíamos contribuir a la creación de una cultura noble. Seamos buenos y virtuosos. Tratemos de tener un buen corazón y, así, inspirar a los demás para que también sean bondadosos. (M.J.7)

✳ Un buscador espiritual debería ser como un león por fuera, y como una flor por dentro. Su corazón tendría que ser como una flor que se abre y nunca se mustia. Ser bravo y fuerte como un león. De ese modo será capaz de guiar al mundo. No obstante, mientras hagáis práctica espiritual, es preciso que seáis como los más modestos sirvientes.

Un buscador debería asumir la actitud de un mendigo, que pide comida y no se cansa de andar buscándola, aunque no se la den o incluso le insulten. Con esta actitud, progresaréis.

Hijos míos, sólo una persona con coraje puede ser paciente. La actitud de mendigo durante vuestra práctica espiritual os ayudará a reforzar vuestro coraje. La semilla del coraje sólo brota en la tierra de la paciencia. (M.J.7)

✻ Nuestra verdadera naturaleza no es el egoísmo, sino el amor y la compasión. Sólo tenemos que hacernos conscientes de esta verdad. El problema no es que la gente esté realmente dormida, sino que sólo finge estarlo. Si estuvieran dormidos de verdad, sería fácil despertarles. Pero es casi imposible despertar a alguien que finge estar dormido.

Nuestro egoísmo y las acciones egoístas resultantes del mismo se deben a nuestra identificación con el ego, el sentido de "yo" y "mío". Al considerarnos seres limitados e incompletos, es natural que luchemos para obtener y mantener las cosas que nos parece que necesitamos para ser felices. En realidad, somos el Ser eterno siempre gozoso, pleno y completo. Pero en este momento, nuestras mentes no son lo suficientemente puras para entender esta Verdad. Todos somos la Divinidad, pero se expresa más en las personas que tienen un corazón puro. La electricidad es la misma, pero se manifiesta de manera diferente según la capacidad del medio conductor. Hay bombillas de 1000 vatios, de 50 y de cero vatios. De manera parecida, cuanto más pura es tu mente, más divinidad se manifiesta en tu interior.

Las prácticas espirituales como la meditación y el servicio desinteresado son esenciales para purificar vuestras mentes. Es como limpiar un recipiente antes de echar leche en él. Si el recipiente no está limpio, la leche se echará a perder.

No es posible para todos meditar con total concentración todo el tiempo. Por tanto, recomiendo a esas personas que dediquen su tiempo libre a intentar hacer algo beneficioso para el mundo. De esta manera, todos se benefician.

El objetivo de la vida espiritual es entender nuestra unidad esencial: entre nosotros y Dios. Sólo cuando nos demos cuenta de esto nos sentiremos verdaderamente contentos y felices. Pero esta filosofía no debería limitarse a las meras palabras. Debería reflejarse en nuestras acciones. Debería entrar en nuestro corazón y ser puesta en práctica. Si de verdad creemos que todos son uno con nuestro propio ser, entonces deberíamos ir a consolar a los que sufren con la misma rapidez con la que pondríamos una venda en nuestra mano herida.

¿Es optimista o pesimista acerca del futuro?

Nunca deberíamos ser víctimas del pesimismo. La paciencia, la fe optimista y el entusiasmo son esenciales en la vida y debemos esforzarnos siempre por cultivar estas cualidades y mantenerlas vivas en nuestros corazones. De muchas maneras, la gente está siendo cada vez más consciente de la necesidad de vivir de modo espiritual. La espiritualidad es la verdadera esencia de todas las religiones y, en su esencia, es el camino del amor y la compasión.

Si hubiera que resumir en una palabra la solución a los problemas del mundo actual, esa es compasión. Sólo el amor y la compasión pueden resolver el problema del terrorismo y el derramamiento de sangre.

La mayoría de la gente está hoy cegada por el ego. Hay dos tipos de ego. Uno es el del poder y el dinero. Pero el otro tipo es más destructivo. Es el ego que dice: "Sólo mi religión y mis opiniones son correctas. Todas las demás están equivocadas. No voy a tolerar ninguna otra cosa". Es como decir: "¡Mi madre es buena, la tuya es una prostituta!". Si no eliminamos estos dos tipos de ego, será difícil traer la paz al mundo.

La disposición para escuchar a los demás, la capacidad de comprender y la amplitud de mente para aceptar incluso a quienes no están de acuerdo con nosotros, estos son los signos de la verdadera cultura espiritual. Por desgracia, estas cualidades son exactamente las que faltan en el mundo actual.

El mayor enemigo al que se enfrenta el mundo es la pobreza. La prostitución, el terrorismo y otros muchos tipos de violencia son causados, en buena medida, por la pobreza.

Hay dos tipos de pobreza: la falta de alimento, ropa y cobijo y la falta de amor y compasión. Si podemos eliminar esta última, la primera se irá solucionando automáticamente. Porque cuando la gente tiene amor y compasión en sus corazones, espontáneamente y de todo corazón tiende la mano para ayudar a quienes no tienen comida, ropa ni hogar.

¿Hay algún mensaje que quiera mandar a los lectores?

Conoced vuestro Ser y practicad el amor y la compasión. También me gustaría decir que si toda la gente en el mundo trabajara media hora más al día y dedicara este dinero para ayudar a los que sufren, no habría hambre y todos tendrían salud.

Lo esencial del servicio desinteresado consiste en olvidarse de la propia individualidad y ver el dolor y el sufrimiento de los demás como propio. Cuando amemos a los demás, viéndonos a nosotros en ellos, no habrá lugar para el odio ni el miedo. Que la Gracia de Dios nos guíe a todos. (M.J.7)

** Si cada uno no despierta, no se alcanzará esta libertad. En primer lugar, deberíamos darnos cuenta de que estamos dormidos. Esto es muy importante. Si no somos conscientes de esto, no podremos despertarnos. En la sociedad moderna, la mayoría de la gente finge estar dormida. Eso lo complica más. Es más difícil despertar para esas personas.

Tenemos un sistema en el que impera la ley y el orden. Tenemos comisarías de policía. Tenemos ejércitos de tierra, mar y aire. Sin embargo, hay atentados terroristas, surgen multitud de terroristas en muchos países y hay ladrones y delincuencia. Esto demuestra que algo no funciona en nuestro sistema. Esa es la toma de conciencia, el despertar interior. Si no hay despertar interior, si cada uno no despierta en su interior, no se alcanzará la verdadera libertad.

Aunque tenemos un sistema en el que impera la ley y el orden o policía para hacerlos cumplir, sigue habiendo ladrones y delincuencia. Aunque la mayoría de los países tiene ejército, no dejan de surgir multitud de terroristas en muchos países. Aunque tenemos políticos y buenos administradores, sigue habiendo muchos problemas y conflictos internos en cada país. Esto demuestra que algo no funciona en el sistema. Seguimos mejorando las circunstancias externas pero las cosas siguen igual.

Por supuesto que esto ayuda en cierta medida, pero no totalmente. Creo que si no hay despertar interior, si cada uno no despierta y se empapa de la verdad espiritual, no llegará la verdadera libertad. No se trata de que desaparezca la política o los políticos, pero eso sólo no nos ayudará en último término.

Amma ¿qué papel juega el sufrimiento en nuestro mundo y en el camino espiritual?

El sufrimiento, de hecho, puede servir como una luz en la oscuridad si lo entendemos adecuadamente. Si aprendemos a ahondar bajo la superficie de nuestras experiencias dolorosas, sin duda podemos obtener muchas lecciones maravillosas de ellas. En estos momentos, tenemos conocimiento pero no verdadera conciencia, no verdadera comprensión. No somos conscientes ni de nuestra cabeza. Sólo lo somos cuando nos duele.

El sufrimiento puede ser una verdadera inspiración en la vida. Por ejemplo, alguien corre a un lugar determinado. Salta y corre y hace todo tipo de acrobacias para llegar a ese lugar. Puede que caiga en un hoyo profundo en el camino pero eso no significa que deba quedarse allí para siempre. Eso puede ayudarle a entender que "puede que me encuentre con hoyos más profundos, así que tengo que tener más cuidado, estar más alerta". De la misma manera, imagina que me pincho con una espina en el pie. Eso quiere decir que debería ser capaz de entender que me puedo encontrar con espinas más puntiagudas o más venenosas en adelante y que debería tener más cuidado y atención.

El sufrimiento es una parte de la vida, de la cual podemos aprender mucho si tenemos una correcta comprensión, la actitud correcta. Esto no quiere decir que todo el mundo tenga que padecer dolor en la vida, pero estas experiencias son inevitables. Y podemos aprender muchas lecciones.

La mayoría de nosotros sabemos que el fuego está caliente y el agua fría. Pero mucha gente, si no toca y siente, sino experimenta el calor del fuego, no tiene una comprensión real o conciencia de él. Esa experiencia les ayuda a mantenerse a distancia del fuego. No se acercarán mucho a él porque es peligroso. De la misma manera, deberíamos conocer la naturaleza de las cosas del mundo, la naturaleza de los objetos del mundo y la naturaleza del mundo.

¿La naturaleza de la realidad?

Sí, y entonces es cuando nuestra conciencia puede crecer. Nuestra conciencia aumentará, lo cual nos ayudará enormemente en nuestra vida en este mundo.

Ha mencionado el terrorismo, al cual mucha gente teme en estos momentos. También hay muchas guerras en nuestro planeta. Muchos creen que ahora en la Tierra estamos viviendo unos momentos especialmente difíciles. ¿Cómo ve estos tiempos en los que nos ha tocado vivir?

Veo mucha oscuridad en el mundo. Todos deberían tener el máximo cuidado y atención. Cuando miro hacia arriba, veo mucha oscuridad y cuando miro hacia abajo, veo profundos hoyos. Si la gente no tiene el máximo cuidado y atención, las cosas pueden ponerse realmente difíciles. Hay mucho miedo en la sociedad. Mucha gente se ha preparado para aceptar o dar la bienvenida a cualquier cosa que ocurra, en particular quienes tienen una comprensión de la espiritualidad más profunda o de los principios esenciales de la vida. Ellos están dispuestos a aceptar seguir adelante ocurra lo que ocurra.

¿Cómo es que la felicidad viene de servir a los demás?

Depende de la actitud mental de cada uno. Algunas personas se sienten tremendamente felices cuando dan o comparten algo con los demás. Pero hay otros que pueden sentirse un tanto tristes porque "he tenido que compartir esto con alguien". Depende de la actitud y constitución mental de cada uno. Pero para quien se ha dedicado al servicio a la humanidad, es como ofrecer una flor. Cuando ofreces una flor a alguien, una flor hermosa y fragrante, tú eres el primero que experimentas su dulce belleza y fragancia y después la compartes con el otro. De esta manera te da felicidad sin que haya un motivo en particular y esto es así porque estás sirviendo desinteresadamente a los demás. Así podrás olvidarte de ti mismo. Ese es el servicio verdadero, cuando eres capaz de olvidarte de ti y ofrecerte completamente al otro.

Imagina que alguien lleva varios días pasando hambre y tú le ofreces comida. Cuando lo miras como come y ves su satisfacción, como sacia su hambre, sientes una enorme alegría por haberle podido ofrecer este servicio o este alimento.

¿Qué significa entregarse?

Es una actitud hacia uno mismo. Hacia el propio Ser. Esto significa la aceptación total o eliminación del ego o ir más allá del ego. No quiere decir que elimines el ego completamente, sino que madure. (M.S.7)

* Para alcanzar el estado de unidad con el Ser Supremo, tenemos que desaparecer nosotros mismos. Pero, normalmente, ese proceso

es nuestro mayor temor, pues perderse uno mismo es una forma de muerte y ¿quién está dispuesto a morir? Todos quieren vivir. Sin embargo, a fin de tener una vida plena, necesitamos amar la vida y su misma esencia, y abandonar todo lo demás. Aprendamos a abrazar la vida con los brazos abiertos, mientras nos desprendemos de nuestros apegos. Abandona todos tus deseos, todas tus penas, temores y ansiedades. Este abandono no supone perderlo todo, pues en realidad no hay mayor ganancia que esa. A través de ello, se te ofrece el universo entero, y llegar a ser Dios. (M.S.7)

✼ Cuando hay amor, comprensión y confianza mutua, nuestros problemas y preocupaciones disminuyen. Cuando estas cualidades están ausentes, se multiplican los problemas.

El amor es la base de una vida feliz. Consciente o inconscientemente, rechazamos esta verdad.

Al igual que nuestros cuerpos necesitan de un alimento apropiado para vivir y desarrollarse, nuestras almas necesitan amor para crecer correctamente. El alimento que el amor aporta a nuestras almas, es mucho más nutritivo que la leche materna para un recién nacido. (MS.7)

✼ El rasgo más importante que debería tener un verdadero buscador, es la actitud de entrega y aceptación. Al principio, es difícil entregarse y aceptarlo todo, sobre todo si no tienes un ejemplo que te guíe o a alguien a quien puedas considerar un ejemplo. El apego a la forma física del Maestro finalmente llevará al buscador a un desapego y libertad totales. Cuando amas la forma externa del Maestro, no estás amando a un individuo limitado, estás amando a la conciencia pura. El Maestro te revelará esto poco a poco. (M.D.7)

Actitud - Camino a seguir

✻ En cada momento de la vida hay esperándonos otra experiencia más que puede ayudarnos a acercarnos a Dios. Pero, por lo general, dejamos pasar estas oportunidades a causa de nuestra actitud crítica. Estos momentos son tan preciosos que, de hecho, nos miran directamente a la cara, esperando que abramos las puertas de nuestros corazones para invitarlos a entrar. (M.D.7)

✻ ¿Cómo podemos rechazar nada, hijo mío? Deberíamos saber disfrutar de la vida. Deberíamos ofrecer a Dios las ideas que hemos mantenido hasta ahora para que las corrija. Hemos de tener una actitud de entrega. Las creencias tan apreciadas por nuestra mente deberían ser eliminadas. (M.D.7)

✻ Para alcanzar la paz y la tranquilidad debemos cambiar, en primer lugar, nuestra errónea manera de pensar. Ahora pensamos que la paz viene del exterior. Esta falsa creencia nos hace buscar la paz afuera, en los objetos del mundo. Pero, de hecho, la paz verdadera viene de dentro. La fuente eterna de la paz está en nuestro interior. (M.D.7)

✻ Existe una falsa creencia muy extendida que afirma que los problemas proceden de las circunstancias externas de la vida, y que estos pueden eliminarse de una vez por todas. Tenemos que comprender que las dificultades se encuentran dentro de nuestra propia mente. Una vez seáis conscientes de ello, podréis iniciar el proceso de vencer a nuestra debilidad interior. (M.D.7)

✻ Nos hace falta inocencia para captar el significado real de lo que oímos. Si somos inocentes, podremos ver la bondad en todo.
　Un deseo sincero de alcanzar a Dios y ser humilde ante los demás son las cualidades que un discípulo debería tener. Despertad estas cualidades. Entonces, estaremos listos para recibirlo todo. Alcanzaremos la plenitud. Sin que nos demos cuenta, el conocimiento del Ser fluirá en nosotros y nos llenará. (M.D.7)
Ver Inocencia

✱ Contratamos seguros de vida porque sabemos que la muerte puede venir en cualquier momento. Pero vivimos nuestras vidas como si creyéramos que nunca vamos a morir.

Le damos ejercicio físico al cuerpo, pero descuidamos el corazón. El ejercicio para el corazón es ayudar a los necesitados y a los que sufren. La belleza de nuestros ojos no está en el sombreado de ojos, sino en una mirada llena de compasión. La belleza de nuestras orejas no está en los pendientes, sino en escuchar a los que sufren. La belleza de nuestras manos no está en los anillos, sino en nuestras buenas acciones.

Deberíamos ser agradecidos en la vida. (M.M.8)

Amma: ¿Quién es?

✻ Algunas hojas están cerca de la flor, otras alejadas de ella. Sin embargo, todas pertenecen a la misma planta. De igual modo, todos son hijos de Amma. No ha de haber la menor duda al respecto. (C.2)

✻ Una corriente de amor fluye ininterrumpidamente de mí hacia todos los seres vivientes y no vivientes. Esta es mi naturaleza. (C.2)

✻ Hijos míos, Amma siempre está con vosotros. Cada vez que pensáis en Ella, Amma ve vuestros rostros claramente. (C.5)

✻ *Parece como si Amma hubiese practicado mucho yoga y otras disciplinas.*

¡Shiva!, ¡Shiva! No he practicado nada, pero hay algo que surge de forma natural en mí. Es el amor que fluye constantemente desde Amma hacia toda la Creación. (M.S.0)

✻ "A veces aquí en el *ashram*, cuando el anhelo de los hijos por Dios pierde intensidad, la Madre no puede soportarlo y siente un dolor inexpresable. En estos momentos, la Madre les dice a sus hijos: "Ay de mí! Ya me dijo Shiva que no me alejase de Él y me preocupara por todo esto. Fijaos como sufro ahora." (Todos se echaron a reír) ¿Cómo voy a quejarme a Él ahora? Él me diría: ¿Acaso no te lo advertí?. (M.D.0) *Ver Creación*

✻ Amma nunca ha sentido que ella fuera diferente de su auténtica Naturaleza Infinita. No ha existido el tiempo en que Ella no fuera Eso. El tan denominado conocimiento, momento o tiempo de Realización, fue la eliminación del velo, fue un redescubrimiento para que sirviera de ejemplo. No existe ningún momento en que un Avatar no esté consciente de su verdadera naturaleza. Un

Avatar es la encarnación de la Conciencia en todo su esplendor, gloria y plenitud.

Antes de construir una vivienda, el espacio se encuentra allí. El espacio todavía sigue existiendo incluso después de terminada la casa. La única diferencia es que ahora la casa está en el espacio, existe en el espacio. La casa ocupa tan sólo un poco de espacio en el inmenso espacio. El espacio continúa estando allí incluso después de la demolición de la casa. La casa va y viene, pero el espacio permanece en los tres períodos de tiempo, el pasado, presente y futuro. El redescubrir la verdadera naturaleza al eliminar el velo, sólo es aplicable a un alma que evoluciona paso a paso hasta llegar al estado de la Conciencia Suprema. Pero esto no es aplicable a un Avatar. Un Avatar es como el espacio. Él o Ella siempre viven en la Conciencia. No hay conocimiento o realización, son eternamente Eso.

Recordad que todos aquellos que han estado vinculados a la Madre en esta vida, lo estuvieron también en vidas pasadas. Puede que veáis sólo este tiempo de vida y, por tanto, creáis que no habíais conocido antes a la Madre, pero todos vosotros habéis estado antes con ella. Nadie recuerda o conoce su conexión con la Madre en vidas pasadas. Hay un tiempo predestinado para cada uno de los que se acercan a ella. Algunos vienen más pronto, otros más tarde, pero todos los hijos de la Madre han estado siempre con ella. Vienen a la Madre en diferentes momentos, algunos cuando oyen hablar de ella o cuando ven su fotografía. En otras ocasiones, sucede cuando oyen una grabación de sus *bhajans*. En determinados casos, acuden al encontrarse con alguno de sus hijos y otros perciben su relación con la Madre sólo a través del contacto directo con ella. Algunos, al relatar su experiencia, dicen: "antes del encuentro con la Madre", pero ese tiempo no existe. Todos sus hijos ya se han encontrado con ella hace tiempo y, aunque no sean conscientes, la protección de la Madre ha estado siempre con ellos.

La naturaleza de Amma cambia según sean tus pensamientos y acciones. La feroz forma del Señor como Narasimha (mitad hombre, mitad león), se avalanzó rugiendo contra el rey demonio, mientras que ante la presencia de su devoto Parlada, se volvió pacífico. Sucedió que Dios, puro y sin atributos, adoptó dos actitudes distintas, según las distintas acciones de Hiranyakasipu y Parlada. De igual modo, el comportamiento de Amma cambia también según sea la actitud de sus hijos. Amma a quien tú ves como la encarnación del Amor, puede en otro momento manifestarse como la Cruel. Su objetivo es corregir los errores en el comportamiento de sus hijos. La única intención es hacerlos buenos. (M.M.1)

✴ Sólo cuando seáis capaces de amar de forma totalmente desinteresada, Amma considerará que la amáis verdaderamente. Amma no puede considerar las otras formas de amor como amor. El amor que nace del egoísmo es insoportable para Amma. (M.M.1)

✴ No penséis que Amma se encuentra sólo en Vallickavu o limitada a este cuerpo. Cuando recéis sinceramente, pensando en Amma, esa vibración llegará, al instante, a Amma y se reflejará en su espíritu. Vuestras plegarias y acciones, puras e inocentes, conducirán a Amma hasta vosotros. (M.D.1)

✴ Cuando Amma inició la búsqueda de Dios, estuvo debatiéndose en agonía hasta que alcanzó la meta. No dejaba nunca de llorar. No dormía. Cuando se ponía el sol, sentía una violenta agitación en su corazón. ¿Se habrá perdido otro día? ¿Habría malgastado otro día sin conocer al Señor? No podía soportar tanto dolor. Entonces, decidía estar despierta toda la noche, pensando que si no dormía, el día no estaría perdido. Siempre tenía entre sus labios esta pregunta: "¿Dónde estás, Señor? ¿Dónde estás, Señor?" Incapaz de soportar el dolor de no ver al Señor, mordía y arañaba su propio cuerpo. A veces se retorcía por el suelo, gritando, implorando los nombres del Señor. Podía espontáneamente romper a llorar. Nunca reía ¿Qué sentido tendría echarse a reír cuando aún no se ha conocido a Dios? Se preguntaba: "¿Cómo voy a regocijarme sin conocerte? ¿Para qué voy a comer, si no te conozco? ¿Para qué voy a bañarme?" Amma se pasaba así todos los días.

Cuando experimentas un fuerte desapego, no sientes atracción por el mundo. Pero tienes que ir más allá de ese estado. Tienes que ver que todo es Dios.

Amma sentía un gran amor hacia los pobres. Cuando veía el hambre que pasaban, robaba comida de casa y se la llevaba. Más tarde, cuando llegó a sentir un insoportable dolor porque no había visto todavía a Dios, se volvió contra el mundo entero. Se mostró airada contra la Naturaleza. Le llegó a decir: "¡No me gustas en absoluto, Madre Naturaleza, pues haces que hagamos cosas que están equivocadas!" Escupía a la Madre Naturaleza y le gritaba cualquier cosa que le viniera en gana. Se convirtió en una forma de locura.

Cuando se le ofrecía comida, escupía en ella. Llegó a estar en una condición muy extrema. Estaba molesta con todos. Sentía como si le lanzaran barro cada vez que alguien se acercaba a Ella. Cuando veía a alguien sufriendo, pensaba que era por su egoísmo, y que estaba experimentando los frutos de su *karma*. Pero esta actitud cambió muy pronto. Empezó a pensar: "La gente comete errores a causa de su ignorancia; si los perdonamos y los amamos, dejarán de cometerlos. Si nos enfadamos con ellos, lo más probable es que repitan sus malas acciones." Cuando surgieron estos pensamientos, su corazón se llenó de compasión. Su ira desapareció por completo. (M.M.2)

* Amma hace lo que hace porque no puede hacer otra cosa. Amar es su naturaleza, servir es su naturaleza, y no espera nada a cambio. (M.J.3)

* *Parecéis una persona alegre y optimista. ¿Se ha puesto a prueba alguna vez vuestro optimismo?*

Mi infancia constituyó un gran desafío. Sucedió así porque mi vida dependía del comportamiento de la gente que me rodeaba. Si esperáis que se produzca una explosión, cuando estalla apenas os afecta. (*Risas*) Amma era consciente de ello y mi optimismo no se ha visto nunca alterado.

¿No os habéis enfurecido nunca?

Es inútil. Cada uno se comporta según lo que es. De nada sirve encolerizarse con lo que se espera que hagan los demás. Todos tienen algo bueno. Incluso un reloj estropeado marca la hora justa dos veces al día. Prefiero ver el bien en los demás, sin criticarlos ni enfadarme con ellos.

¿De verdad?, ¿no se ha dado nunca una ocasión en la que os sintierais furiosa?

Cuando veo el sufrimiento de la gente... sí. Alguna vez he experimentado ese sentimiento. También he sentido tristeza. Pero, ¿acaso ha servido de algo? He sido consciente de ese hecho y, a continuación, ha desaparecido ese sentimiento.

Se os ha descrito de varias maneras: Dios, avatar divino, maestra espiritual o Guru.

Hace mucho tiempo que me he entregado al mundo. Soy aquello que la gente quiere ver en mí. No me preocupa saber cómo me consideran. (*Risas*)

Pero a pesar de todo, ¿cuál sería la descripción correcta? ¿Os consideráis como Dios y los demás como devotos?

Veo a los demás como veo mi rostro en el espejo, como me veo a mí misma. ¿Dios? No creo en un Dios que tiene su trono en el cielo, en el paraíso. Mis dioses son las personas, los devotos. Los amo y los sirvo, en eso es en lo que creo. Si me consideran como Dios es porque, quizás, esa sea su visión de Dios.

¿Qué les aconsejáis? ¿Cuál es la esencia de vuestra enseñanza?

Dios es compasión y amor. Estas dos cosas, el amor y la compasión, es lo que precisa el mundo. Mucha gente no recibe amor. En cuanto a la compasión, ¿acaso existe alguien que no haya pecado nunca? ¿No fue esto lo que también dijo Jesucristo? Para mí la compasión es el perdón. La compasión es dar a los demás incluso aquello que no merecen.

El modo como abrazáis a la gente se ha convertido en vuestra seña de identidad. ¿Cómo y porqué empezasteis a hacerlo?

Muchos venían a explicar sus problemas a Amma. Lloraban y yo les enjugaba sus lágrimas. Cuando se ponían a llorar, los abrazaba en mi regazo. A continuación, los demás también querían que los abrazara. Así fue como surgió esta costumbre.

¿Os acordáis de cuándo se convirtió en habitual?

Hijo, no puedo dar una fecha exacta. En mi juventud recorría las aldeas. Vi mucho sufrimiento. Me encontré con enfermos, con gente que no tenía nada para comer, con ancianos que no tenían quien los cuidara. Intenté ayudarlos, asearlos, alimentarlos y consolarlos. Y rezaba por ellos. La pregunta que me planteaba era si había amor en lo que hacía y si debía continuar. Veía tanto sufrimiento que me preguntaba si debía vivir rodeada de sufrimiento o si debía morir en medio del dolor. La respuesta que recibí a mis plegarias fue la siguiente: "Estás en este mundo para ayudar, para hacer lo que puedas."

Os he visto abrazar a muchas personas y algunas se han echado a llorar... ¿Podría decirnos que les hace para que se comporten así cuando las abraza?

Hijo, el amor es la esencia de todo ser humano. Cuando se conmueven, cuando la bondad que hay en ellos se conmueve, estalla muchas veces en forma de llanto. Nuestro mundo es cada vez más egoísta. Todos quieren tomar, nadie quiere dar. No se puede recolectar si no se siembra. Sin dar, no podéis recoger. Es preciso que todos lo comprendan. El abrazo representa un don. Es amor y el amor es lo que falta en este mundo. El abrazo también simboliza la maternidad, la madre que nos ha dado el nacimiento. Por eso estrecho a la gente entre mis brazos, para que despierte en ellos el espíritu de entrega. Hijo, lo que hace Amma no es ninguna comedia (*Risas*). No se trata de algo físico o externo, sino de que mueva tu ser interior.

¿En qué medida creéis que vuestro darshan puede ayudar a remediar los males del mundo?

No pretendo conseguirlo al cien por cien. Querer cambiar totalmente el mundo sería igual que intentar cambiar la posición natural de la cola de un perro.

Pero la sociedad ha sido engendrada por las personas y cambiando a los individuos es posible generar cambios en la sociedad y, a través de ella, en el mundo entero. No se puede cambiar el mundo, pero es posible generar los cambios. La lucha que se produce en la mente de los individuos es la causa de las guerras. Así, si podéis hacer que algo se mueva en el interior de la gente, conseguiréis que también se vea afectado el mundo. (*Sonrisas*)

Vuestra sonrisa es muy conocida entre los seguidores, ¿Qué es lo que os hace sonreír?

Hijo, esa es la naturaleza del mundo. La tristeza no conduce a nada en este mundo. ¿Qué puede alcanzar un rostro sin sonrisa? No basta con buscar un remedio para que se cure una herida. Sólo se curará si se aplica en la herida.

Vuestras biógrafas describen vuestra infancia como dolorosa y cuentan que fuisteis maltratada. ¿Recuerda si también sonreía entonces?

¿Me preguntáis si sonreía entonces? Pienso que sí. La gente que me rodeaba tenía ciertas nociones y creencias sobre las mujeres, y como debían comportarse. Era lo que se les había enseñado. Descubrieron que yo no era así... Y, entonces, sí, yo sonreía.

¿Cuándo adquiristeis conciencia de poseer un don especial que os distinguía de los demás?

A la edad de 5 años. Rezaba y adquirí conciencia, sí.

Mata Amritanandamayi significa "Madre de la felicidad eterna". Antes os llamaban Sudhamani. ¿Cuándo cambió de nombre?

Es la gente la que me ha dado ese nombre. Ellos son los que me llaman así.

¿Cuándo?

No me acuerdo. (*Risas*)

En su biografía se cuenta que, en cierta ocasión, tuvo el sentimiento de que no había ninguna diferencia entre Krishna y usted. ¿Nos lo podría explicar?

Sí, tuve un sentimiento. Fue una experiencia. Al igual que veo mi rostro en el espejo, el rostro de Krishna parecía que se fundiera en mí. Fue una experiencia muy intensa.

También se dice que es la diosa Durga.

Eso es lo que la gente dice. Esa es su creencia. Yo no me preocupo. Para Amma es más importante amar y servir. Lo que dicen o piensan de mí es asunto de ellos. No me preocupa. Si hoy dicen que soy Dios, mañana pueden decir que soy el diablo.

¿Cuál es vuestro punto de vista sobre la religión?

La religión es necesaria, aunque haya gente dispuesta a morir por ella y no a vivir por ella. Ofrece una cierta seguridad, como una valla de protección. Sería como subirse a una barca para cruzar un río y, una vez en la otra orilla, no querer bajarse. O como si uno se contentara con señalar una fruta. Eso no saciará nuestro apetito. Para ello, tendremos que subirnos al árbol, coger la fruta y comerla. La religión no es más que un vehículo. Para encontrar a Dios, hay que buscarlo.

¿Significa eso que todas las religiones son buenas?

Sí, todas las religiones enseñan el amor y la compasión. ¿No dijo eso Cristo? Él no creó el cristianismo, fueron los otros los que lo crearon.

Pero algunas religiones han engendrado movimientos fundamentalistas.

Creo en el amor no en el fundamentalismo.

En la India hay muchos renombrados maestros, como por ejemplo Satya Sai Baba. ¿Os habéis encontrado alguna vez con él?

Amma no ha tenido necesidad. Que cada uno haga lo que tenga que hacer.

Ahora más que nunca, se da la tendencia en los occidentales a elegir Guru en Oriente. Usted misma tiene muchos seguidores en Occidente. En vuestra opinión, ¿a qué se debe?

Habría que preguntárselo a ellos (*Risas*). Yo no quiero decir que vengan a nosotros porque nuestra espiritualidad sea mejor que la de Occidente. No quiero decir que Occidente sea malo y Oriente bueno. Aquí tienen sus propias iglesias. Ellos tienen su propio *dharma* y nosotros el nuestro. No quiero decir que el nuestro sea mejor que el suyo.

¿Y entonces?

Quizás sea porque Amma vive lo que ella enseña. (Risas)

Otra cosa. Se os conoce por recibir a la gente durante todo el día y porque os basta con dos horas de sueño. ¿Qué hacéis para relajaros?

Me siento libre. La mente debe sentirse libre y la mía lo está siempre.

¿Y de dónde obtenéis la energía para continuar así, día tras día, mes tras mes, año tras año?

Estoy directamente conectada con la fuente de energía, hijo, no necesito funcionar con pilas. (*Risas*) No necesito un interruptor para encenderme. Es el sol el que me ilumina, y el sol no cesa nunca de brillar. A veces no puedo estar mas de dos o tres segundos con cada persona, cuando hay diez o cuarenta mil personas. Llegan a pasar 2.000 ó 2.500 personas por hora.

¿Recibís críticas?

Siempre habrá críticas. Pero no se manifiestan ahora como en la época de la aparición de las encarnaciones divinas de Cristo, Rama o Krishna. Muchas personas han muerto antes de nacer o vivir. Siempre habrá críticas y la crítica es indispensable. La mejor manera de destruir una nación es la de no criticar a su primer ministro. Gracias a la crítica salen a la luz las faltas. No siento ninguna ira hacia mis detractores. Siempre habrá puntos de vista diferentes.

Estos últimos años, se han dado muchos problemas en la India y en el mundo.

No ha habido nada nuevo. Así continuará.

Uno de los lugares mas conflictivos del mundo se encuentra en la India. Se trata de Cachemira. Habéis viajado por muchos lugares del mundo, pero todavía no habéis ido allí. ¿Pensáis visitar esa zona?

Intento ir allí donde me llaman. Voy siempre que tengo tiempo para ir. Si me llaman iré. Si mi presencia puede aportar paz a la gente, no lo dudo y voy. (M.J.3)

✳ Hijos, es el cuerpo el que viene y va, el Ser permanece inmutable. Desde su nacimiento, Amma sabía que solo Dios era la Verdad y que todo lo que ella veía no era real. Ella podía ver su propio reflejo en cada objeto, como si se tratara de un espejo. (M.M.4)

✳ Amma está dispuesta a aceptar un número ilimitado de encarnaciones para servir a los devotos y a los que sufren.

Cuando hablamos de un auténtico maestro, no nos referimos a un ser individual, sino a la Divina Conciencia, la Verdad. El maestro impregna el universo en su totalidad. Es necesario que entendamos eso, si queremos avanzar espiritualmente. Un discípulo nunca debería apegarse al cuerpo físico del maestro. Deberíamos ensanchar nuestra visión de forma que veamos a todos los seres, animados e inanimados, como el maestro; y servir a los demás con devoción.

A través de este lazo de unión con el maestro, adquirimos una mayor amplitud de miras. La mente del discípulo que va madurando mientras escucha las palabras del maestro y observa sus obras, se eleva hasta ese plano de visión sin que el discípulo sea consciente de ello. Por otro lado, el trabajo que realiza una persona para satisfacer su deseo de estar junto al maestro, por puro egoísmo, no es auténtico servicio. (M.M.4)

✳ Aunque actúe, estoy en meditación. Cuando doy *darshan* o estoy con los devotos, siempre veo en ellos a Dios. (M.D.4)

❋ *¿Qué es lo que le da esa energía sin límites? ¿Es el poder de la espiritualidad?*

Una persona normal es como un poste eléctrico. Una persona verdaderamente espiritual es un *tapasvi* que puede convertirse en un transformador con capacidad para generar una cantidad de electricidad infinita. Cuando miro a la gente y veo su sufrimiento y dolor, me olvido de mí misma. No soy como una pila normal que se consume después de ser usada durante un tiempo. Soy como una pila que se recarga constantemente, conectada a la fuente de energía.

Usted ha creado hospitales, universidades, orfanatos y proyectos medioambientales. ¿Cuáles son sus objetivos para los próximos 10 años?

Fluyo como un río. No planifico nada. Sin embargo me gustaría hacer algo por las prostitutas ya que me entristece mucho su difícil situación. También me gustaría promover proyectos sobre la gestión de residuos, un sistema eficaz de recogida de basuras, especialmente en las paradas de autobús y aseos públicos, y también concienciar respecto al medio ambiente y su protección.

Mi deseo es que no haya chozas en la India. La gente debería tener, por lo menos, una comida en condiciones al día. Y no sólo en la India, también me preocupan los países africanos. He visitado Kenia recientemente y estoy dispuesta a construir también allí casas para personas sin hogar. Me iban a ofrecer dinero, pero les dije que compraran la tierra y Amma construiría las chozas.

Una última palabra. Usted está siempre en comunión con Dios. ¿Dios está en el cielo o en la tierra?

Para mí, todos los humanos son dioses y Dios está en todas partes, tanto arriba en el cielo como en la tierra. Pero no hay un

Dios sentado ahí arriba en un trono de oro. Él reside en todas las cosas. Yo veo a Dios hasta en una pequeña hormiga. Y el cielo está en nosotros. (M.D.4)

✳ Ten siempre en cuenta que la Madre es omnipresente. Ten fe en que el Ser de la Madre y tu Ser son Unidad. Ten la convicción de: "yo soy espiritualmente fuerte". "Todo está en mi interior". Todos los seres humanos dicen "yo". Comprende, por tanto, que ese "Yo" es el mismo en todos. (M.J.5)

✳ Amma es la servidora de cada uno de vosotros. Amma no reside en un lugar especial, mora dentro de vuestro corazón. (M.M.6)

✳ Si apareciera la más ligera traza de ego en los corazones de los hijos de la Madre, ella misma lo barrería en ese momento. La Madre está dispuesta a nacer cuantas veces sea necesario por el bien de sus hijos, pero no será nunca una sirvienta del ego. (M.J.6)

✳ Se necesita muy poco jabón para eliminar una pequeña mancha, pero mucho más si la mancha es grande y densa.

De igual modo, una persona que se siente inclinada por la espiritualidad tal vez no necesite demasiada atención o cuidado, pero el que ha estropeado su vida sin seguir unos principios necesitará más atención y cuidados para ser reeducado y alcanzar una vida plena de sentido.

Un café ligero sólo precisa un poco de leche, mientras que un café fuerte necesita mucha más leche para suavizarlo.

La Madre está dispuesta a adoptar nuevos nacimientos para ayudar a esas personas. ¿Cómo va a abandonarlas? ¿Quién más cuidaría de ellas?

El único sentimiento de la Madre es que todos somos sus hijos. ¿No tendría que haber al menos alguien que los abrazara a todos, viéndolos como sus hijos? ¿Quién más estaría ahí para hacerlo?. (M.J.6)

* *Madre, se dice que ha realizado muchos milagros. ¿Cuál es su naturaleza y finalidad? ¿Por qué no hace milagros como antes?*

Los Mahatmas no realizan ningún milagro especial. Para ellos, todo en este mundo es un milagro. La vida misma es una maravilla. La Madre no considera que algo en particular sea un milagro. Al mismo tiempo, cuando ves a Dios en todo, entonces todo es una increíble maravilla.

Hacer milagros sólo aumentaría los deseos en las mentes de las personas. ¡Y lo que hace falta en el camino espiritual es reducir los deseos! La Madre no hace alarde de ningún milagro. En los inicios sucedían espontáneamente, pero la Madre nunca los tomó en serio.

Alguien le pidió a la Madre que materializara panchamritam (un dulce a base de cinco ingredientes) y el panchamritam apareció en un recipiente, eso fue todo. Tales experiencias ayudan a fortalecer la fe de la gente.

La Madre ha emprendido grandes actividades humanitarias. ¿Cuál es exactamente el motivo? ¿Les ha dado forma personalmente? ¿Contempla cómo se van a desarrollar en el futuro?

La Madre no tiene unas expectativas concretas. La Madre sólo piensa en lo que se puede hacer. Cuando la Madre ve el sufrimiento en el mundo, lo siente como si fuera suyo y responde a él inmediatamente.

Cuando la Madre piensa en cómo remediar ese sufrimiento, espontáneamente toman forma en su mente determinadas actividades. Poco a poco van adquiriendo su forma definitiva.

La vida de la Madre fluye como un río. El río lava y limpia todo lo que entra en él. Esta es su naturaleza.

¿Puede explicar qué hay detrás del Devi Bhava Darshan de la Madre? ¿Cuál es la importancia y relevancia de Devi (la Madre Divina) en el momento presente?

De la misma manera que el mundo es un escenario en el que se representa la obra de nuestras vidas, el *Devi Bhava* es uno de los personajes de ese juego. Pero es un personaje que se convence de que la vida es una representación teatral.

La maternidad está desapareciendo lentamente de entre nosotros. Para una Madre, no existen penalidades cuando se trata de cuidar a su hijo. Para un sirviente, sin embargo, puede ser un tedioso trabajo.

Hoy en día hasta las madres piensan que criar a sus hijos es un trabajo duro. Esto ocurre porque han perdido la maternidad en sus corazones. La mayoría de nosotros sólo pensamos en lo que podemos obtener. No pensamos en lo que podemos hacer por los demás. Nadie da tanto como una madre. Esa es la grandeza de la maternidad.

El propósito del *Devi Bhava* es devolver esta maternidad perdida al mundo. Devi es la encarnación de la paciencia y la compasión. Sólo ella puede despertar la maternidad en nosotros. (M.J.6)

* Tenemos que asumir diferentes papeles en la vida, pero debemos saber que no somos ninguno de ellos. La gente ve distintos *bhava*s en la Madre. Pero la Madre sólo tiene un *bhava* (aspecto, actitud) y ese es el *bhava* de "Yo soy el Ser" (*atma bhava*). Eso es todo. (M.J.6)

* Cuando viajáis con Amma, no siempre resulta fácil. Sentís un gran sufrimiento y se presentan muchas dificultades. Por tanto, deseáis abandonar. Tan pronto surgen las dificultades, uno desea ir a Benarés, otro a Hardwar o al Himalaya para hacer su *sadhana*. No sois conscientes del modo que opera un Mahatma en vosotros. No lo comprendéis y os sentís abatidos. Vosotros sois niños. Jugáis y reís conmigo, pero no comprendéis lo que Amma está haciendo. No sois conscientes de quien es Amma, realmente no queréis a Amma. (M.S.6)

✻ La carta sin enviar de Amma

"Hacia dos años que no venía a recibir el dharsan de Amma, aún así, durante el dharsan Amma no me dijo ni una sola palabra. En el pasado ¡cuánto me hablaba! Ahora Amma tiene muchos devotos que la quieren. A Amma ya no le que queda amor por mi..."

Tras leer la carta a Amma, Laksmi preparó la grabadora para recoger su respuesta. Amma recibe miles de cartas diariamente de todo el mundo en multitud de lenguas. En medio de su apretada jornada de trabajo, Amma contesta brevemente a aquellos que necesitan una respuesta directa. La práctica habitual es traducir y leer en malayalam esas cartas a Amma y después traducirlas a sus correspondientes idiomas antes de ser enviadas. Laksmi, con frecuencia, lee cartas a Amma mientras se lava los dientes, se peina después del baño o mientras está tomando un té. De hecho, debido a la atención que pone en las contestaciones, Amma se olvida a veces de atender sus necesidades personales.

"Querida hija.

Dices que Amma no te quiere, que Amma no te habló aunque viniste a recibir el dharsan después de dos años. Amma sólo sabe amar, no sabe cómo demostrar amor. Amma no pudo decir nada porque su corazón estaba desbordado de amor, cuando te vio. ¿Se puede hablar sobre todo lo ocurrido durante dos años en sólo dos minutos? ¿Puede caber el océano de amor en la concha de una palabra? Pero hija, deberías saber que a lo largo de los años, ahora y siempre, Amma está contigo día y noche como si fuera tu sombra. Mi querida hija, deberías tener un poco de amabilidad y mostrar tu también un poco de amor hacia Amma. No tienes idea de cuanto ha deseado Amma escuchar una palabra tuya o por lo menos ver que pensabas en ella.

"Permíteme que te recuerde algunas de las cosas que ocurrieron ayer ¿Cuántas veces, a primera hora de la mañana Amma te susurró al oído: "levántate, levántate", pero lo único que hiciste fue esconderte bajo la manta. Más tarde cuando te levantaste vacilante, Amma estaba segura de que la recordarías durante un momento o por lo menos de que te girarías hacia la mesa para echar una mirada a su foto. Pero no importa, quizás tenías cosas importantes en que pensar. Después de todo, Amma sólo tiene que cuidar a Sus hijos.

"Después para recordarte que tienes una Madre, tu hija pequeña fue a decirte "Buenos días mamá" ¿Con qué fin? Cuando tu hija extendió sus brazos para abrazarte, la reñiste y la echaste de tu lado gritando: ¡lávate los dientes y dúchate! Amma pensó que quizás te habías levantado con el pie izquierdo y consolándose con el pensamiento de que todavía quedaba tiempo, entraste en la cocina. Allí empezaste a buscar la caja de cerillas después de abrir la espita de gas de la cocina, y al no encontrar la caja de cerillas, empezaste a maldecir a todo el mundo. Afortunadamente tu marido que se estaba afeitando olió a gas y así pudo evitar un serio accidente. Amma se sintió aliviada. Pero la esperanza de Amma de oír una palabra de agradecimiento a Dios por Su Gracia, ya que no por la de Amma, cayó en saco roto.

"Amma seguía estando contigo, sujetándote cuando te resbalaste en la bañera, y recordándote que cogieras las llaves de la oficina al salir de casa, despertando compasión en el conductor del autobús que estuviste a punto de perder, y asegurándose de que no tropezaras cuando subiste al autobús.

"Adelantándose a tu llegada a la oficina, Amma se encontró con que tu jefe estaba de muy mal humor. Te estaba esperando para echarte la bronca. ¿Qué podía hacer Amma? En ese momento, un amigo cercano lo llamó por teléfono y le dio excelentes noticias. En medio de la alegría llegaste tú. Afortunadamente no te dijo ni una palabra.

"Amma sabe que su querida hija tiene muchas responsabilidades en la oficina, y esperaba que le consultases a la hora de tomar algunas decisiones importantes, pero ¡ay! No eres consciente de que las esperanzas, deseos, lágrimas y sueños de muchas vidas penden del extremo de tu bolígrafo. Amma seguía inspirando la decisión correcta en tu ser más profundo, pero las más de las veces, esa sutil voz se ahogaba entre los ecos de tus pensamientos.

"Amma seguía pensando que te acordarías de Ella al menos antes de comer, cuando cogiste la fiambrera con el almuerzo, y aunque te puso como ejemplo a la persona que se sentó a tu lado, no se te ocurrió que deberías darle gracias a Dios por la comida que ibas a tomar. De pie, fuera de la habitación y deseando comer una bola de arroz de tus manos. Amma extendió su mano, y aunque lo oíste, volviste la cara. Finalmente, cuando echaste las sobras al cubo de la basura, Amma le quitó un puñado a los perros, se lo comió, y se sintió satisfecha. Después de todo, para Amma las sobras de sus hijos son prasad.

"Descansaste durante un rato después del almuerzo. Amma esperó a que le dijeses algo entonces, pero tu interés estaba en hablar mal de los demás con tus amigos. Amma se preguntó: ¿No me dará una pequeña parte del amor que prodiga a sus amigos? Oh! no, una madre no debe tener tales esperanzas. Los

Amma: ¿Quién es?

hijos tienen su propia vida y a veces no les gusta que ni siquiera su propia madre se meta en ella.

"Mientras volvías a casa del trabajo, los ojos de Amma estaban en cada paso que dabas. La rejilla de un sumidero estaba a punto de romperse ¿se tropezará esta hija en ella? Oh! salvada por un paso; mientras cruzabas la calle a Amma se le encogió el corazón. Mi hija no se ha dado cuenta de la velocidad del coche que acaba de adelantar al camión. ¡Dios mío, mi hija! Amma tuvo que actuar con rapidez. Te frotaste los ojos por un momento, mientras el coche pasaba a toda prisa. Aunque Amma no conoce a ningún Dios o Diosa aparte de Ella, en su sankalpa como Madre, a veces invoca al Señor. ¿Pero cómo es que no salió de tu boca ni una palabra de agradecimiento para ese Vishwashakti (Poder Universal)?

"Las oraciones del atardecer se podían oír claramente a través de los altavoces del templo cercano. Cuando eras joven recitabas estas oraciones. Amma deseaba escucharte una vez más, como lo hacías entonces. Pero oh! las vanas esperanzas de una Madre.

Amma te ayudó entonces a completar las tareas domésticas atrayendo tu atención hacia las cosas correctas en el momento preciso, echándote una mano y poniendo entusiasmo en tu cansada mente. Amma sabe que una hija casada, que además es madre recordará a su propia madre, sólo en el último momento. Finalmente apagaste la luz de la cocina. Quedaban unos momentos antes de irte a la cama. Amma, que vive como una huérfana en un marco de cristal polvoriento en la habitación de la puja, tras una deslustrada lámpara encendida por la sirvienta sólo para evitar una regañina, tuvo la esperanza de recibir una mirada de su hija. Fue entonces cuando surgió el sonido de la televisión. Amma fue a ver cual era el programa favorito de su hija. Era una serie sin interés, salpicada de anuncios insulsos. La hija estaba bostezando y restregándose los ojos. Si es tan aburrida ¿por qué no puede levantarse e irse? Pensó Amma, pero al contrario la estabas viendo entera, mientras criticabas a los actores y a los productores. Descuidando sus deberes tu hija pequeña también estaba sentada viendo la tele. Si el jardinero deja que los insectos devoren las flores ¿a quién vamos a quejarnos? ¿Pueden caber en un suspiro todas las preocupaciones de una madre? ¡NO! ¡Al menos, antes de irte a la cama, dedica una palabra o un pensamiento a la oración!, este día ha pasado así, mañana... seguro que mi querida hija se acordará de mí. Que duermas bien hija, deja que Amma te cubra con una sábana de hermosos sueños. Aunque su hija no lo sepa, deja que los cálidos besos de Amma humedezcan tu frente, junto con una lágrima accidental..."

Amma se puso de pie de repente, como si despertara de un sueño. "Oh, Laksmi, ¿qué he dicho? No le escribas estas cosas, mi hija se sentirá herida.

"Amma no te pudo hablar por las prisas. No te preocupes, Amma siempre está contigo. Besos a mi querida hija. Besos... Besos... Besos.

Esto es lo que tienes que escribir". (M.S.5)

* *¿Cuál es la experiencia más maravillosa que ha tenido en la vida?*

Para Amma no ha habido nada particularmente maravilloso en la vida. ¿Qué hay de maravilloso en lo externo? Por otro lado, cuando tomamos conciencia de que todo es Dios, cada momento de la vida se convierte en una experiencia maravillosa. ¿Hay algo más maravilloso que Dios?

Su sonrisa tiene algo especial. ¿A qué se debe?

La Madre no sonríe por sonreír. Es espontáneo. Cuando has realizado el *Atman* (Ser), entonces sólo hay dicha. Y una sonrisa es la expresión natural de esa dicha. ¿Tiene la luz de la luna llena que dar razón de sí misma?

Pero a veces vemos lágrimas en sus ojos, especialmente cuando consuela a la gente. ¿Las situaciones externas afectan a su dicha natural?

Cuando mis hijos están tristes, Amma anhela darles paz. La mente de Amma es como un espejo. Un espejo refleja cualquier cosa que se le ponga delante. Cuando mis hijos lloran, su dolor se refleja en la Madre y brotan las lágrimas. Pero, en lo más profundo de ella, Amma permanece inalterable. (M.S.6)

✽ Después de la ceremonia de entrega de los premios, fue realmente bonito ver a la elegante élite neoyorquina haciendo cola para recibir su bendición. ¿Por qué busca tanta gente su abrazo?

Tanto en la India como en Europa o América, la gente busca lo mismo: amor verdadero. El amor y la paz son universales. La miel es dulce adondequiera que la tomes. De manera parecida, el fuego siempre da calor.

Las personas nacen para ser amadas. Viven para el amor. Sin embargo, una carencia de amor asola al mundo.

Cuando Amma abraza a la gente, no sólo hay contacto físico. El amor que Amma siente por toda la creación fluye hacia cada persona que acude a ella. Esa vibración pura de amor purifica a la gente y le ayuda en su despertar interior y en su crecimiento espiritual. Ayuda tanto a hombres como a mujeres a despertar a las cualidades asociadas a la maternidad, que tanto escasean en el mundo actual.

Este año en la India, la multitud que busca su bendición parece haber pasado de decenas de miles a cientos de miles. He oído que acudieron a un programa 300.000 personas. ¿Cómo se puede con todo eso? ¿Estaba cansada al final?

Estoy acostumbrada a las grandes multitudes. Todos los que tengan la suficiente paciencia para esperar recibirán el dharsan. A veces, he dado dharsan a unas 40.000 personas, sentada durante 24 horas seguidas.

Lo que en América se considera una gran multitud, para mí son vacaciones. Puedo hacer esto porque soy consciente de ser una con el Ser Supremo, la principal fuente de energía y, por tanto, no soy como una batería que necesita ser recargada constantemente.

Mientras pueda continuar atendiendo a quienes vienen a mí, mientras tenga fuerzas para acariciar a la gente, consolarla y secar sus lágrimas, continuaré haciéndolo. Un día, nuestros cuerpos morirán. Eso es inevitable. Por tanto, en lugar de permitir que nuestro cuerpo se oxide por falta de uso, es mejor emplearlo en el servicio al mundo.

Donde hay amor verdadero, no hay sensación de carga. Por ejemplo, una sirvienta encuentra laboriosa la tarea de cuidar a los hijos de otros, pero para la madre no es así. El amor hacia el hijo es natural.

No hay precedentes en la historia de que nadie haya expresado la compasión en el modo en que usted lo hace: abrazando más de 26 millones de veces. Parece que semejante cosa encaja con el estilo de una mujer, ¿está de acuerdo?

En primer lugar, Dios no es ni hombre ni mujer. Si hubiera que referirse a Dios de alguna manera, sería como "Eso". Dios es la Conciencia que vibra en todos los objetos y en todos los seres. Pero si realmente quieres ponerle un género a Dios, entonces Dios es más Ella que Él, porque "Ella" contiene a "Él".

Lo que se necesita hoy es despertar las cualidades asociadas a la maternidad: amor, compasión, aceptación y paciencia. Amma quiere despertar estas cualidades en la humanidad.

Sólo una verdadera madre que pueda amar a todos como a sus propios hijos puede ser verdaderamente humanitaria y servir al mundo desinteresadamente.

Gracias por este rato con usted y felicidades. (M.J.7)

* Llevo veintinueve años sin celebrar mi cumpleaños. Son los demás los que lo celebran. Estoy contenta de que se dé de comer a tantas personas en ese día en particular. Ese día se reparten comida y ropa gratis, lo cual me hace muy feliz. (M.S.7)

* Hijos, Amma no dice que debáis creer en ella o en un Dios situado en los cielos. Basta con creer en vosotros mismos. Todo está en vuestro interior. (M.D.7)

* ¿Cuál sería nuestro destino si la Madre se sentara y dijera: "Todo el universo y todos vosotros estáis en mí. Por tanto, no deseo veros externamente? Nadie estaría aquí.

Una persona dotada de un fuerte sentido de desapego y con determinación para alcanzar la meta tal vez no necesite esa atención externa. Pero la Madre sabe que sus hijos necesitan esa atención. ¿Acaso no le dais una gran importancia?

Sabed que las cosas que hace la Madre, cualesquiera que sean, tienen un propósito. Un toque, una palabra, una mirada, una sonrisa o un golpe en la espalda son, a veces, suficientes para llenar de fuerza, coraje y paz, el corazón y el alma de sus hijos. En este momento, la fuerza de su inspiración sólo depende de la presencia física de la Madre. A medida que progreséis espiritualmente, podréis verla en vuestro interior. (M.D.7)

Amor

✻ Tu corazón es un altar, y es ahí donde Dios debe ser instalado. (C.2)

✻ Aunque todos los hombres del mundo entero nos amen, ese amor no nos dará ni un ápice de la bienaventuranza experimentada al saborear -por tan sólo un instante- el amor divino. (C.2)

✻ El amor en sí mismo puede mantener en este planeta la vida como un todo invisible. (C.4)

✻ Que el árbol de nuestra vida quede firmemente enraizado en la tierra del amor. (C.6)

✻ El amor no es algo complicado, es simple y espontáneo. Ciertamente, el amor es nuestra verdadera naturaleza. (C.6)

✻ Todos nosotros somos perlas unidas por el mismo hilo del amor. Todos formamos parte del mismo collar, unidos por el hilo del amor. (C.6)

✻ El amor es el único lenguaje que todo ser vivo entiende. El amor es universal. (C.6)

✻ Despertar a nuestra naturaleza inherente, que es el amor, es la auténtica Meta de la vida. (C.6)

✻ *¿Cuál es el problema en el mundo?*

Ninguno. El problema está en nuestro interior, es nuestro ego. Debemos cambiar nuestra actitud hacia el mundo.

¿El ego?

Sí, el ego es el que nos impide sentir compasión hacia los demás, porque cometemos el error de creer que somos diferentes.

Eso es inmadurez

Los adultos creen que han crecido, que la inocencia o la ingenuidad es algo de lo que deben avergonzarse, pero lo único que ha crecido es el ego. El corazón está atrofiado. Cualidades esenciales como la compasión y el amor están hoy en su lecho de muerte.

¿Y qué es el amor?

Ver y sentir a la vida en todas las cosas. La vida y el amor son una unidad. Sin embargo, nosotros sólo tenemos relaciones con los otros y con el mundo, no hay sentimiento de unidad y, por tanto, no hay amor. El amor ocurre sólo cuando dejamos de racionalizar.

Difícil me lo pone.

Hemos crecido acostumbrados al egoísmo, a la competencia, al odio, los celos y la guerra. Nuestro contacto con el amor es sólo superficial. El amor real se experimenta cuando no hay condiciones, y las condiciones existen únicamente donde hay división.

Pues es un círculo vicioso

Rómpelo, permite que tu corazón florezca a través de la compasión, sintoniza con la pena y el sufrimiento de los demás. Haz una cosa: métete el dedo en el ojo.

¡Ay!

Ahora. ¿Vas a castigar al dedo?

No pensaba

Lógico, porque tú eres tu dedo y tu ojo. De la misma manera deberíamos poder vernos a nosotros mismos en todos los seres.

Vale

La compasión no mira las debilidades de los demás. No hace distinción entre buenos y malos. No traza líneas divisorias entre dos países, dos creencias o dos religiones. La compasión no tiene ego, y olvida y perdona.

¿Y si no puedes olvidar?

Vive el momento presente. Aprende a llevar a cabo tus acciones sin ningún apego e ignora el fruto del futuro. Siempre que estés haciendo algo, trata de ser consciente. Si estás vigilante, notarás la carga innecesaria de los pensamientos negativos que transportas. Ese estado de alerta te hará libre.

A veces las circunstancias...

No culpes a las circunstancias ni a los demás. Tus fracasos, tus sentimientos heridos y tus miedos son debidos a alguna debilidad, y esa debilidad es ignorancia. Deja de aferrarte al pasado y serás libre y tendrás paz.

¿Cómo un niño sin pasado?

Exacto. Así como un niño vive plenamente en el presente, cuando tú ames, deja que todo tu ser este presente en este amor, sin reservas ni divisiones. No hagas nada en forma parcial, hazlo todo con plenitud.

El miedo bloquea la espontaneidad

Es el miedo a ser juzgado. El problema yace en el sentimiento de separación, en el sentir que los demás son otros. Mientras exista ese miedo, tu corazón estará cerrado.

Difícil abrir un corazón herido.

Cuando pases un mal momento piensa: No espero ningún amor de los demás, no lo necesito porque yo soy una fuente inagotable de amor, que continuará dando amor y nada más que amor a todos los que lleguen a mí. El amor puede existir únicamente donde no se fuerza.

Creo que pide demasiado.

Todos hemos sido heridos muchas veces, nuestro ego ha sido lastimado. Pero la mejor cura es observar la mente. Deshacerse de todas las penas del pasado y relajarse.

¿Cómo?

Empieza por aprender a estar relajada durante los momentos de tensión. Aprende a hacerte a un lado y observar los pensamientos negativos, los sentimientos heridos y la agonía mental por la que estés pasando. No cooperes con la tensión y la agonía.

¿Cree que la suma de esos intentos cambiarían al mundo?

Sí, tan solo con que en el seno de cada familia un miembro esté decidido a practicar la compasión.

¿Y quién será compasivo con él?

No necesitará la compasión de nadie, porque dar amor nos llena de amor. Observa las diferencias entre Occidente y la India. En Occidente hay mucha gente deprimida y psicológicamente enferma. En la India hay una extrema pobreza, pero el amor entre la gente sigue vigente y no hay desequilibrados. (M.S.0)

✻ Todas las cosas, dinero y otros objetos mundanos, se pierden para siempre cuando se dan. No así el amor. Cuanto más amor des, más se llenará tu corazón de amor. El amor es como una corriente interminable. Por tanto, hijos, amaos los unos a los otros. (M.D.0)

✻ Hijos, buscad la bondad en los demás. Sed como la abeja que sólo recoge miel de cualquier lugar adonde va. (M.D.0)

✼ Hijos, amad a Dios. Si mantenéis vuestro amor por Dios, no tendréis que pensar en nada más. Ni la pena ni el dolor os afectarán. Si alguien afirmara: "Hace años que llamo a Dios, he visitado templos, he realizado *puja*s y, sin embargo, mi vida es un continuo sufrimiento." Amma le respondería: "Tú no has llamado a Dios durante todos estos años. Aunque hayas invocado su nombre, tenías otros pensamientos y otros deseos en tu mente. Aquel que ama a Dios no se ve afectado por el sufrimiento. Su vida entera está hecha de vida divina. De hecho, no tiene tiempo para preocuparse de problemas mundanos o de los sufrimientos que éstos acarrean, pues se dedica enteramente a Dios y solo contempla a su Bien-amado Señor en todo lo que le rodea.

Hijos, cuando roguéis a Dios, rezad para conseguir un amor puro hacia Dios, no para conseguir cosas mundanas. Cuando Amma piensa en el amor puro hacia Dios, le viene a la mente la historia de la esposa de Vidura. Este matrimonio era muy devoto del Señor Krisnha. Una vez, Vidura invitó a Bhagavan Krishna a su casa. Cada día esperaban la llegada del Señor y todos sus pensamientos se centraban en Bhagavan: "Cuando venga ¿cómo lo recibiremos? ¿Qué podríamos ofrecerle? ¿Qué le contaremos?" Tales eran los pensamientos que llenaban la mente de los cónyuges.

Finalmente, llegó el día en que Krishna se presentó. La esposa de Vidura se había ido a tomar un baño y una amiga fue a avisarle de que el Señor acababa de llegar. Toda mojada y a medio arreglar, se fue rápidamente a recibir al Señor. No dejaba de exclamar en éxtasis: "¡Krishna, Krishna, Krishna!" En seguida colocó el *pithan* (asiento sagrado) que tenía preparado para Él, pero estaba tan excitada que se olvidó de todo. Su mente solo tenía el pensamiento de su Señor. En aquel éxtasis, ella misma se sentó en el *pithan* reservado para el Señor. Éste, en lugar de ofenderse, se sentó en el suelo. A continuación, le ofreció plátanos y, al quitar la piel, tiró los

Amor

plátanos y le dio las pieles a Krishna. Sonriendo Krishna se comió aquellas pieles como si fuera la comida más deliciosa del mundo. En ese momento llegó Vidura. Al ver aquella escena, se quedó asombrado: su esposa medio vestida, mojada, sentada en el pithan del Señor y ¡dándole pieles de plátano a Krishna! "¡Miserable!, ¿cómo te atreves a hacer esto?", le gritó a su esposa. Al escuchar la voz encolerizada de su marido, volvió en sí y empezó a tomar conciencia de su extraño comportamiento. Fue rápidamente a su habitación y se arregló con un bello vestido adecuado para la ocasión. A continuación, los cónyuges realizaron juntos el ritual de adoración al Señor, de acuerdo con la tradición, y obsequiaron a Krishna con frutos secos, tirando las pieles. Pero el Señor dijo a Vidura: "Este ritual no me ha alegrado tanto como me ha alegrado el puro amor mostrado por tu esposa. Estos frutos no tienen el sabor ni la dulzura que tenían las pieles que me ofreció, pues cuando me las dio, no había en ella ningún rastro de ego. Era una conmigo."

Hijos míos, eso es lo que se necesita. Deberíamos disolvernos en Amor, olvidarnos de nosotros mismos. Nuestro ego debería ser sublimado a través del Amor. Entonces no habría dos, "yo y tú". Sólo permanecería el Amor. En ese estado, no tienen sentido las ceremonias. El único propósito de las ceremonias es lograr este estado. Deberíamos tener la misma clase de amor por Dios que tuvo la esposa de Vidura. En nuestro corazón, sólo tendría que haber espacio para el Señor.

Cuando Amma dice que deberíais tener devoción (*bhakti*), Ella no os invita a rezar. La devoción no consiste únicamente en rezar a Dios en soledad. Se trata de sentir su presencia en todos los seres. Una palabra gentil, una sonrisa afectuosa y la compasión hacia los demás, son diferentes expresiones de "*bhakti*". Cuando vuestro corazón se abre a Dios y se llena de devoción, ese comportamiento deviene espontáneo, Cuando tenéis devoción, el odio y la ira no contaminan vuestra mente.

Había una vez un hombre que se sintió gravemente enfermo. Incapaz de trabajar, no pudo alimentarse durante dos o tres días y se quedó demacrado. Atenazado por el hambre, imploró a mucha gente algo de comer. Nadie lo socorrió. Llamó a muchas puertas y en todas partes lo rechazaron. Nadie estaba dispuesto a ayudarle. Frustrado y abatido, con deseos de no seguir viviendo en medio de gente desprovista de corazón, pensó en poner fin a su vida. Sin embargo, ardía en deseos de comer, por lo que pensó:

"¡Ojalá pudiera, al menos, satisfacer el hambre antes de morir!" En su último intento, decidió acercarse a otra vivienda más y se dirigió a una choza cercana. La mujer que la habitaba salió al ver a alguien en la puerta. El hombre pidió algo de comer y la mujer le trajo de inmediato un taburete y le pidió que se sentara. A continuación entró en la cabaña para traerle comida. Pero, he aquí que la vasija que contenía la comida se había volcado y, naturalmente, el gato de la casa se la había comido. Lamentándolo profundamente, la mujer salió de la choza y le dijo al forastero: "Perdóname, hermano. Tenía en un recipiente un poco de arroz con legumbres, pero todo se lo ha comido el gato. No hay nada para comer en esta casa y no tengo dinero. Perdóname por no poder atenderte". El hombre dijo: "No importa, ya me has dado lo que quería. He estado muchos días enfermo en cama, y he pedido a muchas personas que me dieran de comer. Todo el mundo me ha rechazado, sin decirme una sola palabra y sin mostrar simpatía alguna. Había decidido poner fin a mi vida, pues no quería seguir viviendo en este mundo tan cruel. Aunque no me has dado nada de comer, tu gentileza y tus palabras afectuosas me han conmovido. Estoy contento al ver que todavía hay personas compasivas como tú en este mundo, que son una fuente de esperanza y dan fuerza a personas como yo. He decidido no acabar con mi vida, pues siento ahora una dicha y felicidad que no había sentido antes, en toda mi vida".

Hijos, aunque no podamos aportar a los otros una ayuda material, ofrezcámosles, al menos, una sonrisa llena de amor o una palabra afectuosa. No cuesta nada y lo único que se requiere es tener un corazón compasivo. Este es el primer paso en la vida espiritual. Aquellos que son compasivos hacia los demás no tienen necesidad de ir en busca de Dios. Allí donde hay un corazón vibrando de compasión, Dios acude rápidamente. Tales corazones son la morada favorita de Dios. Hijos, aquel que no tiene compasión hacia sus semejantes, no merece ser llamado devoto.

El año pasado, con motivo del cumpleaños de Amma, muchos de vosotros os hicisteis promesas que, en gran parte, habéis cumplido. Algunos habéis dejado de beber, otros habéis abandonado el tabaco y otros habéis renunciado a cosas superfluas. Si amáis a Amma y sentís compasión por el sufrimiento del mundo, adoptad una resolución del mismo tipo que la del año pasado. Reconocer vuestros hábitos incorrectos. Se derrocha mucho dinero en bebida, tabaco y en cosas superfluas. Tenemos el deber de reducir esos gastos y dedicar ese dinero a ayudar a los pobres. Son muchos los que sufren enfermedades y no tienen suficiente dinero parra comprar medicinas que alivien su dolor. Nosotros podemos comprarles medicinas con el dinero que ahorremos. Hay muchos estudiantes brillantes y prometedores que tienen dificultades para realizar estudios superiores por falta de dinero. Podemos facilitarles el dinero que necesitan para pagar sus estudios. Son muchos los que no tienen una vivienda digna. Si hacemos un pequeño esfuerzo, podemos construir viviendas para ellos. Ciertamente hay muchas formas de tender una mano a aquellas personas que sufren. No es necesario ganar dinero extra para ayudarles. El dinero que ahorramos en fumar, beber y otros gastos, es suficiente para dar auténtico consuelo a estas personas desafortunadas.

Hijos míos, este servicio a los pobres constituye una adoración a Dios. Vuestro amor hacia Amma debería manifestarse en forma de compasión hacia esta gente. Esa es la *"pada-puja"* que satisface y alegra a Amma. La compasión por los que sufren es la llave hacia la propia expansión. Si cultiváis en vuestro corazón el anhelo de sacrificar vuestro confort a fin de servir a los demás, entonces Dios vendrá a vosotros y os abrazará con su Amor. Recemos con toda nuestra fuerza para conseguir que nuestros corazones vibren hacia los demás. (M.M.1)

✳ Sólo cuando seáis capaces de amar de forma totalmente desinteresada, Amma considerará que la amáis verdaderamente. Amma no puede considerar las otras formas de amor como amor. El amor que nace del egoísmo es insoportable para Amma. (M.M.1)

✳ Si somos capaces de entender el significado de la verdad, el *dharma* (rectitud), la renuncia y el amor, es gracias al *Guru*, ejemplo vivo de estos valores. (M.S.1) *Ver Guru*

✳ Cuando hay amor puro, la lejanía no constituye ningún obstáculo. Aunque el sol esté bien lejos de la tierra, las flores de loto se abren al recibir su luz. Esto se puede ilustrar mediante la historia de las gopis, las cuidadoras de vacas de Vrindavan, tan queridas de Krishna.

Cada día el Señor Krishna danzaba gozoso con las gopis, en la orilla del río Yamuna. Un día, las gopis esperaron mucho tiempo a que apareciera, pero no se presentó. Para las gopis, cada momento que pasaba era como un siglo, y cada hora una eternidad. Ansiaban tanto ver a su Señor que les faltaba hasta el aliento, al igual que un pez agonizante en la orilla de un río. Cuando finalmente apareció el Señor, las gopis corrieron hacia Él, se postraron ante sus Pies sagrados y se pusieron a llorar, diciéndole: "¿No eres tú nuestro

Señor? ¿Por qué nos has abandonado, dejándonos huérfanas? ¿Acaso hemos cometido alguna falta? El Señor respondió: "No estoy enfadado con vosotras. Un Mahatma (una gran alma) ha venido a verme y me he entretenido con él. Por eso he llegado tarde, y no porque hayáis cometido alguna falta. Cuando el amor es puro, la distancia no importa. A pesar de lo distante que está el Sol, ¿acaso no se abren las flores de loto aquí abajo, en la Tierra?"

Cuando miramos a través del telescopio del Amor, podemos ver muy próxima, en nuestro corazón, a una persona que se encuentre muy alejada. Por otra parte, si no nos gusta una persona, magnificaremos sus minúsculos errores o sus más pequeños defectos. Por ello se compara el odio con un microscopio, pues los fallos y defectos que no se pueden percibir con nuestros ojos, el odio los detecta. (M.S.1)

✻ "El amor no tiene necesidad de ser desarrollado, ya está en nosotros en toda su plenitud. La vida no puede existir sin amor, los dos son inseparables. El amor y la vida no son dos cosas diferentes, el amor y la vida forman una unidad. Si trabajáis un poco canalizando vuestras energías en la buena dirección, el amor se despertará en vosotros.

Se debe estar firmemente determinado para alcanzar la meta de la liberación, y poner toda nuestra atención en ello. Entonces despertarán en vosotros virtudes como el amor, la paciencia, el entusiasmo y el optimismo. Ellas os ayudarán a alcanzar vuestro objetivo." (M.D.1) *Ver Ego*

✻ La espiritualidad es amor. Muchos creen que la espiritualidad y la vida son diferentes o están separadas. Pero, en realidad, forman una unidad. No hay vida sin espiritualidad, porque la vida es amor. Y la espiritualidad es exactamente la misma cosa. La espiritualidad no es más que amor, compasión y una actitud de servicio desinteresado hacia toda la creación. ¿Qué sentido tendría la vida sin amor? Sin amor y sin compasión, la vida se convierte en una simple oficina comercial. En una oficina encontramos un jefe y unos empleados. No hay lazos familiares ni amor real o vínculos entre la gente. En otras palabras, en una oficina es posible encontrar disciplina, orden, limpieza, pero el lado humano de las cosas está ausente. No hay amor entre la gente. El auténtico "toque de la vida" está ausente. Así es como se volverá la vida si no practicamos amor y compasión.

Actualmente, se realizan miles de películas y se escriben innumerables libros y canciones sobre el tema del amor. Pero para que crezca el amor auténtico no basta con escribirlo, leerlo o cantarlo. El amor auténtico constituye la naturaleza del Ser, nuestra verdadera naturaleza. Es el deseo incontrolable del corazón de entregarse a los pies del Señor. (M.J.2) *Ver Entrega*

✶ Amar verdaderamente a la gente. Para amar verdaderamente a la gente es necesaria la paciencia, pues el que es impaciente no puede realmente amar a los demás. La mejor forma para aprender paciencia es pasar un tiempo con ancianos y con niños. Algunos ancianos se quejan bastante y lo critican todo. Es difícil satisfacerlos, aunque los atendamos y los tratemos con cuidado. Sucede así porque con la edad desarrollan una cierta clase de puerilidad. Cuando vemos lo absurdo de su testarudez y sus constantes quejas, comprendemos lo absurdos que podemos llegar a ser cuando actuamos de forma parecida. Estar cerca de ellos es una excelente lección para nuestra vida.

También sucede igual con los niños. Justo cuando estamos haciendo algo que consideramos importante, vienen corriendo con alguna tontería. Por ejemplo, cuando estamos ocupados haciendo una llamada telefónica importante, aparecen llenos de entusiasmo para mostrarnos el elefante que han dibujado. En

Amor

realidad, lo que han dibujado no se parece mucho a un elefante, es más bien una serie de garabatos. También pueden presentarse cuando estamos atareados buscando entre papeles algún dato o haciendo algo urgente. Aparecen sucios de la cabeza a los pies, saltan hasta nuestros brazos, apartan nuestra cara y empiezan a revolver los papeles. Hasta es posible que cojan los bolígrafos, los libros y todo lo que encuentren a mano y lo lancen al suelo.

También puede suceder que, ante una visita importante, los niños se presenten corriendo y, para llamar la atención, hagan todo el ruido del mundo o algo que pueda hacer enfadar a sus padres. En esas situaciones, no tendremos la suficiente paciencia para atender a los niños o escuchar lo que nos quieren decir. Desesperados, les regañaremos, les gritaremos o los echaremos con algún cachete. No somos conscientes de que estamos perdiendo una de las mejores oportunidades para aprender paciencia. Y tampoco nos damos cuenta de las heridas que causamos en los sentimientos del niño cuando perdemos nuestra paciencia. Creamos una profunda herida en el corazón del niño, que quizá no se le cure a lo largo de su vida. Cuando aprendemos a actuar en esas situaciones, con paciencia y equilibrio mental, desarrollamos amor y espiritualidad, y conseguimos que nuestras vidas se realicen, transformándolas en hermosas flores que expanden su fragancia alrededor. (M.J.2)

✳ Esforcémonos por vaciar la mente de pensamientos inútiles y llenemos nuestro corazón de amor. Esa es la solución a todos los sufrimientos y a la confusión general de la sociedad moderna. El amor es nuestra verdadera naturaleza. El amor forma parte de nuestra naturaleza innata. Todas nuestras acciones y manifestaciones deberían tener como fuente esa fuerza de amor. (M.S.2)

✳ El amor y la fe son la belleza de la vida. Son las rosas que dan fragancia al mundo entero. Muchos, en esta sociedad moderna, afirman que el amor y la fe son ciegas, pero para Amma no es así. Los que están ciegos son el intelecto y la lógica. Imaginad una sociedad en la que solo funcionara el intelecto. Podría ser como un mundo lleno de bonitos robots. No habría belleza ni encanto en esa sociedad. En nuestra sociedad, la gente se centra, por lo general, solo en el intelecto y la razón. Amma no afirma que el intelecto y la razón no sean necesarios. Sin embargo, aplicar la razón al amor y a la fe, sería como poner el abono directamente sobre una rosa, en lugar de ponerlo sobre la base de la planta. Aunque el abono sea bueno para el crecimiento de la planta, nunca lo colocaríamos sobre sus flores. El lugar adecuado es la base de la planta. De igual modo, tanto el intelecto como el corazón deben ser puestos en su lugar correspondiente. Se trata de buscar un equilibrio... (M.S.2)

* Hijos míos, ni siquiera el amor de todas las criaturas del mundo entero puede igualarse a una infinita fracción del amor que Dios nos da en un segundo. Ningún otro amor puede ser comparado con el amor de Dios. (M.S.2)

* La belleza y el esplendor de la vida dependen enteramente del amor y de la fe. (M.S.2)

* Todos deseamos construir un mundo de paz y felicidad. Para ello, se necesita humildad. Pero en el mundo actual, todos quieren ser dirigentes. Así, ¿cómo vamos a conseguir la paz? Sólo tendremos conflicto y guerra.

En la actualidad, nuestros cuerpos se expanden en todas direcciones, pero no nuestras mentes. Para conseguir que nuestras mentes se desarrollen y sean tan expansivas como el universo, necesitamos tener la actitud de un niño inocente. Sólo un niño puede crecer.

Amor

Por eso deberíamos tener la actitud de un principiante. El que empieza tiene paciencia, fe y entusiasmo. Con estas cualidades, como los niños, podremos disfrutar realmente de la vida.

Existe una vieja historia que trata sobre un grupo de monjes que vivían en un monasterio con su maestro. Los monjes llevaban una vida muy devota y disciplinada. En aquel lugar se respiraba una atmósfera tan maravillosa y espiritual que multitud de gente acudía de todas partes. Pero un día el maestro dejó su cuerpo. Al principio, los discípulos continuaron comportándose de igual manera, pero con el tiempo fueron descuidándose y, gradualmente, desapareció su devoción y disciplina. A menudo discutían, sus corazones se endurecieron y dejaron de sentir amor y devoción. La gente dejó de visitarlos y ningún monje nuevo deseaba ingresar en el monasterio.

Un día, uno de los monjes de más edad pensó que tenía que hacerse algo. Había oído hablar de un maestro espiritual que vivía de ermitaño en un bosque cercano. Salió del monasterio y fue a buscarlo para que le aconsejara. Cuando lo encontró, le explicó la desesperada situación en la que se encontraba el monasterio. El maestro sonrió y dijo: "Hay uno entre vosotros que es un gran santo, una verdadera encarnación de Dios. Los otros monjes no le muestran ningún amor ni respeto, y esa es la causa de todos vuestros problemas. Pero el Santo vive entre vosotros sin darse a conocer y no os revelará su santidad". Tras estas palabras, el maestro cerró los ojos y el monje no pudo conseguir más información de él.

De vuelta al monasterio, el monje se preguntaba quien de entre sus hermanos podría ser el santo. "Será quizás el hermano que lava la ropa?", se decía. "No, no puede ser él, pues tiene muy mal genio. ¿Tal vez sea el cocinero?", se preguntaba. "No, no puede ser el cocinero pues cocina muy mal." Así fue revisando la lista de todos los monjes, descartándolos a todos, Pero pensó: "Tiene que ser uno de los monjes, pues el maestro lo ha afirmado. No puedo saber quien es si solo veo los fallos de cada uno. ¿Tal vez el santo dé muestras de algún fallo, a propósito, para ocultarse mejor?"

Tan pronto llegó al monasterio, contó a sus hermanos la gran noticia que le había transmitido el maestro. Se quedaron asombrados y se miraron atentamente, intentando descubrir quien podría ser el santo. Pero mientras se miraban, solo veían las faltas que tenía cada uno. A partir de ese momento, empezaron a tratarse de forma muy diferente, con gran respeto y amabilidad, pues nunca sabían si el monje que estaba ante ellos era el santo. Tuvieron que esforzarse para ver sólo la verdad que había en cada uno. Empezaron a tratarse con amor y la atmósfera del monasterio cambió completamente. La gente volvió allí para absorber el amor y la divinidad que emergía de aquel lugar. Si nos mostramos humildes en cada una de nuestras acciones y también con los demás, conseguiremos que esta vida sea realmente una gozosa celebración.

La leche siempre es blanca, tanto si procede de una vaca negra, blanca o parda. De igual manera, la esencia inherente de cada uno, al margen de la nacionalidad o religión, es la misma. Es pacífica y amorosa.

Los que padecen cáncer reciben un tratamiento similar en todos los países. De igual forma, el único camino para encontrar la paz y alegría interior es a través de la práctica y de un pensamiento espiritual, que constituya la esencia de todas las religiones.

En el fondo, somos solo uno. Al igual que la electricidad que se manifiesta a través de una bombilla, de un transistor de radio o de una televisión es la misma, el *Atman* o el Ser interior es el mismo en todos los seres. En este mundo, todos necesitamos paz y amor.

Aquel cuyas piernas corren para ayudar al que sufre, aquel cuyas manos se extienden para consolar al afligido, aquel cuyos

Amor

ojos lloran de compasión por los demás, aquel que atiende el lamento del prójimo y sus palabras consuelan a los que padecen; ese ser muestra realmente el auténtico amor hacia la humanidad. Trabajemos por conseguir este objetivo, olvidando todas las diferencias. (M.M.3)

✻ Se logra el verdadero amor y la compasión cuando se adquiere conciencia de la gran unidad que tiene la vida. Esa unidad es el fundamento y el sostén de todo el universo. (M.J.3)

✻ La finalidad de la práctica espiritual es la de desarrollar un corazón desbordante de amor hacia los demás seres. (M.J.3)

✻ Dios es compasión y amor. Estas dos cosas, el amor y la compasión, es lo que precisa el mundo. Mucha gente no recibe amor.

Os he visto abrazar a muchas personas y algunas se han echado a llorar... ¿Podría decirnos que les hace para que se comporten así cuando las abraza?

Hijo, el amor es la esencia de todo ser humano. Cuando se conmueven, cuando la bondad que hay en ellos se conmueve, estalla muchas veces en forma de llanto. Nuestro mundo es cada vez más egoísta. Todos quieren tomar, nadie quiere dar. No se puede recolectar si no se siembra. Sin dar, no podéis recoger. Es preciso que todos lo comprendan. El abrazo representa un don. Es amor y el amor es lo que falta en este mundo. (M.J.3) Ver *Amma: ¿Quién es?*

✻ *¿Crees que la felicidad procede del desapego?*

Ciertamente, no. La felicidad surge del amor supremo. Lo que se necesita para la realización del Ser o Dios, es amor. Solo a través del amor experimentarás un completo desapego. (M.S.3)

✻ Reflexionemos un momento sobre algunos aspectos que vemos en la sociedad:

• Para estudiar los mundos sumergidos de los océanos y los misterios del espacio, gastamos mucho dinero y organizamos *expediciones*. Pero no estamos dispuestos a explorar nuestro mundo interno, que es el más cercano de los cercanos.

• El tamaño de la pantalla de nuestros televisores es cada vez mayor, mientras que nuestras pantallas mentales son cada vez más pequeñas. Nuestro egoísmo es el responsable de este hecho.

• Hoy disponemos de aspiradores capaces de aspirar incluso la más pequeña mota de polvo, pero no somos conscientes del montón de basura (negatividad) que se acumula día a día en nuestro interior.

• Hemos empapelado las paredes de nuestras casas con bonitas imágenes de la naturaleza. Nos gusta mucho como queda, pero al mismo tiempo cortamos los árboles que tenemos alrededor y no dudamos en arrojar basura a los ríos o estanques.

Es la mente la que hace que la vida sea bonita o fea. Primero, deberíamos embellecer la mente.

Hace siglos, durante el *Satya Yuga*, se sucedían las guerras entre los *asuras* y los *devas*. No obstante, vivían en mundos diferentes. Cuando Sri Rama se encarnó, el enemigo se acercó un poco más y ocupó las islas vecinas. Durante la época de Sri Krishna el enemigo se encontraba dentro de la misma familia. En esta época, los enemigos han llegado a estar incluso más cerca, en nuestro interior. Sólo venciendo a los enemigos internos podremos alcanzar la victoria real.

¿Quiénes son los enemigos internos?

El ego, los celos, el odio, y la codicia son algunos de esos enemigos.

Para derrotarlos, necesitamos fortalecer el ejército de nuestro interior. Discernimiento, humildad, servicio y amor por Dios constituyen ese ejército. Si utilizamos efectivamente estas fuerzas positivas, podremos alcanzar la victoria y la verdadera felicidad.

La causa de las guerras y del incremento del terrorismo que vemos en el mundo actual, radica en el odio que hay en la mente de los individuos. Mantener en el interior el odio hacia nuestro enemigo, es como tomar veneno suponiendo que, de esta forma, vamos a eliminar a nuestro enemigo.

Destruye toda nuestra paz mental.

Cuando vemos un minusválido en una silla de ruedas, es fácil sentir compasión hacia él. Una persona que no puede controlar su odio también tiene una minusvalía parecida, aunque no sea visible. De igual manera que sentimos compasión hacia un minusválido, también deberíamos sentir compasión hacia la gente con la minusvalía del odio. Es nuestro amor y compasión lo que les ayudará a reponerse.

Todas nuestras emociones negativas surgen del ego. Reconocer el ego es difícil. La medicina para eliminar la enfermedad del ego es el amor. Si amamos a alguien sinceramente, nunca sentiremos odio o celos hacia esa persona. Si fijamos nuestra mente en el amor hacia los demás, incrementaremos el amor en nuestro interior.

De la misma forma, si así lo deseamos, podemos incrementar el odio, los celos y cualquier otra negatividad en nuestro interior. Ambos están en nuestro interior. Tenemos libertad de elección para descartar y alimentar lo que nos interesa. Debemos decidir que alimentamos y que desechamos. Con esfuerzo constante podremos despertar el amor interior y vencer así al ego.

¿Cuáles son los dones que Dios nos ha dado?

Discernimiento y amor. Si los utilizamos adecuadamente, podremos experimentar a Dios. Aunque tenemos discernimiento y amor en nuestro interior, a menudo no los usamos. Por consiguiente, jugamos un papel fundamental en la destrucción de nuestros propios dones.

Amor y vida no son dos, sino una misma unidad. Una vida desprovista de la dulzura del amor es como un postre reseco. La vida y el amor son tan inseparables como una palabra y su significado. Darse cuenta de que la vida es amor, y trabajar con esa conciencia en todo momento, constituye la meta de la *sadhana* (práctica espiritual).

Cuando empecemos a vivir la vida de esta manera, otros seguirán el mismo ejemplo. Deberíamos amarnos los unos a los otros y convertirnos en una unidad. Deberíamos expresar amor. Entonces será posible crear el cielo en nuestras vidas. (M.D.3)

✳ Precisamos el cuerpo para que se manifiesten las más altas cualidades. En realidad, el amor no tiene forma. Solo cuando el amor fluye constantemente a través de una persona, adopta una forma y es, entonces, cuando podemos llegar a sentirlo. (M.M.4)

✳ Tendríamos que ser capaces de hacerlo todo con amor y sinceridad. La oportunidad de amar y servir a los demás, debería considerarse un alto privilegio, una bendición de Dios. Mostrémonos felices y agradecidos con Él por darnos esa oportunidad. (M.M.4)

✳ Nadie se vuelve puro y desinteresado de la noche a la mañana, se requiere tiempo y esfuerzo, acompañado de una gran dosis de paciencia y amor. (M.S.4)

✳ Es deseo de Amma que todos sus hijos dediquen sus vidas a expandir amor y paz por todo el mundo.

Dios no está confinado en un determinado lugar. Dios lo impregna todo, residiendo en todos los seres, tanto animados como inanimados.

También deberíamos adorar a Dios en los enfermos y en los pobres.

Amor

La naturaleza de Dios es pura compasión. El auténtico lenguaje de la religión es tender una mano a los abandonados, alimentar a los hambrientos y sonreír compasivamente a los afligidos y marginados.

Vivir sólo para uno mismo, no es vida, es la muerte. Deberíamos invocar la compasión de Dios en nuestros propios corazones. Sólo, entonces, sentiremos una dicha profunda y plenitud de vida. (M.M.5)

✻ "Hay dos tipos de pobreza –añadió Amma-, una es material y otra es la pobreza del amor y la compasión. Si el amor y la compasión se despiertan, entonces desaparece también la otra clase de pobreza." (M.M.5) Ver *Ayudar a los demás*

✻ (Mensaje de Amma el día de año nuevo de 2005).

Que pena hijos míos. Damos la bienvenida al Año Nuevo con el corazón oprimido e inmenso dolor.

En este momento, cuando amanece la primera mañana del nuevo año no podemos regocijarnos. Aunque no sea un momento de regocijo, es el momento de despertar el amor y la compasión dentro de nosotros. Es ciertamente el momento de rezar con nuestros corazones y trabajar con nuestras manos.

No podemos devolver la vida a quienes nos dejaron. Pero cada uno de nosotros puede ejercer la responsabilidad de consolar y calmar a las almas atribuladas de los vivos. En este momento de profundo dolor, podemos ayudar a los doloridos y así encender lámparas de afecto y compasión. Este es sin duda nuestro deber y responsabilidad en este momento.

"Siempre lamentamos las pérdidas que se producen en la vida, pero nunca deberíamos olvidar que tenemos el gran tesoro de la vida ante nosotros. Deberíamos pensar en las grandes ganancias espirituales que podemos alcanzar. Ante el dolor lo único que nos reconforta es el optimismo de la fe. Nunca deberíamos perder esta fe.

"El nuevo año nos recuerda el flujo incesante del tiempo. Es un buen momento para ser conscientes del valor del tiempo. Como una sombra, la muerte siempre nos sigue. Quizá debamos abandonar en cualquier momento esta casa arrendada que es el cuerpo. Antes de que la muerte se apodere de nosotros, tenemos grandes cosas que hacer. Este es un buen momento para la introspección y evaluación de nuestra vida, para reflexionar sobre el pasado y también para avanzar realizando buenas acciones.

"¿Porqué estamos en el viaje de la vida? ¿Cuál es la meta de este viaje? ¿Estamos viajando por la senda correcta o hemos tomado una senda equivocada? Ahora es tiempo de introspección y de encontrar respuestas a estas preguntas.

Al igual que un hombre de negocios lleva una cuenta de pérdidas y beneficios, necesitamos llevar una cuenta de pérdidas y logros acumulados en la vida.

El año pasado ¿cuánto progresamos en nuestro camino espiritual? ¿Cuánto tiempo perdimos innecesariamente? ¿Hicimos esfuerzos para superar nuestras tendencias negativas y malas cualidades? ¿Fuimos capaces de desarrollar en nosotros cualidades como el amor, la compasión y el desapego? Al menos este año deberíamos intentar emplear cada momento en centrarnos intensamente en este objetivo. Hagamos votos para asegurar nuestro esfuerzo en esa dirección.

No nos deprimamos ante los obstáculos del camino. Hijos míos, no temáis la oscuridad exterior. Tenéis una lámpara con vosotros, la lámpara de la fe. Así, a cada paso esa luz de la Gracia divina os guiará.

Cada fracaso es una enseñanza para aprender. La enseñanza es que, en lugar de deprimirnos o frustrarnos, debemos fortalecernos en el esfuerzo. Recordad siempre que cuando llega el crepúsculo ya lleva el niño de la aurora en su seno. La oscuridad

Amor

no puede permanecer mucho tiempo. En su momento, la aurora llegará y brillará.

Nunca olvidemos que no estamos solos en este viaje. Dios siempre está con nosotros. Dejemos que Dios tome nuestras manos. Si nos entregamos, seguro que podremos tener la experiencia de la Gracia y el éxito. (M.M.5)

✳ No permitamos que el mundo se convierta en un desierto. No dejemos que el amor y la compasión se sequen completamente en nuestros corazones. Si eso sucediera, la raza humana dejaría de existir. Este maravilloso mundo se convertiría en una selva poblada de animales humanos.

Al ver la situación actual, Amma se pregunta a veces: ¿Está disminuyendo el número de personas que desean paz y armonía? ¿Está la raza humana determinada a despertar sus latentes tendencias animales o se trata simplemente de que no se ve con fuerzas para evitar este descenso?

Cualquiera que sea la causa, no tiene sentido apoyarse únicamente en el esfuerzo humano, por muy grande que este pueda ser. No deberíamos dudar en confiar en el poder de Dios. Cuando nos referimos al "poder de Dios" no deberíamos pensar en algo ajeno o externo. Está dentro de nosotros. Necesitamos despertar ese poder.

Hoy en día, orar y hacer prácticas espirituales es mucho más necesario que nunca. Hay personas que piensan: "¿Qué pueden cambiar mis plegarias individuales?" No deberíamos pensar de ese modo. A través de la plegaria, estamos sembrando las semillas del amor. Aunque sólo crezca una flor en medio del desierto, al menos es una flor. Aunque allí sólo crezca un árbol, ¿no dará al menos algo de sombra?

A los terroristas, a los violentos y a los que fomentan la guerra se les ha secado su amor. Carecen de compasión. Que las oraciones de miles de personas como nosotros llene la atmósfera de amor y compasión y que, en la medida de lo posible, ayude a cambiar sus actitudes.

El mundo no necesita rudos elefantes. Ellos son egoístas. El único lenguaje que conocen es el de la muerte y la destrucción, el lenguaje del ego.

No saben como amar o tratar a los demás con compasión. Lo que necesitamos hoy en día son corazones compasivos y amorosos. Ellos son la fuerza de la sociedad. Sólo a través de ellos tendrá lugar la transformación.

La causa básica de toda la destrucción es el ego. Hay dos clases de ego que crean sufrimiento en el mundo. Uno es el ego del poder y el enriquecimiento. El segundo es el ego que piensa: "Sólo es válida mi opinión y no la de los demás. Mi religión es la única verdadera, las otras están equivocadas y no son necesarias." Hasta que no sean erradicados estos dos tipos de ego, no habrá paz en el mundo.

Únicamente el amor puede suavizar la retorcida mente humana. Por tanto, tendríamos que descubrir los medios para desarrollar en nuestro interior el amor y la compasión e implementar esos medios. De otro modo, la situación sólo empeorará. Que eso no suceda.

No necesitamos imponer la paz o la paz de la muerte. Sólo cuando todos los seres humanos vivan de acuerdo con su *dharma*, habrá armonía en el mundo. Sólo cuando los seres humanos sean capaces de percibir y reconocer el Ser en cada prójimo, podrá haber auténtica paz.

Amor

Amma tiene un deseo. Desearía que todos los seres de este mundo duerman sin temor, por lo menos una noche. Que todos coman hasta saciarse, por lo menos un día. Que nadie tenga que acudir al hospital, a causa de la violencia, al menos un día. Dedicando al menos un día a hacer servicio desinteresado, todos –desde los más pequeños a los más mayores– pueden conseguir fondos para los pobres y necesitados, aunque sea haciendo juguetes.

La plegaria de Amma es que se cumpla, al menos, este pequeño sueño.

Amma da tres circunvalaciones al arbusto plantado en esta ocasión, símbolo de la aspiración del mundo por la paz y la armonía. (M.J.5)

✻ Juntos constituimos una fuerza, una fuerza indestructible. Cuando trabajamos juntos, unidos en el amor, no sólo la fuerza de la vida, sino la energía vital del grupo fluye en armonía, sin dificultad.

Desde esa corriente constante de unidad, se producirá un auténtico progreso y veremos surgir la paz. (M.J.5)

✻ Cuando desaparecen los obstáculos del ego, el temor y el sentimiento de individualidad, sólo puedes amar.

No esperes nada a cambio de tu amor. No te preocupes por recibir algo, deja que todo fluya.

Todo aquel que se adentre en el Río del Amor, se bañará en él, esté enfermo o sano, sea mujer u hombre, sea rico o sea pobre. Todos pueden bañarse cuantas veces quieran en el Río del Amor. A él no le importa si alguien se baña o no. Al Río del Amor no le afectan las críticas ni lo insultos, él siempre fluye.

Amemos a todas las cosas sin alimentar deseos. El corazón tendría que anhelar la Verdad. Sirvamos a todos los seres sin distinción, viendo cada átomo de este mundo como parte de la Verdad.

La ecuanimidad mental es Yoga. Eso es Dios. (M.J.5)

✳ Cualquier cosa que nos diga la persona que amamos, la aceptaremos. Imaginemos que la muchacha que amamos nos dice: "Si me amas, debes dejar el tabaco", seguro que abandonaremos el mal hábito de fumar si realmente la amamos. Eso es amor. Si en cambio nos planteamos si merece la pena aceptar lo que nos dice o no, eso no es auténtico amor. En el amor, no hay dos.

Amma ha visto a muchas personas que han dejado sus vicios de ese modo. "¡A ella no le gusta que beba!" "¡A ella no le gusta que haga deporte de esa forma!". Tal vez pensemos que es debilidad de carácter. Pero no funciona así en el amor. Si aplicamos la lógica, no vamos a ser capaces de saborear la dulzura del amor. En el amor, no hay más que amor, no hay espacio para la lógica.

El donativo que hacemos en los templos es una prueba de nuestro amor por Dios, no un soborno. Dar algo que apreciamos a alguien que amamos, esa es la naturaleza del amor. Sólo cuando se expresa el amor, éste se transforma en compasión. Podemos amar a Dios, pero sólo cuando ofrecemos algo a Dios se convierte esa entrega en un acto de compasión hacia el mundo. Sólo entonces se derramará la Gracia sobre nosotros.

De forma parecida, aquellos que aman a Dios sinceramente dejarán sus malos hábitos. No harán nada que disguste a Dios. Si cometen un error, intentarán mejorar para no repetir ese error. Ahorrarán el dinero que podrían malgastar en hábitos perjudiciales y lo utilizarán para ayudar a los pobres y necesitados.

La compasión que mostramos hacia esos seres es auténtica adoración a Dios. Los que aman a Dios abandonan los lujos y utilizan el dinero que ahorran en servir a los menos afortunados. Los que aman a Dios, procuran tomar sólo aquello que es necesario. Abandonan su deseo de acumular riqueza. No les interesa hacerse ricos explotando a los demás. De este modo, puede mantenerse la armonía social.

Lo que necesitamos no es gimnasia intelectual, sino pensar de forma práctica. Eso podrá beneficiar a muchos. (M.S.5) *Ver Orar*

✻ De la misma manera, no conocemos a Dios aunque está dentro de nosotros, ya que nuestras mentes no miran hacia adentro. Por lo general, nuestra mente está apegada a multitud de objetos. Debemos retirarla de ellos y fijarla en Dios. De esta manera, debemos despertar el amor, la compasión, la ecuanimidad y otras cualidades divinas en nuestro interior. Debemos ser útiles a los demás empapándonos de estas cualidades y manifestándolas. Esto es lo que ocurre también a través de la oración.

Un hijo le comentó a Amma: "A mi no me gusta rezar. ¿Para qué sirve?"

Amma le contestó: "Hijo, a Amma le gustaría preguntarte una cosa. Imagina que tienes una novia, ¿acaso no te gustaría hablar con ella? ¡Seguro que te encantaría! Para un devoto, la oración es algo parecido. Dios lo es todo para el devoto."

Amma entonces le preguntó de nuevo: "Supón que alguien te dice: No me gusta cuando hablas con tu novia. ¿Tú qué responderías? ¿Le harías caso? Hijo, lo que has dicho de la oración es algo parecido. El amor a Dios no es un amor normal y corriente. Es el más puro amor."

La devoción no es como una relación corriente entre un hombre y su amada. En la vida mundana, el hombre ansía el afecto de una mujer y viceversa. Ambos se deleitan con la reciprocidad de su amor, pero ninguno consigue una satisfacción total porque los dos son mendigos.

Pero la oración del devoto a Dios no es así. El devoto reza para que las cualidades divinas crezcan en él, para poder ver a Dios en todos y para que su mente se expanda hasta amar a todos. Por esto es por lo que el devoto abre su corazón a Dios. Para compartir sus sentimientos, el devoto no depende de nadie, sino de Dios, que es el *antaryami* (gobernante interior) de todo. El devoto no se limita a cultivar las cualidades divinas, sino que también cambia su vida para que sea de utilidad a los demás.

Generalmente, la gente comparte sus sentimientos con muchas personas. Ansía el amor de los demás. Pero el devoto reza: "Bendíceme para que pueda ser como Tú, dame fuerza para servir a todos, dame fuerza para perdonar a todos."

Eso no quiere decir que no debas contarle tus problemas a Dios. Desde luego que puedes soltar tu carga ante Él. Al compartir nuestros problemas con Dios, la carga de nuestros corazones se hará más ligera. Pero en lugar de rezar diciendo: "Dame esto... dame lo otro", deberíamos anhelar tener una mente llena de cualidades divinas como el amor, la compasión, la paz. Haced *japa* (repetición del *mantra*), buenas acciones y orad por su Gracia. Dios nos proveerá de todo lo que necesitemos. No hay necesidad de pedir nada en particular. (M.D.5) *Ver Orar*

✳ Hijos míos, dejad que vuestras mentes rebosen amor, en toda su fragancia y belleza. El odio y la aversión las afearán. El amor hacia los demás nos da la auténtica belleza, realzando tanto al que ama, como al amado. (M.D.5)

✳ Todo el mundo será nuestra familia cuando realicemos nuestra unidad con la energía universal. Cuando surge esta unión, no podemos trabajar sólo para unas cuantas personas, para una pequeña comunidad o una nación en particular.

Cuando alcanzamos esta verdad, el universo entero se convierte en nuestra propia morada. Toda la creación se transforma en algo propio. Vemos que todo está impregnado de la conciencia de

Amor

Dios, de la suprema energía divina. El universo se vuelve nuestro propio cuerpo, las diferentes naciones y personas llegan a ser parte de nuestro cuerpo universal.

Los que alcanzan esta visión, se sitúan más allá de cualquier división. Son personalidades totalmente indivisibles e integradas. Son la encarnación del amor puro. Al expresar este amor divino a través de sus palabras y obras, inspiran y transforman las vidas de los demás. (M.D.5)

✳ Debemos nacer en amor, llevar una vida de amor y quedar inmersos en amor. Nuestras vidas deberían cumplir este alto objetivo. Lo cierto es que el amor nunca acaba. La relación *Guru*-discípulo, nos ayuda a regenerar esa conciencia y a realizar ese objetivo. El *Satguru* es la encarnación del amor puro. Es el amor que sustenta la vida en esta tierra, el que sustenta a todas las cosas y seres. El amor de una Madre por su hijo es la forma más pura de amor que la mente humana puede imaginar. Pero recordad, la forma más grande de amor es la que se da entre un *Guru* y el discípulo.

Todas nuestras acciones deberían surgir del puro amor. Sólo cuando nuestras acciones manan de ese puro amor, se convierten en una ofrenda al *Guru*. De no ser así, las acciones se quedan en simples acciones, no se convierten en *karma yoga*.

Así, las acciones realizadas como expresión del amor, nos ayudan a evolucionar espiritualmente y se convierten en una ofrenda al *Guru*. Esas acciones nos purificarán, pues expresan auténtica devoción. En este momento, nos hemos olvidado de que ese amor es nuestra naturaleza esencial, y esa es la razón por la que surgen todos nuestros problemas.

Supongamos que decimos una mentira y que para mantenerla seguimos diciendo mentiras. De modo parecido, tuvimos una primera noción equivocada al pensar de algún modo que: "yo soy el cuerpo". De hecho, la conciencia es nuestra auténtica naturaleza, pero esta primera noción equivocada fue seguida por una serie de nociones equivocadas y, por tanto, nos hemos olvidado de nuestra naturaleza esencial.

Nuestra auténtica naturaleza es amor. Nos hemos olvidado de ella al pensar y sentir que: "yo soy el cuerpo". Así malgastamos nuestras preciosas vidas. En el amor puro, no hay muerte. El amor vence a la muerte. Al igual que la oscuridad desaparece con la llegada de la luz, todos los sufrimientos desaparecen en el auténtico pensamiento de Dios. Dado que no habéis sido capaces de recordar a Dios, se produce dolor en vuestras vidas. Igual que hay una imagen contenida en cada piedra, en la profundidad de cada uno de nosotros mora la Divinidad. Igual que un escultor esculpe y elimina todos los fragmentos que no interesan de una piedra, también nosotros deberíamos eliminar todas las tendencias que no interesan.

Es el Ego la cosa menos interesante que está contenida en nosotros. Debemos deshacernos del Ego. Conviene establecer una rutina para tratar de eliminarlo. Un día deberíamos decidir: "Hoy no me enfadaré con nadie", Al día siguiente: "Hoy no hablaré innecesariamente. Sólo hablaré cuando sea conveniente." Al otro día decidiremos pedir perdón a todos aquellos con los que nos hayamos enfadado. Ese día trataremos de ver a cada uno de ellos y pedirle perdón. Debemos dedicar al menos dos horas al día al servicio de los pobres. Mientras desarrollamos estas cualidades, nos iremos deshaciendo poco a poco de nuestro ego.

Igual que las alarmas de los bancos permiten atrapar a los ladrones, la Sadachar o conducta recta nos ayudará a eliminar nuestra negatividad. Es el amor lo que da plenitud a nuestras vidas. El *Satguru* es la encarnación del puro amor que ayuda al discípulo a deshacerse de toda la negatividad y lo lleva más allá del dominio del nacimiento y la muerte." (M.D.5)

Amor

✳ Esta es la era del intelecto y de la razón, la era de la ciencia. Nos hemos olvidado de los sentimientos del corazón. En este mundo se oye a veces decir: "Me he dejado arrastrar por el amor."
Así es, nos dejamos arrastrar o cautivar por el amor basado en el egoísmo y el materialismo. Somos incapaces de hacer emerger y despertar el Amor. Si nos dejamos arrastrar, es mejor que sea de la cabeza al corazón. Y elevarnos en Amor, esa es la religión. (M.M.6)

✳ Cuando actuemos deberíamos dejar a un lado nuestra individualidad limitada y ser conscientes de que somos parte del Espíritu Universal. Sólo entonces podemos llevar el amor, la compasión y la no-violencia a nuestras acciones. Es posible que pienses que no es fácil, pero aunque no podamos elevarnos a dicho estado, ¿no deberíamos al menos esforzarnos para amar y servir a los demás, y mantener esto como nuestra meta? (M.S.6) *Ver Actitud*

✳ El donativo que hacemos en los templos es una prueba de nuestro amor por Dios, no un soborno. Dar algo que apreciamos a alguien que amamos, esa es la naturaleza del amor. Sólo cuando se expresa el amor, éste se transforma en compasión. Podemos amar a Dios, pero sólo cuando ofrecemos algo a Dios se convierte esa entrega en un acto de compasión hacia el mundo. Sólo entonces se derramará la Gracia sobre nosotros. (M.S.6) *Ver Dinero*

✳ Ningún marido le dice a su mujer: "Te querré mañana por la mañana a las 10" o "Te querré a las 5 de la tarde".
Si alguien dice eso, es evidente que está vacío, que ahí no hay amor. El amor no es algo que venga más tarde o a lo que te puedas apuntar después. El amor está AQUÍ Y AHORA. El amor y la fe son la belleza de la vida.
Desgraciadamente, pertenece a la naturaleza humana tirar piedras, destruir el amor y la fe allí donde esté presente. Pero no

debería ser así ya que el amor es la rosa que llena de fragancia la sociedad.

En la actualidad, el tema principal de cientos de películas, novelas y canciones es el amor. El tema preferido de los escritores es el amor. Pero no puede haber amor sólo leyendo o escribiendo sobre él. Es muy difícil encontrar amor verdadero en el mundo moderno. Incluso la relación marido-mujer se ha reducido a algo mecánico. La propia vida se ha convertido en algo monótono. Amma recuerda una historia:

El amor verdadero es el sentimiento hacia el *Paramatman*. Es el ardiente deseo del Señor. Podemos alcanzar ese amor, esa generosidad, ese éxtasis sólo a través de una completa entrega a Dios. Por tanto, deberíamos entregarnos totalmente a Él. Es nuestro único refugio. Sin Él no podemos gozar de la pura dicha. (M.M.7) *Ver Actitud*

∗ Hijos míos, Dios mora en lo más profundo de nosotros como inocencia como puro e inocente amor. Esta inocencia está ahora velada por los sentimientos egoístas de la mente. Pero el amor inocente está siempre ahí, sólo que lo hemos olvidado. Para redescubrirlo y recordarlo, necesitamos ir a lo más profundo de nuestro interior. (M.J.7)

∗ Hay dos tipos de pobreza: la falta de alimento, ropa y cobijo y la falta de amor y compasión. Si podemos eliminar esta última, la primera se irá solucionando automáticamente. Porque cuando la gente tiene amor y compasión en sus corazones, espontáneamente y de todo corazón tiende la mano para ayudar a quienes no tienen comida, ropa ni hogar. (M.J.7) *Ver Actitud*

∗ Tanto en la India como en Europa o América, la gente busca lo mismo: amor verdadero. El amor y la paz son universales. La

Amor

miel es dulce adondequiera que la tomes. De manera parecida, el fuego siempre da calor.

Las personas nacen para ser amadas. Viven para el amor. Sin embargo, una carencia de amor asola al mundo.

Cuando Amma abraza a la gente, no sólo hay contacto físico. El amor que Amma siente por toda la creación fluye hacia cada persona que acude a ella. Esa vibración pura de amor purifica a la gente y le ayuda en su despertar interior y en su crecimiento espiritual. Ayuda tanto a hombres como a mujeres a despertar a las cualidades asociadas a la maternidad, que tanto escasean en el mundo actual. (M.J.7) *Ver Ayudar a los demás.*

✳ Nuestra verdadera naturaleza no es el egoísmo, sino el amor y la compasión. Sólo tenemos que hacernos conscientes de esta verdad. El problema no es que la gente esté realmente dormida, sino que sólo finge estarlo. Si estuvieran dormidos de verdad, sería fácil despertarles. Pero es casi imposible despertar a alguien que finge estar dormido.

Conoced vuestro Ser y practicad el amor y la compasión. También me gustaría decir que si toda la gente en el mundo trabajara media hora más al día y dedicara este dinero para ayudar a los que sufren, no habría hambre y todos tendrían salud. (M.J.7) *Ver Actitud*

✳ Regamos las raíces del árbol, y no las ramas, pues sólo regando las raíces podrá llegar el agua a todas las partes del árbol. De forma parecida, si realmente amamos a Dios, amaremos a todos los seres del universo, pues Dios mora en el corazón de todos los seres. Dios es la base de todo. Deberíamos tratar de ver a Dios en todos y amar y adorar a Dios en todas las formas. (M.S.7)

* Cuando hay amor, comprensión y confianza mutua, nuestros problemas y preocupaciones disminuyen. Cuando estas cualidades están ausentes, se multiplican los problemas. El amor es la base de una vida feliz. Consciente o inconscientemente, rechazamos esta verdad. Al igual que nuestros cuerpos necesitan de un alimento apropiado para vivir y desarrollarse, nuestras almas necesitan amor para crecer correctamente. El alimento que el amor aporta a nuestras almas, es mucho más nutritivo que la leche materna para un recién nacido. (M.S.7)

* La auto-entrega se da cuando crece el amor. De hecho, crecen de forma simultánea. Cuanto más amas a una persona, más te entregas a ella. (M.D.7)

* En el amor, nunca hay dos. Decimos que un río tiene dos orillas sólo porque hay agua en medio. Si el agua del ego se seca, sólo queda la unidad, las orillas desaparecen. Cuando el amor despierta, el ego desaparece. Entonces, los seres humanos se dan cuenta de la unidad entre ellos. Uno se da cuenta de su unidad con la totalidad de la creación. (M.M.8)

Apego - Desapego

✻ Sólo cuando no estemos tan apegados al mundo será posible recordar a Dios. (C.5)

✻ Vive el momento presente. Aprende a llevar a cabo tus acciones sin ningún apego e ignora el fruto del futuro. Siempre que estés haciendo algo, trata de ser consciente. Si estás vigilante, notarás la carga innecesaria de los pensamientos negativos que transportas. Ese estado de alerta te hará libre. (M.S.0) *Ver Amor*

✻ Cuando experimentas un fuerte desapego, no sientes atracción por el mundo. Pero tienes que ir más allá de ese estado. Tienes que ver que todo es Dios. (M.M.2)

✻ El apego a la forma del *Guru* os llevará finalmente, a no sentir apego por nada y a una libertad absoluta. Cuando amamos la forma entera del Maestro, no amamos a un individuo limitado, sino a la Pura Conciencia, la cual el Maestro os la revelará poco a poco. (M.S.2) *Ver Guru*

✻ La felicidad no se halla en los objetos externos, sino en nosotros mismos. Cuando somos conscientes de este hecho y vivimos suficientemente desapegados, la mente deja de ir en busca de los placeres externos. (M.S.3)

✻ ¿Crees que la felicidad procede del desapego? Ciertamente, no. La felicidad surge del amor supremo. Lo que se necesita para la realización del Ser o Dios, es amor. Solo a través del amor experimentarás un completo desapego. (M.S.3)

✳ *Muchos estudiantes que practican yoga y otras disciplinas espirituales son padres de familia. Consideran importantes a sus familiares y amigos. ¿Puede llegar a ser esto un obstáculo en su camino espiritual?*

Un padre de familia puede alcanzar realmente la Auto-Realización. Pero para que esto suceda, el padre o la madre tienen que realizar sus acciones de forma desinteresada, sin apego y con una actitud de entrega a los pies de Dios. Un auténtico padre de familia mantiene esta actitud: "Todo lo que es mío, pertenece a Dios, nada me pertenece a mí". Tiene la fuerte convicción de que sólo Dios es su madre, su padre, su familiar y su amigo. Pero esta actitud de entrega y autosacrificio es difícil desarrollarla. Se requiere un constante esfuerzo.

Amma nunca le pide a un padre de familia que se aleje del mundo para hacer su búsqueda espiritual, pues hacer eso sería cobardía. Deberíamos intentar realizar nuestros deberes en el mundo tan diligentemente como sea posible. Aquellos que huyen de las responsabilidades mundanas no son realmente apropiados para la vida espiritual. Por eso en el *Mahbharata* (célebre epopeya de la India), Sri Krishna no permitió a Arjuna que huyera del campo de batalla y se convirtiera en un *sannyasin*.

La vida es un campo de batalla. No podemos huir de él. Podemos ir al Himalaya o a un bosque o a un *ashram,* pero los problemas de la vida nos perseguirán allí donde vayamos. Una persona inteligente viaja a través de la vida utilizando su discernimiento y realizando sus obligaciones con gran atención. Vivir realmente es construir la vida con una fuerte base espiritual.

No deberíamos olvidar que la compasión hacia los pobres y los que sufren es nuestro deber con Dios. Nuestra búsqueda del Ser empieza con nuestro servicio desinteresado en el mundo. Si todo lo que hacemos es sentarnos en meditación con los ojos cerrados, esperando que se abra nuestro tercer ojo, nos sentiremos decepcionados. No podemos escapar del mundo manteniendo cerrados nuestros ojos. La práctica espiritual es el esfuerzo que hacemos para ver la unidad de todos los seres en la creación, con los ojos abiertos. Cuando esa visión sea espontánea, eso será la Auto-Realización.

La muerte puede llegar en cualquier momento. Nos arrebatará todo lo que tengamos, también nuestro cuerpo. Por eso Amma insiste en que a través de nuestra práctica espiritual deberíamos desarrollar la actitud de desapego hacia todo el mundo. Sólo con esa actitud seremos capaces de afrontar la muerte sin miedo. Al absorber los más altos ideales espirituales, nos estamos preparando para que esa transformación tenga lugar: la transformación del apego en desapego.

El estado de sannyasa, o renuncia al mundo, no se obtiene fácilmente en Occidente. La vida de un *sannyasin* es una vida de entrega, tanto externa como internamente, por el bien del mundo. Un auténtico padre de familia lleva externamente una vida de padre de familia e internamente vida de un *sannyasin*.

Renunciar a todo puede que no sea fácil para todo el mundo, pero deberíamos intentar desarrollar la actitud interna de renuncia. Un padre de familia puede que se enfrente a muchos problemas, pero debería mantenerse totalmente calmado por dentro. No es imposible.

Si leemos los *Puranas*, encontraremos que la mayoría de los antiguos *rishis* (visionarios auto-realizados) fueron padres de familia. Eran personas corrientes. Si ellos fueron capaces de alcanzar la Verdad, seguramente tú también serás capaz de hacerlo. Tienes que tener esta fuerza interior.

Un padre de familia debería ser como un pájaro sentado en la rama seca de un árbol. Mientras se apoya en la rama, el pájaro puede comer algo, e incluso dormir, pero siempre está en alerta y bien despierto internamente, siempre dispuesto a volar. Sabe que si hay una fuerte brisa, la rama, de pronto, puede partirse. De forma parecida, un padre de familia debería ser consciente de que todas las relaciones en el mundo sólo son temporales y pueden acabar en cualquier momento.

Deberíamos considerar nuestras obligaciones en el mundo como asignadas por Dios. Si tenemos esa fe fuerte, seremos capaces de realizar todas nuestras obligaciones como servidores de Dios, sin ningún sentido de hacedores. Tenemos que realizar las obligaciones que nos han sido asignadas. Deberíamos pensar que esas acciones son parte de nuestra práctica espiritual. Realizar cada acción como una forma de adoración. No deberíamos apegarnos a lo que hacemos, ni permitir que nuestra atención se aleje de nuestra conciencia del Ser. Este es el centro de nuestra existencia. Estamos ahora viviendo como si estuviéramos encerrados en una prisión, la prisión de nuestros gustos y aversiones. Pero esa no es nuestra auténtica morada. No deberíamos ver los objetos de nuestros deseos y apegos como ornamentos, sino como cadenas que nos aprisionan. Hasta que no realicemos el Ser, no sabremos como es la auténtica realidad. (M.M.5)

✳ Pero no es fácil erradicar el sentido de hacedor en sí mismo. Sólo es posible cuando aparece el sentido de desapego respecto al placer y al dolor, una vez se ha pasado por muchas vidas. (M.M.5) *Ver Karma*

✳ Observad a lo que está apegada nuestra mente: en el 90% de los casos se apega al dinero.

Por tanto, la mente está apegada a las riquezas. Liberar a la mente de este apego no es algo fácil. Pero ofrecer a Dios nuestra mente es un medio fácil de conseguirlo. Cuando ofrecemos nuestra mente a Dios, se purifica. De forma similar, ofrecemos aquello que nos gusta a Dios como un modo de ofrecer nuestra mente a Dios. (M.S.5) *Ver Dinero*

Apego - Desapego

✳ De la misma manera, no conocemos a Dios aunque esté dentro de nosotros, ya que nuestras mentes no miran hacia adentro. Por lo general, nuestra mente está apegada a multitud de objetos. Debemos retirarla de ellos y fijarla en Dios. (M.D.5) *Ver Orar*

✳ Krishna mostró el mismo desapego a lo largo de su vida. Podemos vivir como hijos o hijas, marido o mujer, padres, trabajadores, etc., pero en todas esas situaciones deberíamos ser capaces de mantener la conciencia de que somos la realidad inmutable.

En la vida de Krishna podemos ver que no hizo nada para sí mismo ni se distanció de los demás diciendo "Yo soy Dios". Nunca eludió responsabilidad alguna sólo porque estuviese desapegado de todo. Viendo su manera de vivir uno puede pensar que Krishna estaba apegado al mundo, pero nunca estuvo apegado a nada en este mundo. (M.J.6) *Ver Actitud*

✳ Este mundo ha sido creado para vosotros. Ningún santo o escritura dicen que no debáis disfrutar de los placeres del mundo. Pero se os pide que ejerzáis ciertas restricciones mientras disfrutáis. Mantened siempre el auto-control y dominad los objetos y las circunstancias externas. No permitáis que nada os esclavice u os controle. Cuando vuestra actitud cambia, también cambia el objetivo de la vida, y conseguís que vuestra mente se vuelva más calmada y silenciosa. (M.S.6)

✳ Aprendamos a abrazar la vida con los brazos abiertos, mientras nos desprendemos de nuestros apegos. Abandona todos tus deseos, todas tus penas, temores y ansiedades. Este abandono no supone perderlo todo, pues en realidad no hay mayor ganancia que esa. A través de ello, se te ofrece el universo entero, y llegar a ser Dios. (M.S.7) *Ver Muerte*

✳ ¿Cuál sería nuestro destino si la Madre se sentara y dijera: "Todo el universo y todos vosotros estáis en mí. Por tanto, no deseo veros externamente"? Nadie estaría aquí.

Una persona dotada de un fuerte sentido de desapego y con determinación para alcanzar la meta tal vez no necesite esa atención externa. Pero la Madre sabe que sus hijos necesitan esa atención. (M.D.7) *Ver Amma: ¿Quién es?*

✻ Debido a nuestro apego e identificación con muchos objetos del mundo material, la visión de nuestra mente ha disminuido. (M.D.7) *Ver Inocencia*

Ashram

✼ Lo más importante es la unidad entre la gente, una comprensión mutua, la humildad y la capacidad de perdonar y olvidar. Esos son los valores que representa un *ashram*. También dice Amma que si no hay unidad ni una adecuada comprensión entre los devotos, la misma idea de creación de un *ashram* carece de sentido.

Para Amma, sus hijos lo son todo. El corazón de Amma desborda cuando los ve crecer espiritualmente. Hijos, lo que necesitáis ahora es practicar espiritualmente. Esas prácticas os permitirán eliminar el ego. La disciplina es indispensable. Sin ella no podremos alcanzar la meta. (M.D.1)

✼ El *ashram* es un lugar para los *tyágis* (renunciantes) y no para los *bhogis* (aquellos que buscan los placeres de los sentidos). Muchos hijos vienen de Occidente y están habituados a una vida orientada hacia el placer. Pero una vez que llegan aquí y se someten a la vida del *ashram*, abandonan sus malos hábitos y sus concepciones erróneas. De hecho, su renuncia es auténtica, porque tenían de todo, el confort y los placeres materiales. Vivían en medio de todo ello y, si lo desearan, podrían volverse y sumergirse de nuevo en ese mundo. Es posible que algunos de vosotros no veáis la televisión porque no tenéis televisor, pero la verdadera renuncia se produce cuando tenemos la posibilidad de ver la televisión y no la vemos.

El contentamiento en cualquier circunstancia y situación, es el rasgo que caracteriza a un buscador espiritual. (M.D.1)

✼ Un martes de enero, Amma leyó a todos los residentes un texto elaborado por Br. Dayamrita, responsable del *ashram* de

California. Ella revisó y también corrigió cada palabra del texto que os presentamos ahora en su última versión
Lo que quiere decir "Vivir en un *Ashram*"

"Un ashram no es un simple conjunto de edificios inanimados, de templos, de árboles y de residentes. Es, ciertamente, la manifestación misma de la Gracia del Maestro espiritual. Es una institución activa, dinámica y viva, que estimula la aspiración del estudiante sincero para llegar al estado de unidad. Las prácticas espirituales, el servicio desinteresado, las plegarias, los pensamientos y los actos puros de los visitantes y residentes están vinculados a la Gracia del *Guru*, para hacer del ashram un lugar santo y sagrado".

Las personas que desean vivir la vida en un *ashram* deben comprender la naturaleza de este modo de vida. No se trata simplemente de vivir juntos como individuos separados, manteniendo los mismos comportamientos que no nos han hecho felices hasta ahora. En la mayoría de casos, son necesarios ajustes radicales en las actitudes y en los valores.

Llevar una vida de *ashram* significa pasar a segundo plano los deseos individuales para respetar el *dharma* del *ashram*, las enseñanzas y las instrucciones del *Guru*. Esto implica el compromiso de poner en práctica las enseñanzas del *Guru* en el mundo, a través de nuestras actividades cotidianas. Respetar los derechos de los demás y estar atento a su bienestar, tanto como al nuestro.

El *ashram* es un lugar en el que el *karma* y todas las *vasanas* deben manifestarse y ser erradicadas. Puede ser el lugar de un gran desafío, de una evolución y de una felicidad sin igual. La llamada sincera del buscador al *Guru* pidiendo que se haga la voluntad de Dios, unida a la determinación del buscador para someterse a la voluntad de Dios, disipará todos los conflictos, y hará rápidamente progresar a ese buscador por el camino que le lleva a la meta.

Al practicar así la humildad y al abandonarse, el buscador aprende a ver la mano del *Guru* en todos los sucesos de la vida. Manteniendo el espíritu abierto, hablando con benevolencia, aceptando las diferentes formas de vida, sirviendo a los demás de una manera desinteresada, procurando el bienestar de todos, aceptando la Gracia de ser llamados al orden cuando nos desviamos del *dharma*, esforzándonos de todo corazón para mantener la misión del *Guru*, siguiendo las enseñanzas e instrucciones del *Guru*, respetando el *dharma* del *ashram*, acogiendo a cada uno con el pensamiento, palabra y acción; aquéllos que viven así la vida del *ashram*, pueden fácilmente superar sus *vasanas* y avanzar a grandes pasos hacia la meta.

El *ashram* es un lugar vibrante y radiante, con una misión y objetivos que implican ciertos deberes y una disciplina. Estos aspectos contribuyen al progreso del auténtico buscador. Por diferentes razones, no todos son aptos para la vida en un *ashram*. No hay nada que lamentar, pues no es obligado vivir la vida del *ashram* para alcanzar la meta última y, además, todos los hijos de Amma son bienvenidos si desean participar en las actividades del *ashram*.

✱ "La meta de la vida es la realización de Dios. Esforcémonos por conseguirlo".

Amma continuó con la lectura de 14 instrucciones, pero previamente dijo: "Si un aspirante espiritual es sincero y sigue estas instrucciones, llegará a la realización de Dios en esta misma vida. Pero Amma no fuerza a nadie. Un aspirante sincero debe intentar poner en práctica estos puntos en su vida diaria. Debe conseguir que se integren en todos sus actos."

14 Instrucciones para el Crecimiento y el Florecimiento Espiritual

1. Cuando te preguntes: "¿Qué debo hacer?", piensa en como tus acciones pueden ser útiles a la humanidad.

2. Se puede medir el progreso conseguido a través de nuestra capacidad para mantener un espíritu equilibrado y sereno ante la alabanza y la humillación, el honor y el deshonor, halagos y críticas.

3. La comunicación empieza cuando se comprende total-mente el punto de vista del otro.

4. Si no puedes hablar con amor y respeto, espera hasta que te sea posible.

5. Cuando hieres a alguien, hieres a todo el mundo y a ti en particular.

6. Si alguien se está comportando de una forma ofensiva según tu parecer, reflexiona y observa las veces en las que has actuado así hacia los demás o hacia ti mismo.

7. Establece una cita con Dios todos los días y procura que esta cita sea tu máxima prioridad.

8. Entrena y ejercita para liberar al pensamiento de los objetos de los sentidos.

9. Equilibra tu vida entre *Hatha, Karma, Jnana* y *Bhakti Yoga*.

10. Un exceso de palabras mantiene la actividad mental y asfixia la sutil voz interior de Dios.

11. Lee cada día un texto que contenga las enseñanzas del *Guru*.

12. Establece un programa para tu sadhana y síguelo con regularidad.

13. Obtén provecho de la quietud de las primeras horas del día para la plegaria y la meditación.

14. Cuando ofendas o hieras a alguien, no te limites a pedir excusas, comprométete a no volver a cometer un acto así hacia ninguna otra persona. (M.S.2)

Ayudar a los demás

✶ Cuando rezamos por otros, el universo entero reza por nosotros. Cuando bendecimos a otros, todo el universo nos bendice, porque el hombre es uno con la energía cósmica. (C.2)

✶ Hijos míos, por muy alta que sea nuestra posición social, debemos siempre pensar que simplemente somos servidores de nuestros semejantes. (C.3)

✶ "Hijos míos, si mantenemos una actitud desinteresada, progresaremos. Al ayudar a los demás nos estamos, de hecho, ayudando a nosotros mismos. Y, por el contrario, cada vez que hacemos una acción interesada, nos dañamos a nosotros mismos. Aprended a alabar a todos. Nunca maldigáis a nadie, pues un ser humano no es solo un puñado de carne y huesos. Hay una conciencia que actúa dentro de cada uno. Esa conciencia no es una entidad separada o aislada, forma parte de la Totalidad, de la Unidad Suprema. Cualquier cosa que hagamos se refleja en la Totalidad, en la Mente universal única. Siempre vuelve a nosotros con la misma intensidad. Cuando hacemos una buena o mala acción se refleja en la Conciencia Universal. Por tanto, aprended a ser desinteresados y aprended a alabar a los demás. Orad por todos, pues necesitamos el apoyo y las bendiciones de toda la creación para elevarnos espiritualmente. (M.M.2)

✶ Al igual que la falta de cuidado en nuestras palabras puede generar dolor en los demás y en nosotros mismos, lo contrario también puede darse. Si ponemos especial atención a nuestras palabras y acciones, nuestra influencia sobre los demás será positiva.

Ayudar a los demás

Una vez, un ciclón devastó una ciudad, causando una gran catástrofe. Uno de sus habitantes lo perdió todo, además de su salud. Vivía de las limosnas que le daban a diario. Pasado un tiempo, nadie le daba ninguna limosna. Se sentía hambriento y cansado, tenía frío y estaba mentalmente destrozado por el trato cruel que recibía de todos los que lo rechazaban. Completamente desesperado, pensó que no merecía la pena seguir viviendo. Se ató una cuerda alrededor del cuello y cuando ya estaba a punto de suicidarse, pensó: "¿Por qué no lo intento una vez más? A lo mejor consigo que alguien me dé un mendrugo para comer." Volvió a pedir limosna y se encontró con un hombre al que le imploró: "Por favor, apiádate de mí. Estoy hambriento. Hace días que no tengo nada para comer. Dame algo, por favor." Inmediatamente, el hombre se mostró compasivo y, con una mirada preocupada, buscó algo en sus bolsillos para dárselo al pobre hombre. Lamentablemente no tenía nada. Le contestó con una gran pena: "Lo siento de verdad, solo tengo mis bolsillos vacíos. Desearía poder darte, al menos, una moneda, pero no puedo darte nada." El pordiosero le contestó con lágrimas en los ojos: "No, no, ya me has dado lo que necesitaba. Tus palabras llenas de amor y compasión han calmado el hambre que tenía. He recuperado la esperanza en este mundo al comprobar que todavía hay personas como tú en esta vida."

Y ciertamente, no solo consiguió aplacar el hambre de aquel hombre, sino que también salvó su vida. Amma nos dice que aunque no tengamos nada material para dar, podemos hacer, al menos, buenas acciones, ofrecer una palabra amable o una sonrisa amorosa. (M.J.2)

✳ *Amma ha creado el moderno hospital AIMS, construye viviendas gratuitas, a través del programa Amrita Kutiram, y tiene muchas otras actividades destinadas al servicio de los pobres. ¿Qué es lo que le ha llevado a crear todas estas actividades?*

Cada día, Amma encuentra muchos pobres que le explican sus sufrimientos. Así, Amma ha podido comprender su miseria y sus necesidades más esenciales. Un intenso deseo de paliar ese sufrimiento se manifiesta interiormente. Amma ha creado, pues, todas estas actividades de servicio. Contrariamente a lo que se pudiera creer, ninguno de estos proyectos se ha iniciado contando previamente con el dinero o los recursos necesarios. A medida que los proyectos nacían, Dios proporcionaba todo lo que hiciera falta. Vemos, así, que Dios no está sentado en un trono en alguna parte del cielo, ni está confinado en un templo o iglesia. Dios mora en cada uno de nosotros. Cuando compartimos lo que tenemos con los demás, cuando nos ayudamos mutuamente, adoramos, en realidad, a Dios. Postrarse en el templo o en la iglesia y, una vez fuera, rechazar a los desdichados y hambrientos, eso no es auténtica devoción.

Muchos devotos occidentales vienen a Amma. ¿Acaso los occidentales poseen un espíritu de servicio mayor que nosotros? ¿Cuál es la razón?

En los países occidentales, existen numerosas asociaciones que se dedican a actividades humanitarias. Cuando se produce una catástrofe natural o surge un problema parecido, esas asociaciones se ocupan de las víctimas. Muchos cooperan con esas asociaciones y participan en sus actividades de servicio humanitario. Las donaciones entregadas a esas asociaciones son deducibles del total de los impuestos a pagar. Eso anima a la gente a apoyar y ayudar a las actividades humanitarias. En ciertos lugares, la iglesia desarrolla también un papel importante. Antiguamente, en los tiempos védicos, la vida de los habitantes de la India se fundaba en la caridad (*dana*) y en las ofrendas destinadas al bien común (*yagna*). Sin embargo, los medios que se utilizan actualmente para enseñar esos ideales son insuficientes. (M.D.2)

* *¿No es una falta de consideración buscar el progreso espiritual personal, ignorando las penalidades de los demás?*

Los que tengan una perspectiva adecuada nunca darán la espalda a los que sufren. Nunca dirán que es el *karma* de esas personas y que lo deben pasar, o que se trata sólo de *maya* (ilusión). En su lugar, harán todo lo posible para ayudar con lo que puedan a los oprimidos. El egoísta siempre lo ve todo desde el punto de vista de su posible ganancia. Pero un buscador espiritual estará lleno de amor y compasión hacia los pobres y los que sufren, y ese amor se reflejará en sus palabras y acciones. Ese es también el objetivo de nuestra práctica espiritual. No deberíamos perder ni una oportunidad de ayudar a los demás, deberíamos aprovechar al máximo esas oportunidades.

Deberíamos recordar que los aspirantes espirituales tienen limitaciones humanas. Ellos todavía están luchando con sus propias situaciones personales, con sus propias mentes y el alcance de su contribución puede ser muy limitado. Pero, no obstante, su práctica espiritual y plegarias desinteresadas beneficiarán ciertamente a la sociedad. Ellos inspirarán y, de hecho, transformarán a los demás. (M.M.5)

* Extracto de la conferencia de prensa durante la cual Amma dio a conocer su decisión de entregar 23 millones de dólares a los afectados por el tsunami en el Sur de la India.

"Mis hijos son mi fuerza". Eso fue todo lo que Amma dijo a un grupo de periodistas de Delhi que habían venido a entrevistarla sobre su donación de 200 crores (18 millones de euros). Ella había anunciado destinar este dinero a las víctimas del tsunami en el

Sur de la India. La respuesta la dio Amma cuando se le preguntó cómo podía comprometer tal cantidad en ayuda humanitaria.

"Los *brahmacharis* trabajan 18 horas al día", dijo Amma. "Ellos lo hacen todo, desde trabajos de construcción hasta mover las grandes máquinas. No hay contratistas. Todos los materiales, como ladrillos, ventanas, puertas, sillas, camas, los hacen los *brahmacharis*. No es algo nuevo para nosotros. Ahora mismo estamos construyendo viviendas *Amrita Kutiram* (casas gratuitas para personas necesitadas) en 47 emplazamientos de la India: 14 ciudades de Tamil Nadu, Kadappa en Andhra Pradesh, Amanta Nagar en Pune... Hay unos 2.000 residentes aquí, en el *ashram*. Ellos trabajan día tras día y no piden nada a cambio."

"Tengo muchos hijos buenos", dijo Amma refiriéndose a sus miles de devotos en todo el mundo. "Todos hacen lo que pueden."

Amma venía a decir que incluso los más pequeños hacen muñecas o pequeñas figuras para venderlas y destinar sus ganancias a su querida Amma.

"Algunos hijos – cuando reciben dinero por su cumpleaños o cuando sus padres les ofrecen un helado – dicen que les gustaría dar ese dinero a Amma, y les dicen a sus padres que Amma puede destinarlo a ayudar a los niños pobres. Otros hijos vienen y ofrecen sus ahorros, diciendo que se destinen a comprar bolígrafos para los estudiantes. Amma no quiere aceptarlo, pues otros hijos que no tienen nada que ofrecer pueden sentirse apenados, pero cuando Amma ve la bondad de sus corazones, no tiene otra elección. El Gobierno por sí solo no puede hacerlo todo. ¿Darían estos hijos este dinero al Gobierno con el mismo amor con el que se lo dan a Amma?

Amma dijo que cuando el Gobierno asigna dinero para tareas de socorro, una buena parte se gasta en salarios. Amma compara esta situación con el vertido de aceite de un recipiente a otro. "Al final, no queda nada de aceite", dice Amma. "Todo se pierde al quedar impregnado en los distintos recipientes por los que pasa. De esta forma 1.000 paisas se convierten en 100 cuando llegan a la gente. Mientras que si conseguimos 10 paisas, y le añadimos nuestro esfuerzo, el dinero se multiplica. Amma no acusa al Gobierno, desde luego, pues los funcionarios del Gobierno necesitan ganar un salario y la maquinaria gubernamental tiene que mantenerse."

Amma explica que el éxito del *ashram* se debe a la renuncia y al servicio desinteresado de sus hijos. Nunca pierde tiempo pensando si un proyecto, que considera debe ser asumido, es viable o no, antes de empezar.

Cuando Amma ha sentido la necesidad, ella ha acometido el proyecto y la Gracia ha hecho el resto. Como ejemplo, Amma cita a AIMS, el Hospital de especialidades del *ashram* destinado a los pobres de Cochín, así como los tres poblados que el *ashram* reconstruyó completamente en Bhuj, tras el terremoto de 2002. Amma dijo: "Estoy segura de que esto también se materializará".

Cuando un periodista le preguntó a Amma cual era su *mulamantra*, refiriéndose al secreto de su éxito, Amma sugirió que tal vez la gente esté buscando en ella lo que es esencial en todos, pero que se está perdiendo. Cuando se le insistió de nuevo, Amma dijo que eso era "Amor".

"Hay dos tipos de pobreza –añadió Amma-, una es material y otra es la pobreza del amor y la compasión. Si el amor y la compasión se despiertan, entonces desaparece también la otra clase de pobreza."

"Yo no me dedico a pedir que se haga algo", dijo Amma. "Son mis hijos los que han hecho todo esto posible. Mis hijos son mi riqueza; ellos son mi fuerza". (M.M.5)

✻ Un bebé que todavía depende de la leche materna, no será capaz de digerir alimento sólido. Habrá que darle el alimento que pueda digerir fácilmente. Igualmente, deberíamos descender al nivel en el que se encuentra un individuo para conducirlo desde este nivel. Tendríamos que considerar las capacidades físicas, mentales e intelectuales de una persona antes de aconsejarla. (M.S.5)

✻ ¿No deberíamos al menos esforzarnos para amar y servir a los demás, y mantener esto como nuestra meta?

✻ *Madre ¿cómo deberíamos reaccionar ante los problemas actuales?*

Los problemas actuales de la sociedad son motivo de profunda preocupación. Es muy importante conocer las causas de dichos problemas para después buscar soluciones. Pero el cambio ha de comenzar en el individuo. Cuando el miembro de una familia cambia a mejor, toda la familia se beneficia de ello. Incluso ayuda a progresar a la sociedad. Así que, en primer lugar, deberíamos esforzarnos en cambiar nosotros. Cualquier cambio en nosotros influirá en la gente que nos rodea, lo cual, a su vez, les ayudará a cambiar a mejor.

No podemos cambiar a los demás dándoles únicamente consejos o reprendiéndoles. Deberíamos dar ejemplo. Sólo a través de nuestro amor desinteresado podemos influir positivamente en las personas. (M.S.6) *Ver Actitud*

✻ *El Premio Interreligiones ha sido otorgado anteriormente al arzobispo Desmond Tutu, al Dalai Lama, a Bill Clinton y a otras personalidades. ¿Cuál ha sido su experiencia?*

Mi premio es la felicidad de la gente. No he venido sólo a por el premio: los devotos querían que estuviese presente en Nueva York. Lo que el Centro Interreligiones está haciendo realmente ayuda a apaciguar los conflictos y la falta de comprensión entre las religiones. Hay un profundo deseo de ayudar a que las religiones se acerquen en la unidad y un sentimiento de comunidad.

Después de la ceremonia de entrega de los premios, fue realmente bonito ver a la elegante élite neoyorquina haciendo cola para recibir su bendición. ¿Por qué busca tanta gente su abrazo?

Tanto en la India como en Europa o América, la gente busca lo mismo: amor verdadero. El amor y la paz son universales. La miel es dulce adondequiera que la tomes. De manera parecida, el fuego siempre da calor.

Las personas nacen para ser amadas. Viven para el amor. Sin embargo, una carencia de amor asola al mundo.

Cuando Amma abraza a la gente, no sólo hay contacto físico. El amor que Amma siente por toda la creación fluye hacia cada persona que acude a ella. Esa vibración pura de amor purifica a la gente y le ayuda en su despertar interior y en su crecimiento espiritual. Ayuda tanto a hombres como a mujeres a despertar a las cualidades asociadas a la maternidad, que tanto escasean en el mundo actual.

Este año en la India, la multitud que busca su bendición parece haber pasado de decenas de miles a cientos de miles. He oído que acudieron a un programa 300.000 personas. ¿Cómo se puede con todo eso? ¿Estaba cansada al final?

Estoy acostumbrada a las grandes multitudes. Todos los que tengan la suficiente paciencia para esperar recibirán el dharsan. A veces, he dado dharsan a unas 40.000 personas, sentada durante 24 horas seguidas.

Lo que en América se considera una gran multitud, para mí son vacaciones. Puedo hacer esto porque soy consciente de ser una con el Ser Supremo, la principal fuente de energía y, por tanto, no soy como una batería que necesita ser recargada constantemente.

Mientras pueda continuar atendiendo a quienes vienen a mí, mientras tenga fuerzas para acariciar a la gente, consolarla y secar sus lágrimas, continuaré haciéndolo. Un día, nuestros cuerpos morirán. Eso es inevitable. Por tanto, en lugar de permitir que nuestro cuerpo se oxide por falta de uso, es mejor emplearlo en el servicio al mundo.

Donde hay amor verdadero, no hay sensación de carga. Por ejemplo, una sirvienta encuentra laboriosa la tarea de cuidar a los hijos de otros, pero para la madre no es así. El amor hacia el hijo es natural.

Con frecuencia dice: "La compasión por los pobres es nuestro deber hacia Dios". ¿Cuál es el significado de esta afirmación?

Al igual que el sol no necesita de la luz de una vela, Dios tampoco necesita nada de nosotros. Pero deberíamos ponernos al nivel de los pobres y necesitados, intentar entender su dolor y servirles de la manera que podamos.

Para mí, no hay algo así como un Dios sentado en un trono en las alturas. Dios es la Conciencia que todo lo impregna, que vibra en todos y en todo. Mi Dios sois todos y cada uno de vosotros: todas las personas, las plantas, los animales, los árboles, las montañas, los ríos,... Este es el Dios de Amma.

En el *Sanatana Dharma* (Hinduismo), el Creador y la Creación no son dos. El océano y las olas no son dos. Hay agua tanto en el océano como en las olas. El oro, el pendiente de oro y el collar de oro no son diferentes.

De la misma manera, adoramos a toda la naturaleza, ya que vemos a Dios en todo. Nuestra oración es *"Lokah Samastah Sukhino Bhavantu"*, (Que todos los seres de todos los mundos sean felices y vivan en paz). Cuando vemos al mundo entero como una manifestación de Dios ¿podemos permitir que a alguien le falte comida, cobijo, medicinas o ropas? NO, por supuesto que no. Así es como debemos servir al mundo, viendo a todos como encarnaciones de Dios.

Usted ha promovido una extensa red de instituciones caritativas, inspirando a gente de todo el mundo a servir a los pobres. Si somos esencialmente egoístas ¿de qué manera evoluciona la gente y se vuelve generosa?

Nuestra verdadera naturaleza no es el egoísmo, sino el amor y la compasión. Sólo tenemos que hacernos conscientes de esta verdad. El problema no es que la gente esté realmente dormida, sino que sólo finge estarlo. Si estuvieran dormidos de verdad, sería fácil despertarles. Pero es casi imposible despertar a alguien que finge estar dormido.

Nuestro egoísmo y las acciones egoístas resultantes del mismo se deben a nuestra identificación con el ego, el sentido de "yo" y "mío". Al considerarnos seres limitados e incompletos, es natural que luchemos para obtener y mantener las cosas que nos parece que necesitamos para ser felices. En realidad, somos el Ser eterno siempre gozoso, pleno y completo. Pero en este momento, nuestras mentes no son lo suficientemente puras para entender esta Verdad. Todos somos la Divinidad, pero se expresa más en las personas que tienen un corazón puro. La electricidad es la misma, pero se manifiesta de manera diferente según la capacidad del medio conductor. Hay bombillas de 1000 vatios, de 50 y de cero vatios. De manera parecida, cuanto más pura es tu mente, más divinidad se manifiesta en tu interior.

Las prácticas espirituales como la meditación y el servicio desinteresado son esenciales para purificar vuestras mentes. Es como limpiar un recipiente antes de echar leche en él. Si el recipiente no está limpio, la leche se echará a perder.

No es posible para todos meditar con total concentración todo el tiempo. Por tanto, recomiendo a esas personas que dediquen su tiempo libre a intentar hacer algo beneficioso para el mundo. De esta manera, todos se benefician.

El objetivo de la vida espiritual es entender nuestra unidad esencial: entre nosotros y Dios. Sólo cuando nos demos cuenta de esto, nos sentiremos verdaderamente contentos y felices. Pero esta filosofía no debería limitarse a las meras palabras. Debería reflejarse en nuestras acciones. Debería entrar en nuestro corazón y ser puesta en práctica. Si de verdad creemos que todos son uno con nuestro propio ser, entonces deberíamos ir a consolar a los que sufren con la misma rapidez con la que pondríamos una venda en nuestra mano herida.

¿Cuáles son los proyectos humanitarios en los que está más centrada en este momento?

Desde que ocurrió el tsunami, esa ha sido la prioridad. Actualmente estamos construyendo 6.200 casas en la India, Sri Lanka y las islas Andamán y Nicobar. Hasta ahora hemos terminado 3000. (NdR: En febrero del 2007, el M.A. Math terminó la construcción de 4500 casas en Kerala y en Tamil Nadu y 96 apartamentos en Sri Lanka. Actualmente 100 casas se están construyendo en el sur de las Islas Andamán).

Ha habido muchísimas personas afectadas por desastres en todo el mundo: las víctimas del terremoto en Cachemira, de las inundaciones en Bombay, del huracán en Estados Unidos,... Estamos intentando ayudar en todos los lugares que podemos.

En estos momentos estamos construyendo 100.000 casas para personas sin hogar en la India y ayudando a viudas y discapacitados.

Ahora estamos centrados en la ayuda a las víctimas del tsunami, pero cuando hayamos finalizado nuestros compromisos, quiero buscar maneras de rehabilitar a mujeres que han caído en la prostitución debido a la pobreza o a la coacción en Calcuta

Ayudar a los demás

y en Bombay. También quiero poner en marcha un programa para ayudar a personas que han intentado suicidarse por haber contraído deudas a las que no pueden hacer frente. Esto se está convirtiendo en un gran problema en la India. (M.J.7)

✳ Contratamos seguros de vida porque sabemos que la muerte puede venir en cualquier momento. Pero vivimos nuestras vidas como si creyéramos que nunca vamos a morir.

Le damos ejercicio físico al cuerpo, pero descuidamos el corazón. El ejercicio para el corazón es ayudar a los necesitados y a los que sufren. La belleza de nuestros ojos no está en el sombreado de ojos, sino en una mirada llena de compasión. La belleza de nuestras orejas no está en los pendientes, sino en escuchar a los que sufren. La belleza de nuestras manos no está en los anillos, sino en nuestras buenas acciones.

Deberíamos ser agradecidos en la vida. (M.M.8)

Bhajans

✽ *¿De qué manera son beneficiosos los bhajans, la oración y la recitación del nombre del Señor? ¿No se podría dedicar el tiempo que empleamos en estas prácticas a realizar algún trabajo que beneficie al mundo?*

Son muchos los que cantan canciones sobre el amor mundano. Suponer que preguntamos: ¿Tiene alguna utilidad hacer esto?, ¿no se podría dedicar ese tiempo a hacer cosas útiles?

¿Cuál sería la respuesta? Sólo aquel que ha experimentado una cosa puede conocer su utilidad, ¿no es así? Por lo general, la gente disfruta escuchando canciones. De modo parecido, cuando los devotos escuchan *bhajans* pueden abandonarse a ellos y olvidar todo lo demás. Lo que le suele gustar a la gente de las canciones son las emociones y relaciones mundanas. Se entregan a esas emociones, obteniendo así felicidad. Pero cuando la gente canta *bhajans*, tanto el que canta como el que escucha pueden experimentar quietud y paz mental.

Las canciones que suenan en lugares de baile evocan emociones sensuales. Cuando oímos canciones de amor, afloran en nosotros los sentimientos y pensamientos del enamorado. Por el contrario, en los *bhajans*, despertamos a nuestra relación con Dios. En lugar de emociones sensuales, se generan virtudes divinas. Somos capaces de controlar nuestras emociones. Los *bhajans* dan paz al que canta y también al que escucha.

Amma no está menospreciando otros tipos de canciones. Por supuesto que la gente obtiene felicidad de ellas. Hay una gran variedad de gente en el mundo. A cada uno le gustan cosas distintas. Desde cada punto de vista, todo tiene su importancia. Amma no rechaza nada.

El objetivo de cantar *bhajans* no es únicamente la Realización de Dios. Tiene además otras ventajas. Los *bhajans* y las oraciones generan vibraciones positivas dentro de nosotros y a nuestro alrededor. Los pensamientos de venganza y enemistad desaparecen. Se crea una atmósfera de amor hacia todos. En la oración, el devoto se entrega a la contemplación. Un niño repite una palabra diez veces para memorizarla y así se le graba en la memoria. Del mismo modo, cuando cantamos *bhajans*, al repetir las cualidades de Dios, conseguimos que arraiguen en nuestro corazón y den lugar a un amanecer en nuestras vidas.

Los *bhajans* traen felicidad a nuestros corazones. Son relajación para la mente. Para obtener el máximo beneficio, hemos de tener la actitud de "yo no soy nada. Tú eres todo." Esa es la verdadera oración.

Si nos acercamos a una persona con fiebre, nosotros también acabaremos con fiebre y el virus nos infectará. Si vamos a un lugar donde se fabrica perfume, la fragancia se pegará a nuestros cuerpos.

De manera parecida, hay vibraciones sutiles en los lugares donde se cantan *bhajans*, que permearán nuestras auras.

Los *bhajans* y la oración ayudarán a purificar la mente egoísta. (M.J.5) *Ver Orar*

✻ Cuando las grandes almas cantan, irradian una gran cantidad de energía. Pueden conseguir que las personas se olviden del mundo y sus ataduras mundanas. Su mera presencia llena los corazones de amor y devoción hacia Dios. Paz y tranquilidad desplazarán las inquietudes y otras tendencias negativas. Surgirá de forma espontánea el estado meditativo. Éste aparecerá sin esfuerzo. Aunque las personas no traten de conseguir conscientemente energía espiritual, la obtendrán a través de esa presencia.

Por ejemplo, supongamos que visitamos un lugar en el que se fabrica perfume. Aunque sólo pasemos por allí sin hacer nada más, seguiremos manteniendo el perfume en nuestro cuerpo cuando volvamos a casa. Del mismo modo, la presencia de un Mahatma transmite energía espiritual a los que lo visitan. (M.M.7)

Casarse

✳ En todo el mundo hay gente que busca experimentar algo nuevo en la vida. Consideran que la generación anterior ha sido más meticulosa en sus prácticas sociales e higiénicas, con baños diarios, cepillado de dientes, peinado, etc. Algunos rechazan estas costumbres, pensando que están desfasadas. Así descuidan su higiene, no se bañan ni cepillan sus dientes, no visten adecuadamente ni tampoco se peinan. La generación anterior solía mantener un matrimonio estable, viviendo juntos el resto de sus vidas. Muchos sienten ahora que esta forma de vida es demasiado aburrida, por lo que cambian de pareja cuando lo desean. Pero a pesar de estos cambios, no parece que esas personas sean felices. ¿Es realmente éste el tipo de cambio que deberíamos hacer en nuestras vidas? Desde luego, no. Esto sólo nos conducirá a la destrucción. La gente que vive así, es posible que diga que disfruta de la vida, pero esa no es la forma correcta de vida. Los antiguos santos y sabios nos han aconsejado una manera mucho más sana para conseguir una vida llena de dicha, vivir en el presente y disfrutar de cada momento de nuestras vidas. (M.J.1)

✳ Una persona puede alcanzar la salvación, aunque lleve la vida propia de un cabeza de familia. Pero, en ese caso, tendrá que ser un auténtico cabeza de familia.

En la antigüedad, se recitaba un mantra en el oído del niño, nada más nacer. Todos creían en Dios.

De ese modo el niño crecía en brahmacharya (celibato y disciplina). Tras completar sus estudios en el *ashram* de un maestro, podía iniciar una vida familiar contrayendo matrimonio con una mujer que se había formado espiritualmente de igual manera que él.

Tras la boda, cuando la mujer quedaba embarazada, vivía en constante memoria de Dios. Cumplía con un voto de silencio y realizaba otros rituales durante seis meses. El esposo hacía lo mismo. De esta forma, podía nacer de ellos un niño eminente.

La naturaleza del niño dependía del modo de pensar de la madre durante el embarazo. (M.S.4)

✳ Durante el *dharsan* en el *ashram* en San Ramón, una joven pareja inició humorísticamente un tema que es la ruina de muchos matrimonios: la falta de entendimiento. Hubo grandes risas cuando cada uno de los cónyuges presentó su caso ante Amma, de una forma divertida. Tal como comentó Amma, era evidente que la pareja se amaba mucho. Los problemas eran menores, y por eso, no les importó compartirlos cuando Amma pidió al esposo que los comunicara a toda la audiencia.

La mayoría se inclinaba a favor de la esposa. Amma parecía estar de acuerdo y dijo: "Tanto hombres como mujeres anhelan que sus parejas los amen y les presten atención. Muchas mujeres son predominantemente emocionales y apenas tienen problemas para expresar su amor. En cambio, a muchos hombres les cuesta expresar sus sentimientos. Pero eso debería cambiar. La mayoría de las mujeres sienten la necesidad de que sus esposos les demuestren su amor. ¿De que sirve que la miel se esconda en el corazón de una piedra? Un bloque de hielo no dará de beber a un sediento."

"Amma habla a partir de su experiencia con miles de mujeres de todo el mundo, a las que ha escuchado sus problemas. Por lo general, los hombres tienen una tendencia innata a ocultar sus sentimientos. A veces, tienen la idea de que las mujeres son débiles y que sus problemas son insignificantes. Aunque esa sea su idea y les parezca que el comportamiento de sus esposas es infantil,

Casarse

deberían hacer un sincero esfuerzo por escucharlas y solidarizarse con ellas. Esa actitud cariñosa y ese simple esfuerzo, harán que reine en el hogar una gran felicidad." A continuación, y para disipar cualquier duda, la Madre añadió: "Amma no solo habla en apoyo de la mujer. Amma nunca ha dudado en señalar también la debilidad y las carencias de la mujer. Los hijos de Amma que poseen el don del discernimiento, seguramente estarán de acuerdo con ella. La vida familiar debería ser como un pájaro en pleno vuelo: el marido y la esposa deberían ser las dos alas, iguales y sincronizadas, de ese pájaro, dando la fuerza y el equilibrio necesarios para elevarse hacia lo más alto."

El Maestro perfecto crea el escenario: coloca los decorados y elige a los actores. Cada día es una nueva representación: la lección es profunda e inolvidable, y ha sido enseñada con una sonrisa inocente y un gran amor de madre. (M.D.3)

✻ Esta vez la conversación se inició con el tema de la espiritualidad en la vida matrimonial (*Grihastashrama*).

Un devoto le preguntó a la Madre: "Amma, si los esposos caminan juntos por la senda espiritual, ¿es posible entonces la vida espiritual?"

Amma contestó: "Evidentemente. Se trata de una circunstancia muy afortunada cuando ambos avanzan por el camino espiritual. Pero deben ser muy cuidadosos para no incrementar sus apegos. Y la presencia de los hijos hace que resulte más desafiante."

Amma también mencionó que había, en efecto, algunos hijos suyos que eran padres de familia, mantenían el celibato y llevaban una vida espiritual. Eso no significa que Amma no esté a favor de engendrar hijos. Ha habido innumerables ejemplos de grandes almas que han tenido hijos para mantener su linaje. Y, sin embargo, han seguido una vida de estricto celibato. (M.M.4)

* *El llevar una vida de familia, con los problemas que conlleva, ¿es un obstáculo para el despertar espiritual?*

No, si mantenemos la realización del Ser como nuestro objetivo final. Si es ese nuestro objetivo, ajustaremos todos nuestros pensamientos y acciones para que nos ayuden a conseguirlo. Siempre seremos conscientes de nuestra verdadera meta. Una persona que viaje hacia un destino concreto, puede hacer varias paradas para tomar un café o comer, pero siempre volverá al vehículo. Hasta en esos pequeños descansos tendrá claro cuál es su destino. De igual modo, en la vida podemos hacer muchas paradas por diferentes motivos. Sin embargo, no debemos olvidarnos de volver a subir al vehículo que nos lleva por el camino espiritual y permanecer sentados con los cinturones bien abrochados.

¿Con los cinturones bien abrochados?

Sí. Cuando vuelas, las corrientes de aire pueden crear turbulencias y hacer que el viaje sea movido. También viajando por carretera pueden ocurrir accidentes. Por eso, lo mejor es ser siempre prudentes y adoptar ciertas medidas de seguridad. Del mismo modo, en el viaje espiritual no se pueden descartar situaciones que puedan causar agitación mental y emocional. Para protegernos de tales circunstancias, debemos escuchar al *Satguru* (maestro verdadero) y mantener una buena disciplina y normas de vida. Esos son los cinturones de seguridad del viaje espiritual.

Entonces, cualquier acción que realicemos no debería distraernos de nuestro último "dharma", que es la realización de Dios. Amma, ¿es eso lo que quieres decir?

Sí. Debería arder el fuego del anhelo en el interior de todos los que queréis llevar una vida de contemplación y meditación. El significado de *dharma* es "aquello que sostiene". Lo que sostiene la vida y la existencia en el *Atman* (Ser). De modo que *dharma*, aunque comúnmente se entendía como "el deber de cada uno" o "el camino que una persona debe seguir en el mundo", en último término apunta hacia la realización del Ser. En este sentido, sólo los pensamientos y acciones que contribuyen a nuestra evolución espiritual pueden llamarse *dharma*. Las acciones realizadas en el momento correcto, con la actitud correcta y de la manera correcta son *dhármicas*. Este concepto de la acción correcta puede ayudar en el proceso de purificación mental. Tanto si eres hombre de negocios, taxista, carnicero, político o te dedicas a cualquier otra actividad, conseguirás que tus acciones sean sagradas si las haces como tu *dharma*, como un medio para alcanzar *moksa* (la liberación). Así fue como las *gopis* (esposas de los pastores de vacas) de Vrindavan, que se ganaban la vida vendiendo leche y mantequilla, llegaron a estar tan cerca de Dios que consiguieron, finalmente, el objetivo de la vida. (M.D.4)

✻ Amma entonces le preguntó de nuevo: "Supón que alguien te dice: No me gusta cuando hablas con tu novia. ¿Tú qué responderías? ¿Le harías caso? Hijo, lo que has dicho de la oración es algo parecido. El amor a Dios no es un amor normal y corriente. Es el más puro amor."

La devoción no es como una relación corriente entre un hombre y su amada. En la vida mundana, el hombre ansía el afecto de una mujer y viceversa. Ambos se deleitan con la reciprocidad de su amor, pero ninguno consigue una satisfacción total porque los dos son mendigos. (M.D.5) *Ver Orar*

✻ En la vida mundana, la expresión del deseo produce satisfacción, pero en la oración, la mente obtiene una paz total. Podemos obtener relajación de otros objetos también, pero esa relajación no dura mucho. Si nuestro amado no nos habla, sufrimos. La frialdad de una persona significa dolor para la otra persona, y entonces comienza una nueva búsqueda. Cuando nuestra búsqueda no obtiene resultado, sufrimos nuevamente y el ciclo continúa de esa manera. Es sufrimiento para ambos. Cuando le contamos nuestras penas a alguien, él igualmente sólo tiene penas para contarnos. Al buscar consuelo acabamos doblemente apenados. Al igual que la araña que teje la red en la cual muere, el buscar el amor de otra persona nos conduce a la esclavitud. Es una situación parecida a la de una serpiente pequeña que intenta tragarse una rana grande. (M.D.5) *Ver Orar*

✽ Podemos experimentar dolor en las relaciones mundanas. Si la persona amada nos muestra menos amor, nos podemos enfadar o estar resentidos. Esto es porque la relación está basada en el deseo y las expectativas. Pero no ocurre así cuando lloramos por Dios o cantamos *bhajans*. No esperamos nada a cambio (aun cuando lo conseguimos todo). "Concédenos tus cualidades divinas, danos fuerza para hacer servicio desinteresado", esta es la verdadera oración. (M.D.5) *Ver Orar*

Compasión

❋ Un corazón lleno de compasión es un auténtico signo de devoción. (C.3)

❋ Aquellos que son amables y afectuosos con los demás, no necesitan andar en busca de Dios, pues Él acudirá presto al corazón que late lleno de compasión. (C.6)

❋ *¿El ego?*

Sí, el ego es el que nos impide sentir compasión hacia los demás, porque cometemos el error de creer que somos diferentes.

Eso es inmadurez

Los adultos creen que han crecido, que la inocencia o la ingenuidad es algo de lo que deben avergonzarse, pero lo único que ha crecido es el ego. El corazón está atrofiado. Cualidades esenciales como la compasión y el amor están hoy en su lecho de muerte.

Pues es un círculo vicioso

Rómpelo, permite que tu corazón florezca a través de la compasión, sintoniza con la pena y el sufrimiento de los demás. Haz una cosa: métete el dedo en el ojo.

¡Ay!

Ahora. ¿Vas a castigar al dedo?

No pensaba

Lógico, porque tú eres tu dedo y tu ojo. De la misma manera, deberíamos poder vernos a nosotros mismos en todos los seres.

Vale

La compasión no mira las debilidades de los demás. No hace distinción entre buenos y malos. No traza líneas divisorias entre dos países, dos creencias o dos religiones. La compasión no tiene ego, y olvida y perdona. (M.S.0) *Ver Amor*

* Una palabra gentil, una sonrisa afectuosa y la compasión hacia los demás, son diferentes expresiones de "*bhakti*". Allí donde hay un corazón vibrando de compasión, Dios acude rápidamente. Tales corazones son la morada favorita de Dios. Hijos, aquel que no tiene compasión hacia sus semejantes, no merece ser llamado devoto.

Hijos míos, este servicio a los pobres constituye una adoración a Dios. Vuestro amor hacia Amma debería manifestarse en forma de compasión hacia esta gente. Esa es la "*pada-puja*" que satisface y alegra a Amma. La compasión por los que sufren es la llave hacia la propia expansión. Si cultiváis en vuestro corazón el anhelo de sacrificar vuestro confort a fin de servir a los demás, entonces Dios vendrá a vosotros y os abrazará con su Amor. Recemos con toda nuestra fuerza para conseguir que nuestros corazones vibren hacia los demás. (M.M.1) *Ver Amor*

* Había una vez en la antigua India, un buscador espiritual que, después de practicar durante muchos años *tapas* (austeridades), pensó que no servían para nada, por lo que decidió abandonarlas y volver al mundo. De camino, observó a un hombre que frotaba una barra de hierro con un pañuelo de seda. Intrigado, el buscador le preguntó que estaba haciendo. El hombre le respondió que trataba de hacer una aguja. El buscador pensó: "Si continúa así, ¡le costará cien años! Pero, ¡con qué alegría y con cuánta paciencia lo hace! Sin embargo, yo he pasado sólo unos cuantos años practicando austeridades y ya he abandonado. Lleno de remordimiento, el buscador se dio media vuelta y retomó su práctica.

Al cabo de unos años, se sintió de nuevo decepcionado y el *sadhak* (buscador espiritual) abandonó su penitencia. Cuando se dirigía a la ciudad, vio a un hombre que frotaba una piedra de granito con una pluma. De nuevo, sorprendido, le preguntó a aquel hombre qué es lo que hacía. Éste le respondió: "Estoy puliendo el granito". El buscador pensó: "A este ritmo, ¡tardará cien años! Pero, ¡con cuánta alegría y paciencia lo está haciendo!" El *sadhak* consiguió coraje y volvió a su camino ascético.

Algunos años más tarde, abandonó de nuevo. En el camino, se encontró con un perro moribundo, cubierto de llagas. El perro no había comido hacía días e intentó morder al hombre, pero ni siquiera tenía fuerzas para levantarse. El *sadhak* sintió tanta piedad por él, que cortó un trozo de su propia carne y se la dio a comer al perro. Después, al ver los gusanos que infectaban las llagas del pobre animal, los retiró tiernamente con su lengua para no hacerle sufrir.

En aquel momento, el Señor se presentó de pronto ante él. Bastante sorprendido, el *sadhak* le dijo: "Señor, aunque he practicado austeridades durante todos estos años, no he conseguido obtener tu visión. ¿Porqué me concedes tu *dharsan* en este momento?" El Señor le respondió: "Antes, tú hacías austeridades por tu propio interés, pero ahora, cuando has visto al perro, has abandonado tu egoísmo y has amado a ese perro, olvidando incluso tu propio cuerpo. Sentiste el hambre y el dolor del perro como si fueran los tuyos propios, de ti mismo. Yo he estado siempre dentro de ti, pero hasta ahora tú sólo mirabas a tu ego, no a Mí. En éste momento, por primera vez, has estado mirando dentro de tu alma, por lo que ya no he podido seguir ocultándome." (M.S.1)

✻ Cuando nuestra mente alcanza esa compasión, la realización de Dios viene a continuación. Podemos alcanzar nuestra meta más rápidamente a través de un servicio compasivo hacia los demás, y no sólo por medio de *tapas*. (M.M.2) *Ver Seva*

✳ Dios es compasión y amor. Estas dos cosas, el amor y la compasión, es lo que precisa el mundo. Mucha gente no recibe amor. En cuanto a la compasión, ¿acaso existe alguien que no haya pecado nunca? ¿No fue esto lo que también dijo Jesucristo? Para mí la compasión es el perdón. La compasión es dar a los demás incluso aquello que no merecen. (M.J.3) *Ver Amma: ¿Quién es?*

✳ Se logra el verdadero amor y la compasión cuando se adquiere conciencia de la gran unidad que tiene la vida. Esa unidad es el fundamento y el sostén de todo el universo. (M.J.3)

✳ Cuando vemos un minusválido en una silla de ruedas, es fácil sentir compasión hacia él. Una persona que no puede controlar su odio también tiene una minusvalía parecida, aunque no sea visible. De igual manera que sentimos compasión hacia un minusválido, también deberíamos sentir compasión hacia la gente con la minusvalía del odio. Es nuestro amor y compasión lo que les ayudará a reponerse. (M.D.3) *Ver Amor*

✳ "Hay dos tipos de pobreza –añadió Amma-, una es material y otra es la pobreza del amor y la compasión. Si el amor y la compasión se despiertan, entonces desaparece también la otra clase de pobreza." (M.M.5) *Ver Ayudar a los demás*

✳ En este momento, cuando amanece la primera mañana del nuevo año no podemos regocijarnos. Aunque no sea un momento de regocijo, es el momento de despertar el amor y la compasión dentro de nosotros. Es ciertamente el momento de rezar con nuestros corazones y trabajar con nuestras manos.

No podemos devolver la vida a quienes nos dejaron. Pero cada uno de nosotros puede ejercer la responsabilidad de consolar y calmar a las almas atribuladas de los vivos. En este momento de profundo dolor, podemos ayudar a los doloridos y así encender

Compasión

lámparas de afecto y compasión. Este es sin duda nuestro deber y responsabilidad en este momento.

El año pasado ¿cuánto progresamos en nuestro camino espiritual? ¿Cuánto tiempo perdimos innecesariamente? ¿Hicimos esfuerzos para superar nuestras tendencias negativas y malas cualidades? ¿Fuimos capaces de desarrollar en nosotros cualidades como el amor, la compasión y el desapego? (M.M.5) *Ver Amor*

✳ Cuando actuemos deberíamos dejar a un lado nuestra individualidad limitada y ser conscientes de que somos parte del Espíritu Universal. Sólo entonces podemos llevar el amor, la compasión y la no-violencia a nuestras acciones. Es posible que pienses que no es fácil, pero aunque no podamos elevarnos a dicho estado, ¿no deberíamos al menos esforzarnos para amar y servir a los demás, y mantener esto como nuestra meta? (M.S.6)

✳ El donativo que hacemos en los templos es una prueba de nuestro amor por Dios, no un soborno. Dar algo que apreciamos a alguien que amamos, esa es la naturaleza del amor. Sólo cuando se expresa el amor, éste se transforma en compasión. Podemos amar a Dios, pero sólo cuando ofrecemos algo a Dios, se convierte esa entrega en un acto de compasión hacia el mundo. Sólo entonces se derramará la Gracia sobre nosotros. (M.S.6) *Ver Dinero*

✳ La espiritualidad es la verdadera esencia de todas las religiones y, en su esencia, es el camino del amor y la compasión.

Si hubiera que resumir en una palabra la solución a los problemas del mundo actual, esa es compasión. Sólo el amor y la compasión pueden resolver el problema del terrorismo y el derramamiento de sangre.

Hay dos tipos de pobreza: la falta de alimento, ropa y cobijo y la falta de amor y compasión. Si podemos eliminar esta última, la primera se irá solucionando automáticamente. Porque cuando la gente tiene amor y compasión en sus corazones, espontáneamente y de todo corazón, tiende la mano para ayudar a quienes no tienen comida, ropa, ni hogar.

Conoced vuestro Ser y practicad el amor y la compasión. También me gustaría decir que si toda la gente en el mundo trabajara media hora más al día y dedicara este dinero para ayudar a los que sufren, no habría hambre y todos tendrían salud. (M.J.7)
Ver Ayudar a los demás.

Conocimiento

✳ Para quien ha absorbido los principios de la religión, la vida es como el alegre juego de un niño inocente. (C.6)

✳ Había una vez, un joven que quería estudiar en un *ashram*, junto a un maestro espiritual. Se acercó al maestro y le dijo: "Os quedaría muy agradecido si me aceptarais como vuestro discípulo". El Maestro contestó: "Te haré una pregunta y si la contestas adecuadamente, te aceptaré dentro de cinco años". Cuando el maestro formuló la pregunta, el joven dio con la respuesta correcta. A continuación, el maestro le dijo que se fuera a casa y volviera al cabo de cinco años. El joven le preguntó antes de irse, ¿qué hubiera sucedido si hubiera dado la respuesta incorrecta? El maestro le respondió: "Te habría aceptado como discípulo inmediatamente y te habría permitido quedarte en el *ashram*".

Para alcanzar el conocimiento, se necesita humildad. Podemos conseguir verdadero conocimiento cuando mantenemos la actitud interior de "yo no sé nada". (M.S.1)

✳ Amma siempre empieza sus *satsang*s mediante esta "fórmula-mantra": "Amma se inclina reverentemente ante todos sus hijos, que son la encarnación del Amor y del Ser Supremo".

La unidad entre los corazones es la belleza de la sociedad. Vivimos en una época en la que la ciencia y las comunicaciones modernas han transformado el mundo en una pequeña comunidad, reduciendo las barreras del tiempo y del espacio. Hoy en día, una persona puede dar la vuelta al mundo en el mismo tiempo que se tardaba antes en ir de una provincia a otra.

Los últimos avances en el campo de las telecomunicaciones nos mantienen informados al instante de lo que sucede en cualquier parte del mundo. Los sucesos de una parte del mundo afectan al planeta entero en mayor o menor medida. Pero aunque el mundo se ha aproximado gracias a la tecnología, no hemos acortado las distancias entre nuestros corazones. De hecho, la gente parece cada vez más y más dividida. Por ejemplo, los miembros de una familia, aunque estén físicamente cerca, acostumbran a vivir como islas solitarias. El conocimiento y el poder que los seres humanos hemos adquirido también nos han convertido en seres más aislados y egoístas, sembrando así las semillas del conflicto. Si observamos la historia de la humanidad, podemos ver que todos los conflictos tienen su origen en el seno mismo del individuo, pues no somos conscientes de nuestra verdadera naturaleza, de la energía única y viva que hay en nosotros y de la que todos formamos parte. La espiritualidad, la auténtica religión, tiene el papel de despertar esa conciencia y ayudarnos a desarrollar cualidades como el amor, la empatía, la tolerancia, la paciencia y la humildad. Tenemos información pero no conciencia. Vivimos como si estuviéramos medio dormidos. Una persona que está dormida puede despertar, mientras que es imposible despertar a una persona que simula dormir.

✻ Una mañana, un padre llamó a la puerta de la habitación de su hijo. "Jaime... Despierta, vamos despierta".

- Jaime respondió: "No quiero levantarme, papá".
- Va, venga levántate, que tienes que ir a la escuela.
- No quiero ir a la escuela.
- ¿Por qué no?
- Porque odio la escuela.
- ¿Por qué odias la escuela?
- Porque es muy aburrida.
- ¿Por qué es aburrida?
- Porque los niños se ríen de mí.

El padre le contestó: "De acuerdo, me has dado tres razones por las que no quieres ir. Ahora te voy a dar tres razones por las que debes ir. Primero porque es tu deber, segundo porque ya tienes cincuenta años, y tercero porque eres el director del colegio".

Aunque hayamos crecido, seguimos en estado de sueño, sin ser conscientes de nuestras acciones. Hablamos sin conciencia de lo que decimos. Cuando realizamos acciones sin conciencia, es como si estuviéramos dormidos. Sólo cuando nos volvemos conscientes y despertamos, podemos decir que realmente estamos "despiertos".

Nuestros pensamientos, palabras y acciones se contradicen en lugar de estar en armonía. Cuando existe acuerdo entre nuestro conocimiento y nuestras acciones, a esa combinación la llamamos conciencia. Si tuviéramos esa conciencia, no cometeríamos tantos errores.

Todos saben que la gente que fuma puede padecer cáncer. Los fumadores leen el aviso obligatorio que aparece en el paquete de tabaco: "el fumar perjudica la salud", pero siguen fumando. Si se ven afectados por el cáncer, adquieren conciencia al experimentar en sí mismos lo que ya sabían. Entonces dejan de fumar. Esta conciencia no debería aparecer sólo como consecuencia del sufrimiento. Debería aparecer antes y estar presente en todas nuestras acciones.

Un ladrón se acercó a un maestro espiritual y le dijo que quería vivir sin tener que robar, pero que le era imposible. El Maestro le permitió que siguiera robando, pero con una condición: "Tendrás que decir siempre la verdad". El ladrón intentó practicar lo que el Maestro le había dicho, pero no podía robar nada. Cuando estaba a punto de robar algo, recordaba que tenía que contar la verdad más tarde, y temía el castigo que podía recibir. Al ver que era incapaz de robar algo, fue y se quejó al Maestro: "Me diste permiso para robar, pero soy incapaz de hacerlo". El Maestro le contestó: "Te pedí que contaras la verdad de tus robos con la sola intención de que fueras consciente de las consecuencias de tus actos". En realidad, el Maestro transforma nuestro conocimiento teórico en conciencia. (M.J.2)

✻ Comprended la naturaleza de la vida y actuad con sabiduría, no os derrumbéis cuando surjan los obstáculos, ni os dejéis atrapar por el placer cuando las circunstancias os sean favorables. (M.J.2)

✻ Otro devoto, tras reflexionar sobre estas últimas palabras, se acercó a Amma y le explicó su confusión sobre el papel del intelecto y el discernimiento, si debía descartarse el intelecto. Y si fuera así, ¿cómo íbamos a discernir sin el intelecto? Amma le dijo que el discernimiento es fundamental para el crecimiento espiritual, y que el mismo amor brota en él. Pero lo que hay que perseguir es el conocimiento basado en el amor y no el conocimiento basado en el ego.

Resulta difícil explicar con palabras la profunda inspiración que Amma ha dejado en los corazones de sus hijos... Las palabras sólo pueden transmitir un pequeño vislumbre de lo que supone estar en su presencia. (M.M.4)

✻ Un bebé que todavía depende de la leche materna, no será capaz de digerir alimento sólido. Habrá que darle el alimento que pueda digerir fácilmente.

Igualmente, deberíamos descender al nivel en el que se encuentra un individuo para conducirlo desde este nivel. Tendríamos que considerar las capacidades físicas, mentales e intelectuales de una persona antes de aconsejarla. (M.S.5) *Ver Orar*

✻ Por medio de la Devoción se alcanza el Conocimiento Supremo. El Conocimiento es la Meta, y la Devoción es el medio que nos lleva hasta esta Meta. (M.D.5)

Conocimiento

✳ Se puede ser un experto en muchos campos del conocimiento de la vida mundana y, sin embargo, ser un principiante en lo que atañe al conocimiento espiritual. Para obtener conocimiento espiritual, uno debe inclinarse. Una única llave no puede abrir todas las cajas. Mientras uno no se incline, no avanzará ni un centímetro en la espiritualidad.

Si nos acercamos al *Guru* con *jijñasa* (sed de conocimiento espiritual) e inocencia, no tendremos ninguna dificultad para entender sus palabras. La inocencia y la actitud de entrega al *Guru* son la clave para abrir el cofre del tesoro del conocimiento espiritual.

Un deseo sincero de alcanzar a Dios y ser humilde ante los demás son las cualidades que un discípulo debería tener. Despertad estas cualidades. Entonces, estaremos listos para recibirlo todo. Alcanzaremos la plenitud. Sin que nos demos cuenta, el conocimiento del Ser fluirá en nosotros y nos llenará. (M.D.7) *Ver Actitud*

Creación - Naturaleza

✳ *¿Qué quiere decir Madre?*

Antes de la Creación, Shakti (la Naturaleza primordial, energía cósmica) oyó una voz decir: "Sólo hay tristeza en la Creación y no deberías emprenderla." Esta era la voz de Shiva (la Conciencia Pura). Shakti respondió: "Sí que es necesario hacerlo." De esta forma Shiva, antes de surgir la Creación, le había dado consejos a Shakti sobre la naturaleza de la Creación. Y sólo después de la advertencia, autorizó crear.

Después de la Creación, Él, el aspecto de la Conciencia Pura, se retiró. En realidad, Él no tiene nada que ver con todo lo que ocurre a nuestro alrededor. Más tarde Shakti fue corriendo a Él quejándose: "No tengo paz, los hijos me riñen, me culpan de todo, nadie se ocupa de mí."

Shiva dijo: "¿No te dije que sería así y que no debías emprender la Creación? Al no hacer caso has creado este alboroto. ¿No eres tú la culpable de que todo esto ocurriese? Cuando estaba solo no había problemas.

"A veces aquí en el *ashram*, cuando el anhelo de los hijos por Dios pierde intensidad, la Madre no puede soportarlo y siente un dolor inexpresable. En estos momentos, la Madre les dice a sus hijos: "¡Ay de mí! Ya me dijo Shiva que no me alejase de Él y me preocupara por todo esto. Fijaos como sufro ahora." (Todos se echaron a reír) ¿Cómo voy a quejarme a Él ahora? Él me diría: ¿Acaso no te lo advertí? (M.D.0)

✳ Hoy en día somos conscientes de proteger nuestro medio natural, y eso es desde luego esencial. Sin embargo, no solemos preocuparnos de la contaminación que crean los pensamientos

Creación - Naturaleza

y las acciones negativas en la atmósfera y en la conciencia de la humanidad. La contaminación interior de la mente es en sus diversas formas mucho más letal que la contaminación química, ya que tiene el poder de destruir la humanidad en cualquier momento. En consecuencia, necesitamos purificar nuestra atmósfera mental. (M.D.0) *Ver Religión*

* Hay suficiente para la supervivencia de todos los seres vivos que habitan la tierra, aunque no haya suficiente para satisfacer la codicia de unos pocos. (M.D.0) *Ver Religión*

* Lo que falta hoy en día son las cualidades de la madre. Si estas cualidades no se cultivan, la Naturaleza reaccionará, al igual que lo hizo hace millones de años con la desaparición de los dinosaurios, por ejemplo, a través de un brusco cambio climático. Si no volvemos a los principios de la verdad y del *dharma*, eso será lo que nos espera. (M.J.1) *Ver Dharma*

* La vida está impregnada de luz divina, pero para experimentarla tenéis que ser optimistas. Observad el optimismo de la Naturaleza. Nada la puede detener. Cada elemento de la naturaleza cumple infatigablemente su misión en la vida. (M.D.1)

* La Madre Naturaleza es la forma visible de Dios. No cuidamos debidamente a la Naturaleza. Ahora la naturaleza ha empezado a reaccionar. Cuando ordeñamos una vaca, debemos dejar un poco de leche en sus ubres para que beba su ternero. Si la ordeñamos más allá de sus límites, su ternero solo obtendrá sangre en lugar de leche. De igual modo, la excesiva explotación de la naturaleza provocará adversos cambios en la climatología. Tenemos que mostrarnos más compasivos en nuestro acercamiento a la naturaleza. Deberíamos adoptar las medidas apropiadas para evitar el excesivo daño a la naturaleza.

Habría que constituir comités locales y nacionales que formulen y supervisen medidas correctoras para restaurar la normalidad y la pérdida de armonía natural. Todos deberían hacer algo a este respecto. (M.S.3) *Ver Dharma*

✴ Para mí no hay Creador o Creación. Al igual que el océano y las olas, todo es uno y lo mismo. Dios está en las personas y en el mundo, y el mundo está en las personas.

Es el amor el que transforma el mundo en una adoración. Incluso la naturaleza es parte de Dios. Por esa razón existen en la India templos para criaturas tan insignificantes como los lagartos, los árboles o las serpientes venenosas. Tenemos a *"Mattu Pongal"*, adoramos al sol. También al buey, pues lo necesitamos para cultivar la tierra. Es una forma de dar gracias a toda la creación, ya que es la fuerza que sostiene la vida. (M.D.4)

✴ Todos somos primero que nada, seres humanos, miembros de la misma familia global. Sólo después llegamos a ser miembros de una religión o de un país. (M.D.4) *Ver Dharma*

✴ Nada en este universo, es accidental, pues si no fuera así, sólo habría caos. El orden y la increíble belleza que encontramos en toda la Creación, evidencian que un corazón expansivo y una inteligencia incomprensible a la mente humana, está detrás de todo esto. (M.M.5) *Ver Karma*

✴ Nuestras vidas están íntimamente unidas a la Naturaleza. Cualquier pequeño cambio en la Naturaleza afecta a nuestras vidas. De igual modo, los pensamientos y las acciones de los seres humanos tienen su efecto en la Naturaleza. Cuando se pierde el equilibrio de la Naturaleza, también se pierde la armonía de la vida humana, y viceversa. (M.D.5)

✴ Este mundo es una representación teatral. Cada uno de nosotros está para representar un papel en ella. Esto es lo que aprendemos

Creación - Naturaleza

de la vida de Krishna. Aunque alguien pueda adoptar distintos papeles en una obra, sigue sin embargo siendo el mismo. De manera parecida, deberíamos saber que somos el Ser mientras realizamos diferentes acciones en diferentes situaciones. No deberíamos perder nuestro sentido del desapego. Esto es la espiritualidad. Esta es la lección que podemos aprender de Krishna.

El *lila* (juego) de Dios es venir a este mundo como ser humano, vivir entre nosotros y compartir nuestras alegrías y penas. (M.J.6) *Ver Actitud*

✻ Este mundo ha sido creado para vosotros. Ningún santo o escritura dicen que no debáis disfrutar de los placeres del mundo. Pero se os pide que ejerzáis ciertas restricciones mientras disfrutáis. Mantened siempre el auto-control y dominad los objetos y las circunstancias externas. No permitáis que nada os esclavice u os controle. Cuando vuestra actitud cambia, también cambia el objetivo de la vida, y conseguís que vuestra mente se vuelva más calmada y silenciosa. (M.S.6)

✻ La conservación de la naturaleza sólo es posible si los seres humanos toman conciencia de que ellos también son parte de la Naturaleza. Con nuestra actitud actual explotamos la Naturaleza indiscriminadamente. Si continuamos por este camino, la humanidad acabará siendo destruida. Nuestros antepasados prosperaron porque sus vidas estaban en armonía con la Naturaleza. (M.S.6) *Ver Actitud*

✻ Todo en la naturaleza tiene un propósito. No hay errores en la creación de Dios. Todo en la creación y cada objeto creado por Dios es sumamente especial. ¿Cómo puede alguien que ha comprendido este hecho querer matar o destruir? (M.M.7)

✻ Para mí, no hay algo así como un Dios sentado en un trono en las alturas. Dios es la Conciencia que todo lo impregna, que vibra en todos y en todo. Mi Dios sois todos y cada uno de vosotros:

todas las personas, las plantas, los animales, los árboles, las montañas, los ríos,... Este es el Dios de Amma.

En el *Sanatana Dharma* (Hinduismo), el Creador y la Creación no son dos. El océano y las olas no son dos. Hay agua tanto en el océano como en las olas. El oro, el pendiente de oro y el collar de oro no son diferentes. (M.J.7) *Ver Ayudar a los demás*

* Existe una única Verdad que resplandece en toda la creación. Ríos y montañas, plantas y animales, el sol, la luna y las estrellas, tú y yo; todo es expresión de esa única Realidad. Son muchos los que han realizado esta Verdad a través de su propia experiencia, y otros muchos llegarán a realizarla. La ciencia moderna también está progresando gracias a la realización de esta misma Verdad. Al asimilar esta verdad en nuestras vidas y al obtener en consecuencia un entendimiento más profundo, nos es posible descubrir la inherente belleza de esta diversidad. Si trabajáramos juntos como una familia global, y no como si perteneciéramos a una simple raza, religión o nación; la paz y la felicidad prevalecerían de nuevo sobre esta tierra, la cual está empapada de las lágrimas que provocan la división y los conflictos. (M.D.0) *Ver Religión*

* Incluso antes de la Creación, el Señor Shiva contó lo que era inevitable, y después dio las instrucciones necesarias sobre cómo vivir en este mundo. (M.D.6)

Deseos - Gustos y aversiones

✽ El viento de la Gracia de Dios no puede elevarnos si vamos cargados de deseos y ego. (C.5)

✽ Si esperamos triunfar en todas las acciones que emprendemos, ese mismo deseo nos conducirá a los más grandes fracasos de nuestra vida. Amma no dice que no debamos desear el éxito, sino que la vida está llena de altibajos. Éxito y fracaso, alegría y sufrimiento (placer y dolor), van y vienen. Esa es la naturaleza misma de la vida sobre la que nosotros no tenemos ningún control.

La vida comprende tres factores: El "yo" o lo individual, el mundo y Dios. Nuestro contacto se produce sobre todo con el mundo, y muy rara vez nos acordamos de Dios. Muchos rezamos a Dios únicamente cuando aparece algún sufrimiento en nuestra vida, o bien cuando queremos que se cumplan nuestros deseos. Amma dice que si vivimos en el mundo, debemos comprender su auténtica naturaleza. (M.J.1)

✽ Yo estoy aquí para que hagáis las cosas que no os gustan, pues si sólo hacéis aquello que os gusta, estáis diciéndole sí a la mente y danzando a su ritmo. Pero si hacéis lo que no os gusta, entonces estáis controlando vuestra mente. (M.S.1)

✽ Decir lo que se debe hacer o no hacer carece de sentido si no estáis sinceramente decididos a aceptar las palabras del *Guru*. Por tanto, el *Guru* no os forzará, ni siquiera os pedirá, que hagáis algo que no deseáis hacer. (M.D.1)

✳ Sin embargo, nos olvidamos de todo lo que Dios nos ha dado cuando no conseguimos satisfacer plenamente nuestros deseos. (M.J.2) *Ver Entrega*

✳ Amma no puede comer nada que sea sabroso. Amma no sabe por que. No existe en ella ningún interés por esta clase de cosas. Hijos míos, ¿cómo podéis prestar tanta atención al gusto y a todo lo externo? Es "Este Sabor" lo que nosotros tenemos que obtener. Si no renunciáis al sabor que nos da el paladar, no podréis encontrar "Ese Sabor", el sabor de la Realización del Ser. No se puede descubrir el sabor del corazón mientras no renunciéis al sabor del paladar. (M.S.2)

✳ *¿Cómo progresar en la vida espiritual?*
Ante todo es necesario primero reformar nuestro carácter. Si vertimos leche en un recipiente sucio, se estropea. Antes de verter la leche, es necesario limpiar el recipiente correctamente. Así, aquel que desee progresar espiritualmente, debe primero esforzarse por purificarse. Purificarse significa purificar la mente, renunciar a los pensamientos inútiles o perversos y reducir el egoísmo y el número de deseos. (M.D.2) *Ver Mente*

✳ El sufrimiento aparece a causa del deseo. Si a través del deseo se consiguiera la auténtica felicidad, hace ya tiempo que hubiéramos logrado el gozo de la liberación. (M.S.3)

✳ Para proteger este mundo, debemos elegir el camino que trascienda los deseos personales y las diferencias entre nosotros (M.D.4) *Ver Religión*

✳ Estamos ahora viviendo como si estuviéramos encerrados en una prisión, la prisión de nuestros gustos y aversiones. Pero esa no es nuestra auténtica morada. No deberíamos ver los objetos de nuestros deseos y apegos como ornamentos, sino como cadenas que nos aprisionan. (M.M.5) *Ver Apego*

✳ Amemos a todas las cosas sin alimentar deseos. El corazón tendría que anhelar la Verdad. (M.J.5) *Ver Amor*

✳ Hacer milagros sólo aumentaría los deseos en las mentes de las personas. ¡Y lo que hace falta en el camino espiritual es reducir los deseos! (M.J.6) *Ver Amma: Quién es?*

✳ La gente siempre tiende a desear más, mucho más. No están satisfechos con lo que tienen. (M.J.6) *Ver Dinero*

✳ Este mundo ha sido creado para vosotros. Ningún santo o escritura dicen que no debáis disfrutar de los placeres del mundo. Pero se os pide que ejerzáis ciertas restricciones mientras disfrutáis. Mantened siempre el auto-control y dominad los objetos y las circunstancias externas. No permitáis que nada os esclavice u os controle. Cuando vuestra actitud cambia, también cambia el objetivo de la vida, y conseguís que vuestra mente se vuelva más calmada y silenciosa (M.S.6)

✳ Abandona todos tus deseos, todas tus penas, temores y ansiedades. Este abandono no supone perderlo todo, pues en realidad no hay mayor ganancia que esa. A través de ello, se te ofrece el universo entero, y llegar a ser Dios. (M.S.7) *Ver Muerte*

✳ La Madre no dice que no debas tener ningún deseo. Sin deseos, la vida es imposible. Pero no dejes nunca que el deseo te controle y te haga su esclavo. Los deseos deberían estar bajo nuestro control. (M.M.8)

Devoción

✳ Tu corazón es un altar, y es ahí donde Dios debe ser instalado. (C.2)

✳ Un corazón lleno de compasión es un auténtico signo de devoción. (C.3)

✳ El intelecto corta las cosas, el corazón las cose. (C.3)

✳ Cuando ves todas las cosas como Dios, mantienes una actitud de adoración. Toda tu vida se convierte en una forma de plegaria, una canción de alabanza. (C.6)

✳ Hijos míos, Amma no tiene aniversario. A Amma no le interesan estas celebraciones. No obstante, Amma se alegra al ver que, con motivo de estas celebraciones, todos sus hijos se reúnen y ruegan a Dios por la felicidad del mundo, y llevan a cabo actividades de servicio desinteresado para mitigar el sufrimiento de la humanidad. (M.S.0)

✳ Cuando Amma dice que deberíais tener devoción (*bhakti*), Ella no os invita a rezar. La devoción no consiste únicamente en rezar a Dios en soledad. Se trata de sentir su presencia en todos los seres. Una palabra gentil, una sonrisa afectuosa y la compasión hacia los demás, son diferentes expresiones de "*bhakti*". Cuando vuestro corazón se abre a Dios y se llena de devoción, ese comportamiento deviene espontáneo. Cuando tenéis devoción, el odio y la ira no contaminan vuestra mente. (M.M.1) *Ver Amor*

✳ Cuando hay amor puro, la lejanía no constituye ningún obstáculo. Aunque el sol esté bien lejos de la tierra, las flores de loto se abren al recibir su luz. Esto se puede ilustrar mediante la historia

Devoción

de las gopis, las cuidadoras de vacas de Vrindavan, tan queridas de Krishna. (M.S.1) *Ver Amor*

✻ La devoción de alguien que está inmerso en permanentes dudas no es auténtica devoción, tal fe no es verdadera fe. (M.M.2) *Ver Fe*

✻ Al oír la alabanza que hacía el Señor del amor incomparable y de la devoción de las Gopis, el muchacho se quedó atónito y sobrecogido por aquella reverencia sagrada. (M.S.2) *Ver Inocencia*

✻ Debemos esforzarnos para resolver nuestros problemas. Pero se debe hacer desarrollando la devoción y humildad, y recordando que Dios es el poder motriz de todas nuestras acciones. Eso es lo que todas las grandes almas y todas las Escrituras nos enseñan. (M.D.2) *Ver Entrega*

✻ La devoción nos insuflará humildad . La devoción y la meditación nos preparan para alcanzar la meta espiritual
Amor y Respeto: "Uno debería tener una devoción reverente hacia el *Guru*. Además, se debería mantener una estrecha relación con el *Guru* y sentir que el *Guru* es uno con nosotros. La relación debería ser como la de un niño con su madre. Cuanto más intente una madre separarse de su hijo, más se aferrará éste a ella. Aunque la devoción reverencial nos ayude a progresar espiritualmente, los auténticos beneficios sólo se obtienen mediante una estrecha relación con el *Guru*." (M.D.2) *Ver Mente*

✻ Hijos, no basta con amar a un *Guru* para destruir vuestros *vasanas*. Nuestra devoción y fe deben estar basadas en los principios esenciales de la espiritualidad. La dedicación de cuerpo, mente e intelecto es necesaria para ello. Los *vasanas* pueden ser erradicados por medio del desarrollo de la fe y la obediencia al *Guru*.
Para que una semilla germine debe sembrarse bajo la sombra de un árbol. Cuando se convierte en retoño hay que trasplantarlo.

En caso contrario, no crecerá adecuadamente. De la misma manera, un aspirante debe quedarse con su *Guru* durante algún tiempo, por lo menos unos dos o tres años. Después, deberá practicar su *sadhana* en un lugar solitario. Esto es necesario para su crecimiento espiritual.

Un verdadero *Guru* sólo desea el desarrollo espiritual de su discípulo. Éste deberá pasar pruebas y dificultades para mejorar y eliminar sus debilidades. Un *Guru* puede incluso culpar a un discípulo de errores que no ha cometido. Sólo aquellos que constantemente resisten esas pruebas pueden crecer.

"No temáis por lo que diga de vosotros en un determinado momento, pues siempre soy vuestra madre y no tengo más que Amor hacia vosotros. Todo lo que quiero es que realicéis a Dios." (M.J.3)

* *Mientras tanto, un devoto, que a menudo habla sobre Vedanta, se acercó a Amma y le preguntó: "¿Qué es el Vedanta?"*

Y Amma le hizo una profunda exposición sobre la necesidad de practicar el Vedanta, no sólo de predicarlo.

Ella dijo: "Amma no habla sobre *Vedanta*. Amma ha visto a algunos que sólo se dedican a predicarlo, y no a practicarlo. Dicen que no son el cuerpo, pero se les hace la boca agua cuando prueban un delicioso manjar.

Muchos acuden a Amma con sus problemas. Si Amma les da una respuesta que no esperaban, se enfadan. Amma no desea dejar mal al *Vedanta* ni a los Vedantinos, lo que quiere es manifestar la importancia de su práctica. El *Atma Vichara* (auto-reflexión) debería aparecer en un nivel posterior. Al principio es mejor la práctica devocional, por ejemplo el recitado del nombre divino. La práctica intelectual, sin el apoyo de una base devocional, es como masticar piedra. Es dura y poco placentera.

Devoción

Algunos maestros espirituales tienen pocos aspirantes espirituales y, por tanto, pueden hablarles de *Vedanta*. La mayoría de la gente que viene a Amma pregunta por sus empleos, hijos, matrimonio y otros temas que les interesa. ¡No puedo hablar de diamantes en medio de la algarabía de un mercado! Abogados, doctores, ingenieros,... todo tipo de gente acude a Amma para recibir consejo y orientación, hasta prostitutas y ladrones. Amma no puede hablarles de *Vedanta* aunque pudiera desearlo".

Amma cura las heridas mentales y físicas de todos los seres, hasta de los más desfavorecidos. Con su amor maternal y paciencia los ayuda a desarrollar lo que afirma el *Vedanta* de "Tú eres Puro Amor", ese mismo amor que Amma practica constantemente.

Conviene mencionar aquí que el Señor Krishna, tal como se recoge en las antiguas epopeyas, trataba con toda clase de gentes (guerreros, pastores, reyes) y les enseñaba de acuerdo con el *dharma* (deber o auténtica naturaleza) de cada uno. (M.M.4)

✳ Dios es el siervo de aquellos que son inocentes. Los que carecen de inocencia no progresarán, por mucho que se esfuercen. Esa es la razón por la que hay muchas personas que no consiguen nunca nada, aunque hayan estado meditando muchos años. Cuando caminas por el sendero de la devoción, te vuelves inocente. El devoto tiene que mantener la actitud de que es el siervo de Dios, sentir que él y todo lo demás no son más que manifestaciones de Dios. De esa forma, beneficiará al mundo. (M.S.4)

✳ La pureza en la acción es verdadera devoción, y si no la hay es como guardar leche en un recipiente sucio. La leche se echará a perder. (M.D.4) *Ver Actitud*

✳ La devoción es como el jackfruit que ofrece sus frutos desde la parte baja del tronco, de donde se pueden recolectar fácilmente. En los otros árboles (que pueden compararse a otras vías espirituales), es necesario trepar a lo alto para recoger los frutos.

En el camino de la devoción, podéis experimentar el fruto de la dicha desde el inicio, mientras que en los otros caminos, el fruto se alcanza al final. (M.D.4)

✻ Por medio de la Devoción se alcanza el Conocimiento Supremo. El Conocimiento es la Meta, y la Devoción es el medio que nos lleva hasta esta Meta. (M.D.5)

Dharma

* Es el cuidado y la paciencia que demostramos en las pequeñas cosas, lo que nos conduce a los grandes logros. (C.2)

* Sólo aquél que ha estudiado puede enseñar. Sólo aquél que ha recibido puede entregar. Sólo aquél que está libre de todo sufrimiento puede liberar completamente a todos los demás del dolor. (M.S.0)

* La cualidad primera y esencial que un aspirante espiritual debe cultivar es una actitud no egoísta. La acción es el mejor criterio para comprobar el grado de nuestra abnegación.

* Si en cada aldea, al menos dos jóvenes estuvieran dispuestos a servir al mundo, tomaran la iniciativa de realizar actividades desinteresadas y se dedicaran a extender conocimientos espirituales, el mundo cambiaría a mejor. (M.D.0)

* *Un periodista francés: Hace años que realizáis viajes por numerosos países del mundo. ¿Qué pensáis de nuestra civilización actual tras la experiencia de estos viajes?*

Amma ve mucho amor y compasión en el corazón de los que acuden a ella. Y también mucha inocencia. Aunque vivan confortablemente, mantienen su inocencia. En la India, las personas que viven en ciudades tienen un modo de vida diferente a los que viven en el campo o en poblados tribales. De la misma manera, cada país tiene sus particularidades, pero en el 90% de los casos, Amma encuentra amor en el corazón de esas personas tan diferentes. Tienen necesidad de que alguien las guíe por el buen camino.

Lo que falta hoy en día son las cualidades de la madre. Si estas cualidades no se cultivan, la Naturaleza reaccionará, al igual que lo hizo hace millones de años con la desaparición de los dinosaurios, por ejemplo, a través de un brusco cambio climático. Si no volvemos a los principios de la verdad y del *dharma*, eso será lo que nos espera. Por tanto, es importante que desde la más temprana edad se inculquen los valores del amor y de la compasión, pues de esta manera penetrará profundamente en sus corazones. Basta con algunos pasos sobre un campo de fina hierba para que se forme un camino, mientras que no lo conseguiremos sobre una zona rocosa. Por eso importa transmitir esos valores lo más pronto posible. En ciertos países, incluso se militariza a los niños, lo que endurece sus corazones, pues no reciben suficiente atención ni amor. No se tendría que llegar a ese extremo. Transmitamos los valores del amor y de la compasión desde la más temprana edad y las cualidades de la madre reaparecerán en la vida de cada uno. Eso es lo que Amma dice.

"El amor, la compasión y otras cualidades del mismo tipo existían ya en otros tiempos. Pero en nuestros días, el intelecto ha alcanzado su apogeo y el corazón ha sido desechado. No es la inteligencia discernidora la que se desarrolla, sino solo el intelecto puro, que destruye la belleza de la vida. La gente ha olvidado por completo el corazón y los sentimientos del corazón." (M.J.1)

✶ El *Guru*, es la encarnación de la abnegación. Si somos capaces de entender el significado de la verdad, el *dharma* (rectitud), la renuncia y el amor, es gracias al *Guru*, ejemplo vivo de estos valores. El *Guru* es la esencia misma de estas cualidades. (M.S.1) *Ver Guru*

✶ La vida está impregnada de luz divina, pero para experimentarla tenéis que ser optimistas. Observad el optimismo de la Naturaleza. Nada lo puede detener. Cada elemento de la naturaleza cumple infatigablemente su misión en la vida. (M.D.1)

✼ Decir lo que se debe hacer o no hacer carece de sentido si no estáis sinceramente decididos a aceptar las palabras del *Guru*. Por tanto, el *Guru* no os forzará, ni siquiera os pedirá, que hagáis algo que no deseáis hacer. (M.D.1)

✼ *Dado que las experiencias espirituales refuerzan a veces el ego, ¿es necesario desarrollar al principio una cierta pureza?*

"Resulta inútil estar obsesionado por la pureza. Concentraos sobre vuestro *dharma*, cumplirlo con una actitud justa y con amor. Entonces surgirá la pureza por sí misma."

¿Qué significado le da a la palabra dharma?

"*Dharma* es la acción justa, en el lugar justo y en el momento justo".

¿Cómo conocer nuestro dharma?

"Al amar la vida con la actitud justa y con una justa comprensión, sabremos que es lo que tenemos que hacer. Y al cumplir con nuestro *dharma*, conseguiremos la pureza".

"Se trata de cumplir con nuestro *dharma* (rectitud) con la mayor *shraddha* posible. *Shraddha* es una cualidad muy importante al inicio del camino espiritual. Es absolutamente esencial."

¿Qué es shraddha? ¿Es la fe en la posibilidad de trascender el ego en esta vida?

"*Shraddha*, es más que la fe en sí. Es la confianza y el amor. Para trascender el ego son necesarios los dos: la confianza en la existencia de una realidad superior, el amor hacia esa realidad y una ferviente aspiración para llegar a conocerla".(M.D.1) *Ver Ego*

✼ *Las afirmaciones de ciertos filósofos sobre el jivátman (el ser individual) y el paramátman (el Ser Supremo), han propiciado la idea de que no existe diferencia entre Dios y el hombre. Han generado la ilusión de que es inútil distinguir entre el bien y el mal, lo puro e impuro, el cielo y el infierno. ¿No nos llevará esto a un declive del dharma?*

Se trata de una concepción errónea. La meta de las enseñanzas del *advaita* (la no dualidad), que afirman la unidad del ser individual y del Ser supremo, es la de despertar la fuerza innata que tenemos y que nos lleva a la Verdad. El Vedanta nos dice que nosotros somos los emperadores y los mendigos. El hecho de tener conciencia nos ayuda a despertar el Poder infinito que está en nosotros. Mientras no tengamos la experiencia real de ese estado de unidad, no es posible discernir entre el bien y el mal, ni avanzar por el camino correcto. Una vez hayamos realizado la verdad suprema, el mundo de la dualidad deja de existir. Todo se convierte entonces en esa verdad y, en nuestra experiencia, no hay nada que sea malo o independiente. Lo veis todo como la manifestación de Dios. Sólo la conciencia de nuestra unidad con toda la creación contribuirá al crecimiento del *dharma*. Aquellos que, en nombre del *advaita*, se apartan del camino del *dharma*, no han comprendido, en absoluto, el verdadero alcance de las enseñanzas *advaita* ni de la espiritualidad. La espiritualidad no es para disfrutarla hablando de ella, hay que vivirla a cada instante. (M.D.2)

✷ *Madre, nuestro país se enfrenta a un serio problema de sequía que afecta a nuestra economía, a nuestro desarrollo, etc. ¿Qué se puede hacer?*

La Madre Naturaleza es la forma visible de Dios. No cuidamos debidamente a la Naturaleza. Ahora la naturaleza ha empezado a reaccionar. Cuando ordeñamos una vaca, debemos dejar un poco de leche en sus ubres para que beba su ternero. Si la ordeñamos más allá de sus límites, su ternero sólo obtendrá sangre en lugar de leche. De igual modo, la excesiva explotación de la naturaleza provocará adversos cambios en la climatología. Tenemos que mostrarnos más compasivos en nuestro acercamiento a la naturaleza. Deberíamos adoptar las medidas apropiadas para evitar el excesivo daño a la naturaleza.

Habría que constituir comités locales y nacionales que formulen y supervisen medidas correctoras para restaurar la normalidad y la pérdida de armonía natural. Todos deberían hacer algo a este respecto.

¿Cómo puede ser restaurada la paz en el mundo?

La paz mundial surge desde el refinamiento y la expansión de la mente de cada individuo. Son los individuos los que constituyen la sociedad. La gente se está desviando del sendero del *dharma* (el deber de cada uno y la acción correcta). Un ser que abandona su *dharma* no se diferencia de un loco, pues es el *dharma* el que hace posible que los individuos vivan en armonía con la sociedad y la naturaleza. Seguir el sendero del *dharma* es el único medio para restaurar la paz mundial.

Todos deberían aprender a desarrollar los buenos valores. Los niños deberían aprender la importancia de respetar el *dharma*, pero esto sólo es posible si los mayores siguen el *dharma* a lo largo de su vida. Podrían constituirse comités locales que promuevan actividades para ayudar a las personas a desarrollar tolerancia mutua, comprensión, paciencia, etc. (M.S.3)

✼ Actualmente, hemos alcanzado otra cima, la cima del *adharma* (lo incorrecto) y del *asatya* (la falsedad). Sólo los ejemplos de humildad permitirán que la humanidad se percate de la oscuridad en la que actualmente está envuelta. Esto nos preparará para escalar la cumbre de la luz y de la verdad. Mantengamos la esperanza y roguemos para que las personas de todas las religiones y culturas del mundo aprendan esta lección, tan necesaria en esta época. (M.D.3)

✼ *Existen diferentes definiciones de dharma dependiendo de quien las haga. El hecho de que haya tantas interpretaciones para un único término, lleva a confusión. Amma, ¿cuál es el verdadero significado de dharma?*

El verdadero significado de *dharma* sólo se revela cuando experimentamos a Dios como nuestra fuente y apoyo. No lo vas a encontrar expresado en palabras o en libros.

Eso es el dharma en último término; pero, ¿cómo podemos encontrar un significado más acorde a nuestra vida cotidiana?

Es algo que se nos revela a cada uno de nosotros a medida que vivimos las diferentes experiencias de la vida. Para algunas personas, esta revelación se produce con rapidez. Encuentran el camino y el modo de actuar correctos en poco tiempo. Para otras, en cambio, es un proceso lento. Puede que tengan que pasar por un proceso de "probar y equivocarse", hasta llegar a un punto en el que empiecen a actuar según su *dharma* en este mundo. Esto no quiere decir que todo lo que hayan hecho en el pasado no valga para nada. No, eso enriquecerá su experiencia y les servirá para aprender, siempre y cuando mantengan una actitud de apertura.

Entonces, cualquier acción que realicemos no debería distraernos de nuestro último "dharma", que es la realización de Dios. Amma, ¿es eso lo que quieres decir?

Sí. Debería arder el fuego del anhelo en el interior de todos los que queréis llevar una vida de contemplación y meditación. El significado de *dharma* es "aquello que sostiene". Lo que sostiene la vida y la existencia en el *Atman* (Ser). De modo que *dharma*, aunque comúnmente se entendía como "el deber de cada uno" o "el camino que una persona debe seguir en el mundo", en último término apunta hacia la realización del Ser. En este sentido, sólo los pensamientos y acciones que contribuyen a nuestra evolución espiritual pueden llamarse *dharma*.

Dharma

Las acciones realizadas en el momento correcto, con la actitud correcta y de la manera correcta son *dhármicas*. Este concepto de la acción correcta puede ayudar en el proceso de purificación mental. Tanto si eres hombre de negocios, taxista, carnicero, político o te dedicas a cualquier otra actividad, conseguirás que tus acciones sean sagradas si las haces como tu *dharma*, como un medio para alcanzar *moksa* (la liberación). Así fue como las *gopis* (esposas de los pastores de vacas) de Vrindavan, que se ganaban la vida vendiendo leche y mantequilla, llegaron a estar tan cerca de Dios que consiguieron, finalmente, el objetivo de la vida. (M.D.4)

✳ Mientras vivimos en este mundo, nuestro deber o *dharma* es beneficiar de algún modo a los demás. Sólo cuando despierta la bondad en el interior del individuo, adquieren fuerza y belleza nuestra personalidad y nuestras acciones. (M.D.4) *Ver Religión*

✳ Vivir de acuerdo con este principio de armonía universal es lo que se conoce como *dharma*. (M.D.4) *Ver Seres humanos*

✳ No necesitamos imponer la paz o la paz de la muerte. Sólo cuando todos los seres humanos vivan de acuerdo con su *dharma*, habrá armonía en el mundo. (M.J.5) *Ver Amor*

✳ La peregrinación a "Sabarimala" ofrece un elocuente testimonio sobre la transformación que se da en miles de personas a través del amor y la fe. A lo largo del período de 41 días de penitencia, durante el "Tiempo del Mandala" que precede a la peregrinación, la gente abandona la bebida, las malas compañías, renuncia al ego, practica la abstinencia y *brahmacharya*, todo esto ateniéndose al *dharma*. (M.M.7) *Ver Actitud*

✳ ¿Se puede hablar de *dharma* cuando se cierran los ojos al ver las injusticias que se cometen contra las mujeres? Ellas son las madres (M.S.7) *Ver Maternidad*

Dinero

✳ La verdadera riqueza es la paz interior. (C.3)

✳ Todas las cosas, dinero y otros objetos mundanos, se pierden para siempre cuando se dan. No así el amor. Cuanto más amor des, más se llenará tu corazón de amor. El amor es como una corriente interminable. Por tanto, hijos, amaos los unos a los otros. (M.D.0)

✳ Cuando llegas a conocer tu naturaleza esencial, el universo entero se convierte en tu riqueza. En ese estado supremo no tienes nada que ganar o perder. (M.M.1)

✳ El auténtico contentamiento es una actitud interior. Un millonario carente de contentamiento es realmente un pobre, mientras que un pobre que acepta su escaso salario y está contento con lo que tiene, es ciertamente rico. Procuremos estar satisfechos con lo que tenemos, pues el contentamiento es, en sí mismo, la mayor de las riquezas. (M.J.2)

✳ Sed conscientes de que no nos llevaremos nada cuando muramos. Hemos venido al mundo con las manos vacías y partiremos con las manos vacías. (M:J.2) *Ver Muerte*

✳ Se dice, en verdad, que la mente debería ser ofrecida al Supremo. Pero la mente está inmersa en el dinero y en otros objetos mundanos. Por tanto, ofrecer dinero para una buena causa, es igual que ofrecer nuestra mente. Tales acciones harán que vuestra mente se abra cada vez más hacia el infinito. El infinito es Dios. No utilicéis el dinero para satisfacer solo vuestros deseos y los de vuestra familia, guardad una pequeña cantidad para obras caritativas. Eso os hará más puros. (M.D.2)

✳ La única finalidad de la vida espiritual es la de renunciar a todo aquello que no es nuestro y llegar a ser lo que realmente somos. (M.J.3)

✳ Hasta que no seas consciente de que estás indefenso, de que tu ego no puede salvarte, de que todo lo que has adquirido no es nada, Dios y el *Guru* seguirán creando las circunstancias necesarias para hacerte comprender esta verdad. (M.S.1) *Ver Ego*

✳ La gente siempre tiende a desear más, mucho más. No están satisfechos con lo que tienen.

Deberíamos más bien aprender a dar, en lugar de dedicarnos siempre a recibir.

Deberíamos compartir lo que tenemos con los demás y esforzarnos para contribuir, de una manera u otra, al bienestar de la sociedad.

Al dar, progresamos en el camino espiritual. Al acumular, obstaculizamos nuestro crecimiento espiritual y hacemos que nuestra vida se marchite lentamente.

Si atesoramos, engendramos una sociedad corrompida que no podrá crecer en la unidad.

Al compartir desinteresadamente, aportamos el perfume y la belleza a la flor de la vida. (M.J.6)

✳ Observad a lo que está apegada nuestra mente: en el 90% de los casos se apega al dinero. Cuando llega el momento de distribuir la herencia familiar, si nos dan diez cocoteros menos a los que tenemos derecho, no dudaremos en llevar incluso a nuestra propia madre al juzgado. Un joven que desee casarse, no valorará el pasado familiar de la novia, sino que se interesará por la riqueza de esa familia. Las excepciones a esta regla, pueden contarse con los dedos de una mano.

Por tanto, la mente está apegada a las riquezas. Liberar a la mente de este apego no es algo fácil. Pero ofrecer a Dios nuestra

Dinero

mente es un medio fácil de conseguirlo. Cuando ofrecemos nuestra mente a Dios, se purifica. De forma similar, ofrecemos aquello que nos gusta a Dios como un modo de ofrecer nuestra mente a Dios.

El donativo que hacemos en los templos es una prueba de nuestro amor por Dios, no un soborno. Dar algo que apreciamos a alguien que amamos, esa es la naturaleza del amor. Sólo cuando se expresa el amor, éste se transforma en compasión. Podemos amar a Dios, pero sólo cuando ofrecemos algo a Dios se convierte esa entrega en un acto de compasión hacia el mundo. Sólo entonces se derramará la Gracia sobre nosotros.

De forma parecida, aquellos que aman a Dios sinceramente dejarán sus malos hábitos. No harán nada que disguste a Dios. Si cometen un error, intentarán mejorar para no repetir ese error. Ahorrarán el dinero que podrían malgastar en hábitos perjudiciales y lo utilizarán para ayudar a los pobres y necesitados.

La compasión que mostramos hacia esos seres es auténtica adoración a Dios. Los que aman a Dios abandonan los lujos y utilizan el dinero que ahorran en servir a los menos afortunados. Los que aman a Dios, procuran tomar sólo aquello que es necesario. Abandonan su deseo de acumular riqueza. No les interesa hacerse ricos explotando a los demás. De este modo, puede mantenerse la armonía social.

Lo que necesitamos no es gimnasia intelectual, sino pensar de forma práctica. Eso podría beneficiar a muchos. (M.S.5) *Ver Orar*

* Hoy en día todos desean convertirse en líderes. Nadie quiere ser un sirviente. Pero el mundo tiene necesidad de sirvientes, no de líderes. Un auténtico sirviente es un verdadero líder. El verdadero líder es aquel que sirve a los demás sin ego o sin deseos egoístas. La grandeza no se obtiene adquiriendo riquezas, no puede medirse por el modo en que vistes. La auténtica grandeza reside en la verdadera humildad y sencillez. (M.M.7)

✳ Conoced vuestro Ser y practicad el amor y la compasión. También me gustaría decir que si toda la gente en el mundo trabajara media hora más al día y dedicara este dinero para ayudar a los que sufren, no habría hambre y todos tendrían salud. (M.J.7)
Ver Ayudar a los demás

Dios

✻ Hijos míos, cuando nos refugiemos en Dios, no habrá nada que temer, Dios se cuidará de todo.

✻ Dios es pura experiencia y la meditación es el medio por el cual llegamos a Él. (C.4)

✻ Dios está muy dentro de nosotros. Mora allí tan puro como el amor inocente. (C.5)

✻ ¿Acaso cambiará un objeto porque sea conocido con distintos nombres? Por ejemplo, el agua puede ser denominada "*vellam*" en Malayalam y "*pani*" en Hindi, ¿Va a cambiar por ello su color y su sabor? No. Cada persona entiende a Dios de acuerdo con su cultura y su manera de adorarlo. (M.M.1)

✻ Si damos primacía a Dios, todo lo demás en nuestra existencia se situará en su lugar adecuado. Cuando Dios forme parte de nuestras vidas, el mundo nos seguirá. Si damos primacía al mundo, Dios no nos seguirá. Si abrazamos al mundo, Dios no nos abrazará. (M.J.1)

✻ Hijos, vuestro corazón debería latir y suspirar constantemente por Dios. No tendría que existir ni un solo momento en que no recordarais a Dios. Sólo aquéllos que lo han hecho, han alcanzado la salvación. Por tanto, esforzaos sinceramente para mantener el recuerdo constante de Dios.

Hijos, abrid vuestros corazones a Dios. ¿Acaso no obtenemos algo de consuelo cuando confiamos nuestros problemas a nuestros seres más queridos? Deberíamos sentir el mismo amor y cercanía hacia Dios. Sentid que Él nos es muy propio. No necesitamos esconderle nada, más bien Amma dice que debemos contárselo todo. Es conveniente aligerar la carga de nuestros corazones, contándole a Dios todas nuestras penas. En todas las dificultades confiemos sólo en Él. El auténtico devoto nunca cuenta sus problemas a nadie más, Dios es su único confidente. Acudamos a Dios aunque nuestros corazones sólo estén llenos de deseos y problemas familiares.

    Tenemos que explicar los antecedentes de nuestro caso al abogado, solo entonces podrá defendernos. De igual manera, tenemos que describir los síntomas al médico, y solo entonces podrá darnos un tratamiento. Pero no tenemos que darle a conocer a Dios todos los detalles de nuestros problemas. Él lo sabe todo. Él mora en nosotros, observando todo movimiento. Es su poder el que hace posible que lleguemos a conocerlo. Podemos ver el sol sólo gracias a su luz. Lo que tenemos que hacer, por tanto, es rendirnos a Dios y recordarlo constantemente.

    Nuestra relación más fuerte debería ser con Dios. Si decidimos contarle nuestros sufrimientos, será con el fin de acercarnos a Él. Es nuestra fe y entrega total a Dios, o al *Guru*, lo que elimina nuestras penas, y no únicamente el expresarle nuestras dificultades.

    Si tenéis una fe total, ella es, en sí misma, la realización. No estáis todavía ahí. Debéis intentar alcanzarla y hacer vuestra *sadhana*. Para curarse no basta con tener confianza en la medicina, sino que también tendremos que tomarla. De igual manera, tanto la fe como el esfuerzo personal son necesarios. Si plantáis una semilla, brotará, pero para que crezca adecuadamente, se necesita agua y abono. La fe nos hará conscientes de nuestra verdadera naturaleza, pero para poder experimentarla, necesitamos de nuestro esfuerzo. (M.M.2)

✽ Hijos míos, ni siquiera el amor de todas las criaturas del mundo entero puede igualarse a una infinita fracción del amor que Dios nos da en un segundo. Ningún otro amor puede ser comparado con el amor de Dios. (M.S.2)

Dios

✵ Dios es compasión. Él aguarda en la puerta del corazón de cada uno. (M.S.2)

✵ Dios es el siervo de aquellos que son inocentes. Los que carecen de inocencia no progresarán, por mucho que se esfuercen. Esa es la razón por la que hay muchas personas que no consiguen nunca nada, aunque hayan estado meditando muchos años. Cuando caminas por el sendero de la devoción, te vuelves inocente. El devoto tiene que mantener la actitud de que es el siervo de Dios, sentir que él y todo lo demás no son más que manifestaciones de Dios. De esa forma, beneficiará al mundo. (M.S.4)

✵ Dios no es un individuo limitado, que está sentado solo en lo alto de las nubes, en un trono de oro. Dios es la Pura Conciencia que mora dentro de todo. Necesitamos comprender esta verdad, y por tanto aprender a aceptar y a amar a todos por igual.

Así como el sol no necesita la luz de una vela, Dios no necesita nada de nosotros. Dios es el Dador de todo. Deberíamos conmovernos ante el sufrimiento de los demás y servirlos. (M.D.4)
Ver Religión

✵ Es deseo de Amma que todos sus hijos dediquen sus vidas a expandir amor y paz por todo el mundo.

Dios no está confinado en un determinado lugar. Dios lo impregna todo, residiendo en todos los seres, tanto animados como inanimados.

También deberíamos adorar a Dios en los enfermos y en los pobres.

La naturaleza de Dios es pura compasión.

El auténtico lenguaje de la religión es tender una mano a los abandonados, alimentar a los hambrientos y sonreír compasivamente a los afligidos y marginados.

Vivir sólo para uno mismo, no es vida, es la muerte. Deberíamos invocar la compasión de Dios en nuestros propios corazones. Sólo, entonces, sentiremos una dicha profunda y plenitud de vida. (M.M.5)

✻ Nosotros sólo somos capaces de actuar por medio de la Gracia de Dios. Por tanto, necesitamos dedicar cada acción a Dios, antes de iniciarla. El granjero ruega antes de sembrar las semillas, y sólo entonces las plantará. El esfuerzo humano siempre es limitado. Para completar una acción y disfrutar de sus frutos necesitamos las bendiciones de Dios. La semilla que es sembrada brota y madura. Pero si hay una inundación durante el tiempo de la cosecha, toda la producción se perderá.

Lo que le da a una acción un buen resultado es la Gracia. Por ese motivo deberíamos tener la actitud de ofrecerle a Dios todo lo que consigamos antes de aceptarlo. Eso fue lo que nuestros antepasados nos enseñaron. Incluso cuando comamos, debemos ofrecer el primer bocado a Dios. (M.S.5) *Ver Orar*

✻ *Aunque se adoran 33 crores (330 millones) de dioses en la tradición hinduista, en realidad, ¿sólo hay un Dios?*

En el hinduismo sólo hay un Dios. Y no sólo eso, la tradición hindú también proclama que no hay nada separado de Dios, y que el mismo Dios forma parte de todas las cosas de este universo. Dios es la conciencia omnipresente, trasciende nombres y formas. Al mismo tiempo, Dios puede adoptar cualquier forma para bendecir a su devoto. Puede asumir cualquier número de formas. También puede adoptar algún *bhava* (aspecto de la divinidad).

El viento puede presentarse como una brisa suave o soplar con fuerza, y si lo desea, puede provocar una gran tormenta. ¿Existe, pues, algún *bhava* que el Todopoderoso, que controla incluso el viento, no pueda asumir? ¿Quién puede exaltar la grandeza de Dios? Dios puede adoptar una forma con atributos o permanecer impersonal y sin atributos, igual que el aire puede estar inmóvil o moverse como viento, o el agua puede convertirse en vapor o en bloque de hielo.

De forma similar, el Dios único es adorado bajo distintas formas y *bhavas*, ya sea como Shiva, Vishnu, Ganapati, Muruga, Durga, Sarasvati o Kali, según los gustos o simpatía de cada uno. La constitución mental de cada persona a lo largo de su período de vida varía en función del medio en el que se formó y creció.

En el hinduismo cada uno es libre de adorar a Dios bajo la forma y *bhava* que mejor se adapten a su gusto personal. Así es como el hinduismo puede llegar a tener múltiples deidades. Eso no supone que haya muchos dioses.

* Creamos o no, la verdad de la existencia de Dios permanece. Esta verdad no se ve afectada porque nosotros la aceptemos o no. La ley de la gravedad es un hecho. Su no aceptación no niega su validez. Pero nos veremos forzados a aceptarla cuando saltemos desde una gran altura y experimentemos sus consecuencias. De igual forma, dar la espalda a esa Verdad es como cerrar nuestros ojos y experimentar la oscuridad. Al aceptar la realidad de Dios y vivir de acuerdo a ella, es posible vivir sin sucumbir ante el dolor. (M.M.6) *Ver Actitud*

* Sólo existe un único Ser que es omnipresente y omnisciente. A medida que nuestra mente se vuelve más expansiva, tenemos más posibilidad de quedar inmersos en el Infinito. Lo infinito significa inconmensurable vastedad. Ahí es todo igual y, por tanto, no existe en esa vastedad egoísmo u ego. (M.M.6)

* Si todo es Brahman, las Sagradas Escrituras también son Brahman. No podemos, por tanto, ignorar las Escrituras. Ellas son indicaciones que nos guían hacia la Verdad. (M.J.6)

* El *lila* (juego) de Dios es venir a este mundo como ser humano, vivir entre nosotros y compartir nuestras alegrías y penas.

En una ocasión le preguntaron a un santo: ¿Cuál es el mayor sacrificio que hace una encarnación? Él contestó: "Aunque la encarnación sabe realmente que no tiene nada que obtener de este mundo, vive como uno más entre la gente, inmersa, al igual que los animales, en los placeres mundanos. Bajando a su reino, la encarnación se esfuerza por elevarlos."

En la vida de Krishna podemos ver que no hizo nada para sí mismo ni se distanció de los demás diciendo "Yo soy Dios". (M.J.6) Ver Actitud

* *¿Cuál es la experiencia más maravillosa que ha tenido en la vida?*

Para Amma no ha habido nada particularmente maravilloso en la vida. ¿Qué hay de maravilloso en lo externo? Por otro lado, cuando tomamos conciencia de que todo es Dios, cada momento de la vida se convierte en una experiencia maravillosa. ¿Hay algo más maravilloso que Dios?

Hay muchas religiones en el mundo, muchos conceptos de Dios ¿Son todos estos Dioses uno?

Dios es en verdad uno. Pero cada persona concibe a Dios a su manera, según su cultura. Obligar a todas las personas a aceptar una única fe no es correcto. La meta es una, pero los caminos son diferentes, según el nivel de evolución de cada persona.

La maternidad es universal, pero cada uno quiere especialmente a su madre. ¿Se puede imponer que todo el mundo quiera a nuestra madre de la misma manera que nosotros?

Un árbol robusto, con frondosas ramas, se mantiene firme gracias a sus raíces. De la misma manera, el árbol de la fe se mantiene fuerte gracias a las raíces de la religión. Este árbol de abundantes ramas nos da alimento y cobijo. (M.S.6)

Dios

✻ "Hay una sola verdad que brilla a través de toda la creación. Ríos, montañas, plantas y animales, el sol, la luna y las estrellas, tú y yo. Todo es expresión de esa única Realidad. Son muchos los que han realizado esta Verdad a través de su propia experiencia, y otros muchos llegarán a realizarla. La ciencia moderna también está progresando gracias a la realización de esta misma Verdad." (M.D.6)

✻ *Con frecuencia dice: "La compasión por los pobres es nuestro deber hacia Dios". ¿Cuál es el significado de esta afirmación?*

Al igual que el sol no necesita de la luz de una vela, Dios tampoco necesita nada de nosotros. Pero deberíamos ponernos al nivel de los pobres y necesitados, intentar entender su dolor y servirles de la manera que podamos.

Para mí, no hay algo así como un Dios sentado en un trono en las alturas. Dios es la Conciencia que todo lo impregna, que vibra en todos y en todo. Mi Dios sois todos y cada uno de vosotros: todas las personas, las plantas, los animales, los árboles, las montañas, los ríos,... Este es el Dios de Amma.

En el *Sanatana Dharma* (Hinduismo), el Creador y la Creación no son dos. El océano y las olas no son dos. Hay agua tanto en el océano como en las olas. El oro, el pendiente de oro y el collar de oro no son diferentes.

En primer lugar, Dios no es ni hombre ni mujer. Si hubiera que referirse a Dios de alguna manera, sería como "Eso". Dios es la Conciencia que vibra en todos los objetos y en todos los seres. Pero si realmente quieres ponerle un género a Dios, entonces Dios es más Ella que Él, porque "Ella" contiene a "Él".

Lo que se necesita hoy es despertar las cualidades asociadas a la maternidad: amor, compasión, aceptación y paciencia. Yo quiero despertar estas cualidades en la humanidad.

Sólo una verdadera madre que pueda amar a todos como a sus propios hijos puede ser verdaderamente humanitaria y servir al mundo desinteresadamente. (M.J.7)

✻ Hijos míos, Dios mora en lo profundo de nosotros como inocencia, como puro e inocente amor. Esta inocencia está ahora velada por los sentimientos egoístas de la mente. Pero el amor inocente está siempre ahí, sólo que lo hemos olvidado. Para redescubrirlo y recordarlo, necesitamos ir a lo más profundo de nuestro interior. (M.J.7)

✻ Regamos las raíces del árbol, y no las ramas, pues sólo regando las raíces podrá llegar el agua a todas las partes del árbol. De forma parecida, si realmente amamos a Dios, amaremos a todos los seres del universo, pues Dios mora en el corazón de todos los seres. Dios es la base de todo. Deberíamos tratar de ver a Dios en todos y amar y adorar a Dios en todas las formas. (M.S.7)

✻ Nos hace falta inocencia para captar el significado real de lo que oímos. Si somos inocentes, podremos ver la bondad en todo. Podremos ver al mismo Dios, porque Dios es bondad. Él es inherente a todo. Todo lo que necesitamos son ojos para verle. Los científicos dicen: "Todo es energía". Los *rishis* (videntes) dicen: "*Sarvam brahmamayam*" ("Todo está impregnado de *Brahman* –la Conciencia Divina-). (M.D.7) *Ver Inocencia*

✻ Hijos, Amma no dice que debáis creer en ella o en un Dios situado en los cielos. Basta con creer en vosotros mismos. Todo está en vuestro interior. (M.D.7)

Discernimiento

✤ Todas nuestras acciones, pensamientos, contactos, e incluso nuestra mirada, producen ondas invisibles de energía que son transmitidas en todas direcciones. Por eso, Amma siempre insiste en que debemos pronunciar cada palabra y realizar cada acción con atención, sumo cuidado y discernimiento. (M.J.1) *Ver Rabia*

✤ Al igual que un niño abandona, a medida que crece, sus juegos y su dependencia con los mayores, un buscador auténtico, a medida que progresa y desarrolla su comprensión, adquiere la capacidad de discernir entre lo que es eterno y lo que no lo es. Esta facultad de discernimiento se despierta en nosotros cuando desarrollamos madurez y una justa comprensión. Cuando aprendemos a evaluar las experiencias de la vida en su justo valor, automáticamente, empezamos a hacer uso de nuestro espíritu de discernimiento. Se trata de un florecimiento interior, similar al que se produce en el capullo de una flor. Forma parte de un proceso lento, pero constante. (M.D.1) *Ver Ego*

✤ El *Guru* eleva al discípulo hasta el estado del gozo supremo, otorgándole la fuerza y el discernimiento que le permiten trascender las limitaciones de la mente. (M.D.1) *Ver Guru*

✤ Comprender la naturaleza de la vida y actuad con sabiduría, no os derrumbéis cuando surjan los obstáculos, ni os dejéis atrapar por el placer cuando las circunstancias os sean favorables. (M.J.2)

✤ Todo constituye una prueba, una prueba difícil para vosotros. Considerad esta prueba seriamente. Cuando Amma dice "seriamente" no se refiere a que tengáis que adoptar un aire serio. No. Es vuestra actitud la que debe ser seria. Esa seriedad debería ser

interna y para ello necesitáis poseer un claro discernimiento.
(M.J.3) *Ver Actitud*

* La actitud de un discípulo supone discernimiento, al mismo tiempo que obediencia y entrega al *Guru*. La actitud de un niño es de inocencia y dependencia de su madre. Para el progreso espiritual son necesarias las dos actitudes.

Cuando Amma nos anima a desarrollar la inocencia del niño, no quiere decir que cultivemos el infantilismo. Hay una diferencia entre tener el corazón de un niño y ser infantil. Lo que se necesita es tener el corazón de un niño dotado de discernimiento. El niño sabe que sólo puede contar con su madre. Cualquiera que sea nuestra edad, siempre habrá un niño en cada uno de nosotros.
(M.S.4) *Ver Actitud*

* *¿Quiénes son los enemigos internos?*

El ego, los celos, el odio, y la codicia son algunos de esos enemigos.

Para derrotarlos, necesitamos fortalecer el ejército de nuestro interior. Discernimiento, humildad, servicio y amor por Dios constituyen ese ejército. Si utilizamos efectivamente estas fuerzas positivas, podremos alcanzar la victoria y la verdadera felicidad.

¿Cuáles son los dones que Dios nos ha dado? Discernimiento y amor. Si los utilizamos adecuadamente, podremos experimentar a Dios. Aunque tenemos discernimiento y amor en nuestro interior, a menudo no los usamos. Por consiguiente, jugamos un papel fundamental en la destrucción de nuestros propios dones.
(M.D.3) *Ver Amor*

* *Otro devoto, tras reflexionar sobre estas últimas palabras, se acercó a Amma y le explicó su confusión sobre el papel del intelecto y el discernimiento, si debía descartarse el intelecto. Y si fuera así, ¿cómo íbamos a discernir sin el intelecto?*

Discernimiento

Amma le dijo que el discernimiento es fundamental para el crecimiento espiritual, y que el mismo amor brota en él. Pero lo que hay que perseguir es el conocimiento basado en el amor y no el conocimiento basado en el ego.

Resulta difícil explicar con palabras la profunda inspiración que Amma ha dejado en los corazones de sus hijos... Las palabras sólo pueden transmitir un pequeño vislumbre de lo que supone estar en su presencia. (M.M.4)

✻ Una persona inteligente viaja a través de la vida utilizando su discernimiento y realizando sus obligaciones con gran atención. (M.M.5) Ver *Apego*

✻ Todo existe en la naturaleza, igual que existe la luz y la oscuridad, la bondad y la maldad. Nuestro deber es avanzar por el camino correcto utilizando el discernimiento que Dios nos ha dado. Estamos inmersos en una ilusión y creemos que existe lo que no es, y no lo que realmente es. Vemos el mundo a través de los ojos de la ignorancia. Debemos ver la diferencia entre lo que es eterno y lo que está en continuo cambio. (M.M.5)

✻ Hijos míos, aprended a hacerlo todo conscientemente. Ni siquiera debéis dejar escapar un suspiro sin ser conscientes del mismo. Permaneced conscientes en todo momento. (M.S.5)

Disciplina

✶ La disciplina es indispensable. Sin ella no podremos alcanzar la meta. (M.D.1) Ver *Ashram*

✶ Amma sólo corrige a aquellos que han elegido permanecer junto a ella, y sólo lo hace cuando están preparados. Un discípulo es aquel que acepta libremente la disciplina. Al principio el *Guru* une al discípulo a él, gracias a su amor infinito e incondicional. Así, cuando llega el momento de la disciplina, el discípulo ya tiene conciencia de la presencia de ese amor en todas las situaciones.

Amma ayuda a sus hijos a permanecer siempre conscientes y vigilantes. El amor tiene numerosos aspectos. Cuando Amma impone una disciplina a sus hijos, lo hace con la única finalidad de guiarlos por el camino que los conducirá al pleno florecimiento de sus seres. (M.D.1) Ver *Ego*

✶ Una cierta disciplina espiritual nos ayudará para que no nos olvidemos de hacer nuestra práctica. (M.D.3) Ver *Sadhana*

✶ Nuestro nivel de conciencia en cuanto seres humanos es muy bajo. Para despertar esa conciencia interior son necesarios hábitos regulares, una mente disciplinada o seguir un horario.

La purificación debe darse en los niveles inferior y superior. Sin una adecuada disciplina, nada funcionará en nuestra sociedad. Por ejemplo, en Singapur, si escupes o tiras basura al suelo te ponen una multa de 100 dólares. Así que la gente no lo hace. En nuestras facultades de ingeniería intentamos aconsejar a los alumnos sobre la necesidad de no desperdiciar comida, pero no hubo cambio. Entonces acordamos sancionar a los alumnos que lo hacían, y funcionó.

Del mismo modo, si ellos no pueden despertar por sí mismos, tenemos que concienciar a través de reglas estrictas y disciplina. (M.D.4) *Ver Actitud*

✽ Para protegernos de tales circunstancias, debemos escuchar al *Satguru* (maestro verdadero) y mantener una buena disciplina y normas de vida. Esos son los cinturones de seguridad del viaje espiritual. (M.D.4) *Ver Casarse*

✽ La disciplina surge automáticamente cuando existe el propósito de alcanzar la meta. (M.M.5)

Educación - Padres / Hijos

✶ El mundo de mañana estará conformado por los niños de hoy. En sus tiernas mentes resulta fácil cultivar los valores humanos universales. Si transitamos unas cuantas veces por un campo de suave y fina hierba muy pronto se formará un pequeño sendero. Por el contrario, requerirá incontables viajes la creación de un sendero en una ladera rocosa. La enseñanza de los principios espirituales universales y de los valores humanos debería formar parte de la enseñanza general, y no ser sólo responsabilidad de la familia. Esta medida no debería demorarse más, pues el retraso en su aplicación hará que las futuras generaciones se pierdan en el mundo. (M.D.0)
Ver Religión.

✶ Por tanto, es importante que desde la más temprana edad se inculquen los valores del amor y de la compasión, pues de esta manera penetrará profundamente en sus corazones. Basta con algunos pasos sobre un campo de fina hierba para que se forme un camino, mientras que no lo conseguiremos sobre una zona rocosa. Por eso importa transmitir esos valores lo más pronto posible. En ciertos países, incluso se militariza a los niños, lo que endurece sus corazones, pues no reciben suficiente atención ni amor. No se tendría que llegar a ese extremo. Transmitamos los valores del amor y de la compasión desde la más temprana edad y las cualidades de la madre reaparecerán en la vida de cada uno. (M.J.1) *Ver Dharma*

✶ Amor y Respeto: "Uno debería tener una devoción reverente hacia el *Guru*. Además, se debería mantener una estrecha relación con el *Guru* y sentir que el *Guru* es uno con nosotros. La relación debería ser como la de un niño con su madre. Cuanto más intente una madre separarse de su hijo, más se aferrará éste a ella. Aunque la devoción reverencial nos ayude a progresar espiritualmente, los auténticos beneficios solo se obtienen mediante una estrecha relación con el *Guru*." (M.D.2)

✳ Las madres son las más aptas para plantar las semillas del amor, de solidaridad universal y de paciencia en la mente de los seres humanos. Hay un lazo especial entre una madre y su hijo. Las cualidades propias de la madre son transmitidas al hijo, incluso a través de la leche materna. La madre comprende el corazón de su hijo, vierte su amor en el niño, le enseña los aspectos positivos de la vida y corrige sus errores. Si atravesamos frecuentemente un campo de hierba tierna, se formará rápidamente una senda. Los buenos pensamientos y las virtudes positivas que desarrollemos en nuestros hijos, permanecerán siempre. Es sencillo moldear el carácter de un niño en una edad temprana, y resulta más difícil a medida que crece. (M.M.3) *Ver Maternidad*

✳ Una persona puede alcanzar la salvación, aunque lleve la vida propia de un cabeza de familia. Pero, en ese caso, tendrá que ser un auténtico cabeza de familia.

En la antigüedad, se recitaba un mantra en el oído del niño, nada más nacer. Todos creían en Dios.

De ese modo el niño crecía en brahmacharya (celibato y disciplina). Tras completar sus estudios en el *ashram* de un maestro, podía iniciar una vida familiar contrayendo matrimonio con una mujer que se había formado espiritualmente de igual manera que él.

Tras la boda, cuando la mujer quedaba embarazada, vivía en constante memoria de Dios. Cumplía con un voto de silencio y realizaba otros rituales durante seis meses. El esposo hacía lo mismo. De esta forma, podía nacer de ellos un niño eminente. La naturaleza del niño dependía del modo de pensar de la madre durante el embarazo. (M.S.4)

✻ Hay dos tipos de educación. La educación para ganarse la vida y la educación para saber cómo vivir. Cuando estudiamos en la universidad intentamos conseguir un título para ejercer como abogados, ingenieros o médicos. Esta es la educación para ganarse la vida. Pero la educación sobre como vivir requiere una comprensión de los principios esenciales de la espiritualidad. Por este medio obtenemos una compresión profunda del mundo, de nuestra mente y emociones, así como de nosotros mismos. Todos sabemos que el verdadero objetivo de la educación no pretende formar personas que sólo entiendan el lenguaje de las máquinas. El principal propósito de la educación debería ser una *formación del corazón*, una formación asentada en valores espirituales. (M.D.4) *Ver Religión*.

✻ El gobierno de la India está haciendo mucho para solventar los problemas de la superpoblación y de la contaminación. Las epidemias se han reducido considerablemente pero la necesidad fundamental es educar a la gente de la manera correcta.

Dar dinero a un pobre no garantiza que se lo gaste en comida. Puede malgastarlo en alcohol y tabaco. Por tanto, deberíamos en primer lugar ayudarle a tener una comprensión correcta e intentar despertar el sentido del *dharma* (rectitud y responsabilidad en él). (M.J.6) *Ver Actitud*

Ego

✶ Sólo existe la alegría para quien está libre del egoísmo. (C.4)

✶ Si no estamos preparados para ofrecer nuestro ego, de alguna manera Dios lo extraerá de nosotros. (C.4)

✶ El viento de la Gracia de Dios no puede elevarnos si vamos cargados de deseos y ego. (C.5)

✶ *¿Cuál es el problema en el mundo?*

Ninguno. El problema está en nuestro interior, es nuestro ego. Debemos cambiar nuestra actitud hacia el mundo.

¿El ego?

Sí, el ego es el que nos impide sentir compasión hacia los demás, porque cometemos el error de creer que somos diferentes.

Eso es inmadurez

Los adultos creen que han crecido, que la inocencia o la ingenuidad es algo de lo que deben avergonzarse, pero lo único que ha crecido es el ego. El corazón está atrofiado. Cualidades esenciales como la compasión y el amor están hoy en su lecho de muerte.

La compasión no mira las debilidades de los demás. No hace distinción entre buenos y malos. No traza líneas divisorias entre dos países, dos creencias o dos religiones. La compasión no tiene ego, y olvida y perdona. (M.M.0) *Ver Amor*

✶ Aquellos que hieren a otros por egoísmo están, de hecho, cavando un foso en el que caerán al final ellos mismos. Equivale a lanzar una piedra al aire y esperar a que caiga: la piedra caerá finalmente sobre nuestra propia cabeza. (M.D.0)

❋ Tenemos muchos líderes que no son auténticos, pues no aceptan ser servidores. Ese es el camino para llegar a ser un verdadero líder. (M.D.0)

❋ Sólo cuando seáis capaces de amar de forma totalmente desinteresada, Amma considerará que la amáis verdaderamente. Amma no puede considerar las otras formas de amor como amor. El amor que nace del egoísmo es insoportable para Amma. (M.M.1)

❋ Amma dice que el ego es el mayor obstáculo para recibir la Gracia divina. Si el ego es poderoso, no podemos dar amor ni recibirlo. A veces, nos obliga a comportarnos tontamente para conseguir la atención o el respeto de los demás. Amma cuenta una historia para mostrarnos esta tendencia del ego.

En cierta ocasión, un oficial del ejército americano ascendió a la categoría de coronel. Nada más ocupar su nuevo cargo, se sentó orgullosamente en su despacho y esperó a que alguien se presentara. Cuando la primera visita llamó a la puerta, le dijo "adelante, ya puede pasar". A continuación descolgó el teléfono y marcó un número. Después de una breve pausa se puso a hablar. Estaba hablando con Bill Clinton, el Presidente de los Estados Unidos.

Le dijo, "Oye Bill, ¿cómo va todo por la Casa Blanca? Espero que hayas disfrutado de tu viaje por la India. Deséale lo mejor a Hillary en las próximas elecciones para el Senado. Tened cuidado. Si, tú también. De acuerdo, adiós..." A continuación colgó el teléfono. Después se dirigió a la persona que acababa de entrar en la oficina y le dijo: "Sí, ¿qué es lo que desea?" El hombre respondió: "Discúlpeme Señor, soy el empleado del departamento de telecomunicaciones. Venía a conectar su teléfono, pues aún no hemos hecho la conexión."

Ego

Podemos imaginar lo absurdo de la situación y cómo se sintió el coronel. Cuando queremos hacer valer nuestro ego, hacemos a menudo cosas bien ridículas ante los demás.

Naturalmente, todos tienen un ego, desde la persona más rica hasta la más pobre. Puesto que es muy difícil trascender ese ego, deberíamos, al menos, intentar deshacernos de él. Amma cuenta una historia para mostrarnos cómo incluso la gente más instruida puede tener una actitud egoísta.

Un día, un erudito estaba dando una charla. Además de ser una persona culta, era muy egoísta y orgullosa de su conocimiento. Aquel día explicaba el episodio bíblico en el que Jesús alimentó a 5.000 personas con 5 panes. Pero como se había olvidado sus gafas, intentó narrar de memoria el episodio. Cuando llegó al punto culminante del relato, el erudito proclamó triunfalmente: "Y entonces, ¡nuestro Señor Jesús alimentó a 5 personas con tan solo 5.000 panes!" ¿Qué ha dicho? ¿Qué tiene eso de grande? ¡Hasta yo mismo podría alimentar a 5 personas con 5.000 panes! El erudito se dio cuenta de su error, pero era demasiado orgulloso para admitirlo. En su lugar, se limitó a contestarle bruscamente, "Eh, sabiondo, siéntese y escuche. ¡No quiero oír ningún otro comentario!" A la semana siguiente, el erudito se aseguró de llevar sus gafas, y contó la historia sin equivocarse: "¡Y entonces nuestro Señor Jesús alimentó a 5.000 personas con tan solo 5 panes! ¿Quién sino el podría hacer un milagro parecido? Pero de nuevo, el mismo hombre se levantó y gritó: "¡Y qué hay de grande en eso? Hasta yo mismo podría hacerlo. El erudito le preguntó asombrado:" ¿Qué quiere usted decir? ¿Cómo iba a alimentar a 5.000 personas con tan solo cinco panes?" A lo que el hombre replicó: "Los alimentaría con los restos de la semana pasada."

Amma no desea mofarse de nadie, sólo quiere mostrar como el ego engaña hasta a las personas más instruídas y educadas. Todos cometemos fallos, todos nos equivocamos, pero nuestro auténtico progreso empieza con la voluntad y el coraje de admitir nuestros errores. Desgraciadamente, nuestro ego raramente nos permite reconocerlos.

El principal obstáculo en nuestro camino hacia a Dios es el egoísmo. El egoísmo desaparece automáticamente cuando sentimos compasión hacia los demás.

Hasta que no seas consciente de que estás indefenso, de que tu ego no puede salvarte, de que todo lo que has adquirido no es nada, Dios y el *Guru* seguirán creando las circunstancias necesarias para hacerte comprender esta verdad. (M.S.1)

✳ *¿Qué es el ego?*

"De hecho, estás preguntando "¿qué es lo irreal?" Pero, ¿cómo describir lo que es irreal? ¿Cómo hablar de algo que está desprovisto de realidad, que no existe? Y, ¿cómo hablar de lo real? Amma no puede daros más que unas indicaciones. La mente es el ego. Pero el ego es una gran falsedad, una mentira. Es irreal.

Había una vez un pequeño pastor que sacaba las vacas a primera hora de la mañana y las recogía en el establo por la tarde. Un día, cuando estaba atando las vacas, se dio cuenta de que le faltaba una cuerda. Tenía miedo de que la vaca se escapase y era demasiado tarde para ir a comprar otra cuerda. El muchacho no sabía que hacer y fue a consultar a un sabio que vivía no lejos de allí. Éste le aconsejó que simulara que sujetaba a la vaca, asegurándose de que la vaca lo viera. El muchacho siguió sus instrucciones e hizo como si sujetara la vaca. A la mañana siguiente, comprobó que la vaca no se había escapado durante la noche. Soltó a todas las otras vacas como siempre, y el rebaño salió a pastar. Cuando también él se disponía a salir, se dio cuenta de que la vaca sin cuerda seguía en el establo, en el mismo lugar. Intentó persuadirla para que se uniera al rebaño, pero no se movía. Perplejo, el muchacho volvió a visitar al sabio y éste le dijo: "La vaca cree que está atada. Vuelve al establo y simula que la desatas." Esto hizo que la vaca, toda contenta, también saliera del establo.

Eso es lo que hace el *Guru* con el ego del discípulo. Le ayuda a deshacerse de lo que nunca ha existido. Como la vaca, creemos que estamos sujetos por el ego cuando en realidad, somos totalmente libres. Esto se debe a la ignorancia. Pero es necesario que estemos convencidos. El ego es una ilusión que no tiene existencia propia. Si nos parece real, es gracias al poder que toma del *Atman* (el Ser). Está animado por el *Atman*. El ego, en sí, se parece a la materia muerta, pues sin el *Atman*, no tendría vida alguna. Dejad de sostener el ego, y acabará desapareciendo. Somos nosotros mismos los que le otorgamos realidad, cuando es irreal. Descubrid lo que es, o mejor, lo que no es, y eso hará que desaparezca.

Un perro agita la cola y no es la cola la que agita al perro. ¡Menudo desastre si la cola agitara al perro! Esto mismo sirve para la mente. La mente, el ego, debería convertirse en un instrumento útil. Un buscador espiritual (*sadhak*) no tendría que dejarse gobernar por los caprichos y las fantasías de la mente.

El ego está formado por nuestros pensamientos y nuestra mente. Los pensamientos los creamos nosotros mismos. Hacemos que sean reales por nuestra voluntad. Si les retiramos nuestro apoyo, se disuelven. Basta con observar nuestros pensamientos. Las nubes en el cielo adoptan forman variadas y no cesan de cambiar. Podéis ver cómo pasan imágenes con distintas formas que evocan el rostro de una divinidad, un animal o un barco de vela. Un niño creerá, tal vez, que todas estas formas son reales, pero sabemos que son una ilusión. De igual manera, nuestros pensamientos atraviesan la mente, que es el ego. Ellos adoptan diferentes formas, pero no son más reales que la forma de una nube en el cielo. Si observamos nuestros pensamientos, actuando como testigos, mientras atraviesan la mente, éstos no nos causarán ningún efecto, no tendrán influencia sobre nosotros.

Un león de madera de sándalo le parece real a un niño, pero un adulto sólo ve un trozo de madera de sándalo. La madera queda oculta a los ojos del niño quien sólo ve un león. Un adulto aprecia la forma de león, pero sabe que no actúa como un verdadero león. A sus ojos, la madera es real, no el león. De igual forma, a los ojos de un ser realizado, el universo entero no es más que la esencia, la "madera" que lo engloba todo, *Brahman* o la Conciencia Absoluta.

¿Qué supone la muerte del ego para aquel que busca sinceramente el estado de moksha (la liberación del ciclo de nacimientos y muertes)?

"Si el ego no tiene realidad, ¿a qué ego te refieres? Somos nosotros los que imponemos lo irreal a lo real. La única cosa que realmente existe es Brahman. No se trata de un descubrimiento, sino simplemente de un velo que se retira."

¿Qué signos indican que alguien ha trascendido ciertamente, el ego?

"Aquel que ha trascendido el ego se convierte en una ofrenda al mundo, como una varita de incienso que se consume, ofreciendo su perfume a los demás. Una persona así no tiene el sentido de "el otro". Es difícil decir que signo indica a ciencia cierta que un ser ha trascendido el ego. Los seres humanos hacen cosas semejantes, imitan tal o cual rasgo; pero en el caso de un maestro auténtico, que no se identifica realmente con el ego, todo su ser y hasta la más mínima acción, son pura expresión de amor divino y de sacrificio. Es imposible imitar el amor divino y el sacrificio personal."

¿Puede un maestro aniquilar completamente el ego?

"Un mahatma (un alma grande) es un ser que deja de identificarse por completo con el ego y percibe todas las cosas como una extensión del Ser. Por ignorancia, nos identificamos con el ego, que no es real, pero un mahatma no se identifica en absoluto con el ego."

¿Cómo puede el Guru ayudar al discípulo a aniquilar el ego?

"Un maestro auténtico crea situaciones que le permitan al buscador salir de su sueño. El discípulo desea seguir durmiendo, pero el maestro desea que se despierte. Todo el esfuerzo del maestro consiste en conducir al discípulo, de una manera u otra, hacia la realidad de su auténtica existencia."

Se dice que el ego procura mantener su influencia sobre el individuo sin importar el medio empleado, incluso adoptando la máscara de nuestra aspiración espiritual. ¿Qué cualidades son esenciales para triunfar en la lucha contra las artimañas infinitas del ego?

"Se trata de cumplir con nuestro *dharma* (rectitud) con la mayor *shraddha* posible. Shraddha es una cualidad muy importante al inicio del camino espiritual. Es absolutamente esencial."

¿Qué es shraddha? ¿Es la fe en la posibilidad de trascender el ego en esta vida?

"*Shraddha*, es más que la fe en sí. Es la confianza y el amor. Para trascender el ego son necesarios los dos: la confianza en la existencia de una realidad superior, el amor hacia esa realidad y una ferviente aspiración para llegar a conocerla",

Para enfrentarse a las tentaciones del ego, ¿cuál es la mejor manera de cultivar el discernimiento?

Al igual que un niño abandona, a medida que crece, sus juegos y su dependencia con los mayores, un buscador auténtico, a medida que progresa y desarrolla su comprensión, adquiere la capacidad de discernir entre lo que es eterno y lo que no lo es. Esta facultad de discernimiento se despierta en nosotros cuando desarrollamos madurez y una justa comprensión. Cuando aprendemos a evaluar las experiencias de la vida en su justo valor, automáticamente, empezamos a hacer uso de nuestro espíritu de discernimiento. Se trata de un florecimiento interior, similar al que se produce en el capullo de una flor. Forma parte de un proceso lento, pero constante. Toda experiencia que la vida nos aporta, ya sea buena o mala, contiene un mensaje divino. Id más allá de la superficie y recibiréis el mensaje. Nada viene del exterior, todo está en vosotros. El universo está contenido en vosotros. Encontraréis el camino a pesar de las tentaciones y de los desafíos. Sólo una persona experimentada os puede ayudar. El camino que conduce a *moksha* (liberación) es muy sutil y a su vez fácil, para un aspirante espiritual, sucumbir a la ilusión.

¿Qué papel desempeña el maestro espiritual que guía al buscador por el camino de moksha?

"Si queréis aprender a conducir tendréis que realizar un curso con un conductor experimentado. Un niño debe aprender a atarse los zapatos. ¿Cómo va a aprender matemáticas sin un profesor? Incluso un carterista tiene necesidad de que alguien le enseñe el arte de robar. Si los maestros son indispensables en la vida ordinaria, ¿no lo van a ser todavía más en la vida espiritual, que es tan sutil?

Aunque este conocimiento sutil sea nuestra verdadera naturaleza, nos hemos identificado con el mundo de los nombres y las formas durante tanto tiempo, que creemos que son reales. Pero, en realidad, no hay nada que enseñar. El maestro os ayuda simplemente a hacer el viaje hasta vuestro destino.

Si queréis llegar hasta un lugar lejano, compraréis, sin duda, un mapa, y lo estudiaréis bien, pero si se trata de un lugar totalmente extraño, de un lugar desconocido, no podéis saber nada de él hasta llegar allí. El mapa os dirá muy poco sobre el viaje, sobre las subidas y bajadas o sobre los peligros a los que tendréis que hacer frente. Será, pues, mejor seguir las instrucciones de alguien que ya ha hecho el viaje, que conoce el camino. En el camino espiritual, debemos escuchar, ciertamente, las palabras del maestro, y asumirlas. Para recibir, se debe ser humilde. Si escuchamos realmente, si aceptamos con sinceridad, entonces asimilaremos correctamente las enseñanzas.

Cuando se trata de trascender el ego, se dice que es muy importante para el discípulo someterse a un Guru, ¿Por qué?

"El ego se asienta sobre la mente. Cualquier obstáculo puede sujetarse a través de la mente, pero no el ego, pues es más sutil que la mente. Solo mediante la obediencia a aquel que está establecido en la experiencia suprema, es posible vencer al ego".

Usted no ha tenido un Guru exterior, y sin embargo ha trascendido completamente el ego. Parece que lo "sin forma" ha sido vuestro Guru, lo que os ha permitido recorrer el camino.

"Sí, se puede formular así. Pero Amma consideró a la creación entera como su *Guru*."

La obediencia perfecta al Guru es, en definitiva, lo mismo que la muerte del ego?

"Sí. Por eso el Satguru (el maestro espiritual realizado) está descrito en la *Katha Upanishad* bajo los rasgos de Yama, el dios de la muerte. La muerte del ego del discípulo sólo se puede conseguir mediante la ayuda de un *Satguru*.

La obediencia no se le puede imponer a un discípulo. El maestro es para él una formidable fuente de inspiración, es la encarnación de la humildad. La obediencia y la humildad emergen espontáneamente en presencia del maestro".

Afrontar la muerte del ego exige un gran valor.

"Sí, son muy pocos los capaces. Si tenéis el coraje y la determinación necesarios para llamar a la puerta de la muerte, veréis que no hay muerte. Pues la misma muerte, o la muerte del ego, es una ilusión".

Algunos maestros espirituales muy poderosos parecen haber sido arrastrados por fuerzas impuras del ego. ¿Consideráis que las experiencias espirituales pueden, a veces, reforzar el ego, en lugar de destruirlo?

"Según Amma, los maestros a los que os referís no han alcanzado la Realización. Un maestro que ha realizado el Ser es totalmente independiente. Tales seres no dependen, para su felicidad, de ningún objeto externo, pues solo son beatitud; una beatitud que encuentran en su propio *Atman*. Amma podría expresarlo así: cada hecho parte de una multitud, a excepción de los maestros realizados. En realidad, salvo esas almas, no existen individuos. Sólo un ser realizado constituye un individuo único, totalmente libre de la multitud. Sólo un alma así es independiente, en el mundo de la beatitud.

Los maestros espirituales auténticos deben dar ejemplo a través de sus acciones y de su vida. Aquellos que abusan de su posición y su poder, que se aprovechan de los demás no encuentran, evidentemente, toda la gloria y contentamiento en su interior. No son, pues, maestros realizados. ¿Un maestro realizado rechazará el poder o la adulación de las multitudes? Aquellos que están ávidos están todavía bajo el dominio del ego. Puede que se proclamen como realizados, pero no lo son. Un maestro perfecto no reivindica nada, se contenta con ser, es una presencia.

Hasta el instante que precede a la realización, nadie está a salvo de tentaciones y deseos".

Ego

Aparte de usted, ¿se convierten esas personas en más orgullosas con las experiencias espirituales? ¿Refuerza el ego de manera negativa?

"Esas personas han sido víctimas de una ilusión y sumergen a los demás en la confusión. Sólo pueden arrastrarnos a un mundo ilusorio. Algunos entreven algo, tienen una experiencia espiritual y se creen entonces que han alcanzado *moksha*. Un ego sutil es más peligroso que un ego inflado. Ni el mismo individuo comprenderá que es el ego sutil el que lo guía, el que le motiva, y ese ego sutil se convierte en parte integral de su naturaleza. Esos seres estarán dispuestos a todo con tal de obtener gloria y honores.

Amma también considera que esta clase de orgullo les hace perder la facultad de escuchar. Y en el camino espiritual, es muy importante saber escuchar. Una persona que no escucha no puede ser humilde. Sólo cuando somos realmente humildes, puede florecer la pura Conciencia que ya existe en nosotros. Sólo aquel que es más humilde que el más humilde puede ser considerado el más grande de entre los grandes".

Dado que las experiencias espirituales refuerzan a veces el ego, ¿es necesario desarrollar al principio una cierta pureza?

"Resulta inútil estar obsesionado por la pureza. Concentraos sobre vuestro *dharma*, cumplirlo con una actitud justa y con amor. Entonces surgirá la pureza por sí misma."

¿Qué significado le da a la palabra dharma?

"*Dharma* es la acción justa, en el lugar justo y en el momento justo".

¿Cómo conocer nuestro dharma?

"Al amar la vida con la actitud justa y con una justa comprensión, sabremos que es lo que tenemos que hacer. Y al cumplir con nuestro *dharma*, conseguiremos la pureza".

¿Cómo desarrollar esta clase de amor?

"El amor no tiene necesidad de ser desarrollado, ya está en nosotros en toda su plenitud. La vida no puede existir sin amor, los dos son inseparables. El amor y la vida no son dos cosas diferentes, el amor y la vida forman una unidad. Si trabajáis un poco canalizando vuestras energías en la buena dirección, el amor se despertará en vosotros.

Se debe estar firmemente determinado para alcanzar la meta de la liberación, y poner toda nuestra atención en ello. Entonces despertarán en vosotros virtudes como el amor, la paciencia, el entusiasmo y el optimismo. Ellas os ayudarán a alcanzar vuestro objetivo."

Muchas personas aprecian en usted la encarnación del amor incondicional y es cierto que acogéis en vuestros brazos a todos los que os vienen a ver. Pero he oído decir que podéis ser muy dura con vuestros discípulos. ¿Cómo se pueden compaginar dos métodos de enseñanza diferentes?

"Para Amma, no son dos métodos diferentes. Amma sólo tiene un método, que es el amor. Ese amor se expresa bajo la forma de paciencia y compasión. Pero si un ciervo se come las flores tiernas de vuestro jardín, no bastará con decirle gentilmente: "Por favor, ciervo, no te comas las flores." Habrá que gritarle y mostrarle un palo. A veces es necesario mostrarse así para corregir al discípulo. Kali es el aspecto que adopta la Madre llena de compasión cuando trata de castigar. Pero mirad sus ojos... no hay cólera en ellos.

Amma sólo corrige a aquellos que han elegido permanecer junto a ella, y sólo lo hace cuando están preparados. Un discípulo es aquel que acepta libremente la disciplina. Al principio el *Guru* une al discípulo a él, gracias a su amor infinito e incondicional. Así, cuando llega el momento de la disciplina, el discípulo ya tiene conciencia de la presencia de ese amor en todas las situaciones.

Ego

Amma ayuda a sus hijos a permanecer siempre conscientes y vigilantes. El amor tiene numerosos aspectos. Cuando Amma impone una disciplina a sus hijos, lo hace con la única finalidad de guiarlos por el camino que los conducirá al pleno florecimiento de sus seres. Este florecimiento sólo puede producirse en una atmósfera favorable. No puede ser nunca forzada. Un maestro auténtico no fuerza jamás a sus discípulos, pues la pura conciencia no se impone nunca. El maestro es como el espacio, como el cielo sin límites, y el espacio no puede haceros mal. Sólo el ego desea forzar y puede herir. Amma continuará siempre con paciencia y creará las situaciones favorables para que ese florecimiento interior se produzca en sus hijos.

La relación *Guru*-discípulo es la relación suprema. El lazo de amor entre el *Guru* y el *shishya* (discípulo) es tan poderoso que a veces se tiene el sentimiento de que no existe ni *Guru* ni discípulo, desaparece el sentimiento de separación".

¿Qué hacéis cuando el ego se apodera de uno de vuestros discípulos?

"Afectuosamente, Amma ayuda a sus hijos a tomar conciencia del daño que puede causar el dominio del ego y les muestra como liberarse.

Algunos psicoterapeutas y determinadas enseñanzas occidentales creen que antes de intentar trascender el ego, es necesario desarrollarlo y hacerlo fuerte. Afirman que la mayoría de nosotros tenemos un ego débil o herido, por la serie de traumatismos emocionales y psicológicos sufridos a lo largo de nuestra vida y proponen diferentes formas de terapia para ayudarnos a construir nuestro carácter, nuestro ego y nuestra individualidad.

Usted ha tenido una infancia bastante difícil: habéis sido tratada duramente e incluso golpeada. Y, sin embargo, habéis trascendido completamente el ego. ¿Estáis de acuerdo con los que enseñan que antes de buscar la iluminación, debemos edificar el ego y, a continuación, buscar sólo la forma de trascenderlo?

"La mayoría de la gente ha sido profundamente herida, de una manera u otra, en el pasado. Habitualmente, esas heridas no cicatrizan. Ellas no proceden sólo de nuestra vida actual, sino incluso de vidas anteriores, y ningún médico o psicólogo las puede curar. Un médico o psicólogo podrá, en cierta medida, ayudar a la gente a vivir con sus heridas, pero no podrá curarlas. No ha penetrado lo suficiente en su propio espíritu para curar sus propias heridas, y todavía menos en el espíritu de su paciente. Sólo un maestro auténtico, que está perfectamente libre de toda limitación, que ha trascendido la mente, es capaz de penetrar en el espíritu de una persona y tratar esas heridas abiertas con su energía infinita. La vía espiritual, sobre todo bajo la dirección de un *Satguru*, no debilita lo psíquico, sino que lo refuerza.

La causa última de todas nuestras heridas emocionales es nuestra separación del *Atman*, que es nuestra verdadera naturaleza. Quien quiera consultar un psicólogo, puede hacerlo, no hay nada malo en ello. Pero abandonar la espiritualidad para tratar de reforzar el ego no hará nada más que perpetuar este sentimiento de separación y conducirnos a mayores sufrimientos. ¿Acaso hay alguien que diga: Iré a consultar al médico cuando me encuentre mejor? Esperar a que se den las circunstancias favorables interiores o exteriores para iniciar el viaje espiritual, es como si esperáramos en la playa a que no haya ninguna ola para empezar a bañarnos. Ese momento no llegará nunca. Cada minuto de nuestra vida es tan precioso y una oportunidad tan única, que no debemos desperdiciarlo." (M.D.1)

✴ Hijos, lo que necesitáis ahora es practicar espiritualmente. Esas prácticas os permitirán eliminar el ego. La disciplina es indispensable. Sin ella no podremos alcanzar la meta. (M.D.1) *Ver Ashram*

Ego

* Las Reglas y normas son necesarias para nuestro desarrollo espiritual. Deberíamos guiar nuestra vida de acuerdo con los principios espirituales. El ego es el que dice: "Yo soy mi propio jefe." A no ser que rompamos la dura concha del ego, será imposible la Auto-Realización. Para que esto ocurra, un *sadhak* (discípulo) debe cultivar, primero y ante todo, la obediencia. (M.M.2)

* *¿Puede un ser egoísta llegar a ser altruista por su propio esfuerzo? ¿Tenemos la posibilidad de cambiar nuestra propia naturaleza?*

Sin ninguna duda. Si tenéis una comprensión adecuada de los principios espirituales, vuestro egoísmo disminuirá. Un método excelente para disminuir nuestro egoísmo consiste en realizar acciones sin esperar ningún resultado personal. Recordad siempre que no sois más que un instrumento en manos de Dios. Debéis tener la actitud interior siguiente: "Yo no soy el que actúa, es Dios el que me hace hacer todas las cosas." Si mantenéis esa actitud, poco a poco, desaparecerá vuestro egoísmo.

Un hombre gritó desde lo alto de una escalera: "¡Ahora mismo bajo!" Pero da dos pasos y sufre un ataque cardíaco, se tambalea y se desploma. Hijos míos, el instante siguiente no está en nuestras manos. Si vivimos conscientes de esa verdad, ¿cómo vamos a mostrarnos llenos de ego? Cuando respiramos no tenemos ninguna garantía de que vayamos a respirar de nuevo. Es el poder divino el que nos hace vivir cada instante. Si somos conscientes, seremos espontáneamente humildes, nuestra actitud hacia el Todopoderoso será una actitud de adoración. En cada paso que demos, nuestra mente estará concentrada en Él y nuestros esfuerzos se verán coronados por el éxito. (M.D.2)

* *¿Quiénes son los enemigos internos?*

El ego, los celos, el odio, y la codicia son algunos de esos enemigos.

Todas nuestras emociones negativas surgen del ego. Reconocer el ego es difícil. La medicina para eliminar la enfermedad del ego es el amor. (M.D.3) *Ver Amor*

* *El devoto versado en Vedanta preguntó a continuación: "Amma, ¿hay alguna diferencia entre el Bhagavan Sakshatkara y Brahma Sakshatkara – entre la realización de Dios y la realización de Brahman (la Verdad absoluta, no-dual e impersonal)?"*

Amma le dijo que no había realmente diferencia y añadió: "Algunos consiguen a veces una visión de su deidad o de Dios, pero mantienen su ego. Deberían ir más allá para conseguir la realización final. Por ejemplo, el santo Namdev solía tener visiones de Sri Krishna pero conservaba su ego."

Al oír aquella respuesta, otro devoto se animó a preguntar: "Amma, todos nosotros te estamos viendo en este momento. ¿Qué diferencia hay entre verte a ti y tener una visión de Dios?"

A lo que Amma contestó: "Eso depende de tu actitud. Arjuna vio en un primer momento al Señor Krishna como un amigo y camarada, pero más tarde, al alcanzar la realización de la Verdad, vio a Krishna como la encarnación perfecta de la Conciencia Suprema". (M.M.4)

* Un *sadhak* no debería tener ni una mácula de egoísmo. El egoísmo actúa como los insectos, que succionan la miel de las flores. Si se deja que crezcan en la planta, sus frutos se verán infectados de insectos y se perderán. De igual forma, si dejamos que crezca el egoísmo, roerá todas nuestras buenas cualidades. (M.S.4)

* Aunque uno pueda entrar en contacto con un *Guru*, sólo será aceptado como discípulo si es apto. Sin la Gracia del *Guru*, no se puede conocer al *Guru*. Aquel que realmente busca la Verdad será humilde y sencillo. La Gracia del *Guru* sólo se derramará

sobre una persona así. Una persona llena de ego no puede tener acceso al *Guru*. (M.D.4)

✻ Cuando el ego es eliminado nos convertimos en esa Suprema Conciencia. En la vida de un *Mahatma*, hay algo nuevo en cada momento. Un *Mahatma* es la Suprema Conciencia residiendo en todo, iluminándolo todo. Cuando trascendemos el ego, nos convertimos en Todo. (M.M.5) *Ver Avatar*

✻ Las acciones del ego pueden ser conocidas como *karma* en sentido estricto. (M.M.5) *Ver Karma*

✻ La causa básica de toda la destrucción es el ego. Hay dos clases de ego que crean sufrimiento en el mundo. Uno es el ego del poder y el enriquecimiento. El segundo es el ego que piensa: "Sólo es válida mi opinión y no la de los demás. Mi religión es la única verdadera, las otras están equivocadas y no son necesarias." Hasta que no sean erradicados estos dos tipos de ego, no habrá paz en el mundo. (M.J.5) *Ver Amor*

✻ Hablamos de lo que contaminan las fábricas, el medio ambiente, pero hay una contaminación mayor: el ego de los humanos. Mas que ninguna otra cosa, esto es lo que debería preocuparos. Los *bhajans* y la oración ayudarán a purificar la mente egoísta. (M.J.5) *Ver Orar*

✻ Es el ego la cosa menos interesante que está contenida en nosotros. Debemos deshacernos del ego. Mientras desarrollamos estas cualidades, nos iremos deshaciendo poco a poco de nuestro ego. (M.D.5) *Ver Amor*

✻ Todos tienen la noción de "Soy una persona importante" o de "Soy bastante bueno en muchas cosas". Siempre predomina el ego. Cuando desaparece el ego y mantienes la actitud de "Sólo soy un instrumento en las Manos de Dios" y "Sin Dios estoy desamparado, pues si soy capaz de hacer algo es por el poder de Dios", entonces te conviertes en un instrumento en las Manos de Dios. Llegarás a sentir la Gracia de Dios. Dios o tu *Guru* te ayudarán finalmente. (M.S.5)

✶ Si apareciera la más ligera traza de ego en los corazones de los hijos de la Madre, ella misma lo barrería en ese momento. La Madre está dispuesta a nacer cuantas veces sea necesario por el bien de sus hijos, pero no será nunca una sirvienta del ego. (M.J.6)

✶ Amma cuenta una historia:

Antes de que viviera Krishna, hubo un monarca llamado Mahabali. Era emperador del mundo entero. Gobernaba con sabiduría y era conocido por su generosidad. Se enorgullecía de dar cualquier cosa que se le pidiera. La paz y la prosperidad reinaban en la tierra. Todos le querían. Parecía que el cielo había bajado a la tierra.

Pero en el cielo, las cosas estaban a punto de experimentar un pequeño cambio. El éxito de Mahabali en la tierra se le subió a la cabeza. Se volvió orgulloso y egoísta. Decidió extender su dominio también al cielo, y así lo hizo.

Pensaba: "Cuando las cosas se han hecho bien, hay que reconocerlo. ¡Y aquí se han hecho bien! Yo soy el hombre que ha hecho del planeta Tierra, un paraíso". Era natural que esperara que la gente le rindiera tributo ¿y por qué no los devas o dioses del cielo? ¿Acaso no les había conquistado a ellos también? ¿No era acaso el más grande?

En realidad, no lo era. Mahabali se había olvidado de Dios. Pero Dios nunca se olvida de nosotros. Sabía que era el momento de enseñar a Mahabali humildad y reverencia hacia el Todopoderoso.

El primer paso para poner las cosas en su sitio lo dieron los contrariados devas, molestos por ser gobernados por Mahabali. Decidieron pedirle ayuda al Señor Vishnu. Recogieron las firmas de todos los seres celestiales y presentaron su petición al Señor. Le dijeron: "¿Adónde va a ir a parar el mundo si un asura (demonio) gobierna sobre los devas?"

El Señor Vishnu, siempre dispuesto para servir a sus devotos, estuvo de acuerdo en ayudar. Se encarnó en la tierra como Vamana, un joven brahmán sencillo y sin pretensiones, que llevaba una sombrilla sobre su cabeza. Salió a escena cuando Mahabali acababa de terminar una *puja* (culto ritual) y estaba dando limosna a todos los que se acercaban, según la costumbre. Vamana se le acercó. Cuando Mahabali vio al joven brahmán, no se dio cuenta de quién era. Pero su *Guru*, Shukracharya que estaba presente, tenía una visión más aguda y reconoció en el muchacho al Señor Vishnu. También se dio cuenta de que el Señor había venido para poner fin al reino de Mahabali.

El muchacho se acercó a Mahabali y le preguntó: "Alteza, he oído hablar mucho de su generosidad e inquebrantable adhesión a la verdad. Se dice que está presto a dar cualquier cosa que la gente le pida ¿Es verdad?"

A Mahabali le gustó oír hablar de su reputación. Sonrió y dijo: "Soy un hombre de palabra. Pídeme cualquier cosa, muchacho, y te la concederé".

En este momento, Shukracharya fue hacia Mahabali y le advirtió de que no le concediera nada al muchacho. Le dijo claramente que era el Señor Vishnu. Pero Mahabali se enorgullecía de su honestidad tanto como de su generosidad. No podía echarse atrás una vez que había hecho un ofrecimiento. Le pidió de nuevo al muchacho que le dijera que deseaba exactamente.

Vamana sonrió y dijo: "Lo único que quiero es el trozo de tierra que puede ser cubierto en tres pasos". Mahabali se quedó sorprendido y después se rió. El muchacho era tan pequeño que tres pasos no supondrían mucho más que un puñado de tierra, pensó. Animó a Vamana para que le pidiera algo más sustancioso pero éste, educadamente, declinó la oferta. Y así, Mahabali le concedió su petición inicial.

Para su sorpresa, el joven brahmín empezó a crecer y a crecer. Sobrepasó a la persona más alta, después al árbol más grande y siguió creciendo hasta que, finalmente, su cabeza desapareció entre las nubes. Vamana dio el primer paso. Cubrió toda la tierra. Con el segundo paso cubrió el cielo. ¿Dónde iba a dar el tercer paso? Mahabali se dio cuenta de su estupidez, pensar que era mayor que el más grande. Sólo le quedaba una cosa: su ego. Humildemente, se postró ofreciendo su cabeza al Señor. Al ver su entrega, Vamana quedó complacido y le concedió el cumplimiento de un deseo. Con toda reverencia, Mahabali dijo que le gustaría visitar a sus súbditos una vez al año. Vamana se lo concedió, y poniendo el pie en la cabeza de Mahabali, le empujó hacia el mundo de las tinieblas.

Quizá os preguntéis por qué el Señor Vishnu le castigó. ¿Acaso Mahabali no había sido un gobernante sabio y amado por sus súbditos? ¿No fue siempre honesto y generoso? El Señor era consciente de las virtudes de Mahabali pero también de sus defectos: su orgullo y su amor por los placeres materiales. El Señor Vishnu quiso acabar con ellos. Al pisarle la cabeza, en realidad le concedió el conocimiento del Ser, el más alto conocimiento, el Señor Vishnu se convirtió en su guardián incluso en el mundo de las tinieblas.

El día en que Mahabali visita a sus súbditos es la fiesta de Onam. Hoy, las celebraciones consisten en sadhya (fiesta), *Onakkali* (juegos de Onam) y *pookkalam* decorativo (arreglos florales). No olvidemos el verdadero significado de Onam: entregarse humildemente al Señor, la fuente de toda paz y prosperidad. (M.D.6)

Ego

✳ Por desgracia, si hacemos un minucioso examen de nuestras palabras, no encontramos ningún rastro de humildad. Están llenas de ego, caracterizadas por la actitud: "Debería ser más que los demás".

Ignoramos esta gran verdad: que la grandeza de una persona radica en su humildad. Todos nuestros esfuerzos se concentran en ser "grandes" ante los demás. En realidad, sólo hacemos el ridículo. (M.D.6) *Ver Orar*

✳ La peregrinación a "Sabarimala" ofrece un elocuente testimonio sobre la transformación que se da en miles de personas a través del amor y la fe. A lo largo del período de 41 días de penitencia, durante el "Tiempo del Mandala" que precede a la peregrinación, la gente abandona la bebida, las malas compañías, renuncia al ego, practica la abstinencia y *brahmacharya*, todo esto ateniéndose al *dharma*. Además se amparan en la repetición del *mantra* "Swamiye Saranam". Al menos durante ese tiempo, las familias y toda la sociedad prescinden de la bebida y las drogas. Sin embargo, aun así hay quienes lanzan una lluvia de críticas. Argumentan: "Todo esto es un cuento chino para aprovecharse de la fe." (M.M.7) *Ver Actitud*

✳ Amma cuenta una historia:

Hace mucho tiempo vivieron dos santos, Vasishtha y Viswamitra. Los dos hicieron intensas prácticas espirituales durante cien años y adquirieron un gran poder espiritual. Pero la gente siempre mostraba más respeto hacia Vasishtha, honrándole con el título de "Brahmarshi". Con este término se hacía referencia a los santos que habían conseguido la más alta meta de la vida espiritual, la autorrealización. Aunque respetaban y temían a Viswamitra, la gente le llamaba "Rajarshi", que quiere decir rey entre los rishis (videntes). La razón por la que le temían era porque tenía muy mal genio e insultaba a todo aquel que le contrariaba. Viswamitra se daba cuenta de la diferencia de trato y se sentía molesto. ¿Por qué le honraban menos a él? Decidió elevar el asunto al Señor Brahma, el Creador del universo. Cuando llegó a su morada, Viswamitra le inquirió: "¿Por qué la gente le llama a Vasishtha "Brahmarshi" y a mí "Rajarshi"? ¿Es que yo soy inferior? ¿Acaso no hicimos las mismas austeridades? Entonces ¿por qué la gente no muestra hacia mí el mismo respeto que hacia él?

Brahma se puso nervioso. ¿Cómo podía contestar a esa pregunta? Sabía que si contrariaba a Viswamitra, no dudaría en insultarle. Así que, muy diplomáticamente, le dijo. "En realidad no sé porqué. Deberías preguntarle al Señor Shiva. Estoy seguro de que sabrá la respuesta."

Viswamitra se presentó en la morada de Shiva, Señor de la destrucción. Expuso el caso ante él y le hizo las mismas preguntas que a Brahma. Shiva también conocía perfectamente el carácter de Viswamitra, en especial su mal genio. Fingió no conocer la respuesta y lo envió al Señor Vishnu: "Si alguien sabe la razón, seguro que es Vishnu".

Cuando el Señor Vishnu, el Preservador del Universo, vio a Viswamitra, se puso nervioso. Antes de que lo pudiera mandar a Brahma o a Shiva, Viswamitra le comunicó que éstos le habían remitido a él. El Señor Vishnu se dio cuenta de que debía tener mucho cuidado si no quería recibir un insulto. Cuando Viswamitra hubo terminado de exponer el motivo de su enfado, Vishnu reflexionó durante unos momentos. Entonces llamó a Vasishtha a su morada en Vaikuntha.

Cuando Vasishtha llegó, Vishnu encargó a ambos rishis una tarea: "Bajad a la tierra los dos y dad de comer a mil personas que sean de categoría inferior a la vuestra. Cuando hayáis terminado, volved aquí".

Los dos marcharon de inmediato. Viswamitra fue a la tierra rápidamente, ofreció una suntuosa comida a mil personas y volvió volando. Cuando llegó a Vaikuntha, vio que Vashishtha todavía no había llegado. Le dijo a Vishnu: "Oh Señor, he hecho tal y como me mandaste."

"Pero dónde está Vasishtha?" preguntó Vishnu.

"¿Vasishtha? Es un vago y un inútil. ¡No va a ser capaz de dar de comer a mil personas, ya lo verás!" contestó Viswamitra con arrogancia.

Esperaron durante toda la mañana. El sol llegó al mediodía y después empezó a descender. Al atardecer, no había rastro de Vasishtha. Finalmente, llegó muy avanzada la noche.

"¿Qué ha ocurrido?" quiso saber Vishnu. "¿Por qué te ha costado tanto dar de comer a mil personas, Vasishtha?"

Vasishtha se postró ante el Señor y dijo: "Perdóname, mi Señor, pero tú querías que diera de comer a mil personas que fueran de categoría inferior a la mía. He buscado sin descanso, pero no he podido encontrar ni una sola alma que fuera inferior a mí. Lo siento, pero no he podido cumplir la tarea que me encomendaste."

Vishnu dirigió una expresiva mirada a Viswamitra, que se dio cuenta de su estupidez. Se dio cuenta de lo realmente humilde que era Vasishtha, ya que sólo podía ver al único Ser en todos. Se dio cuenta de que Vasishtha había alcanzado la última meta de la espiritualidad, mientras que él, por el contrario, era egoísta e irascible, y sólo podía ver sus propios talentos. Se dio cuenta de que todavía le quedaba un largo camino para llegar a ser humilde y ver al único Ser en todos. Finalmente comprendió por qué la gente le mostraba más respeto a Vasishtha: porque verdaderamente era un Brahmarshi. (M.M.7)

✻ Hoy en día todos desean convertirse en líderes. Nadie quiere ser un sirviente. Pero el mundo tiene necesidad de sirvientes, no de líderes. Un auténtico sirviente es un verdadero líder. El verdadero líder es aquel que sirve a los demás sin ego o sin deseos egoístas. La grandeza no se obtiene adquiriendo riquezas, no puede medirse por el modo en que vistes. La auténtica grandeza reside en la verdadera humildad y sencillez. (M.M.7)

✻ Nuestra verdadera naturaleza no es el egoísmo, sino el amor y la compasión.

Nuestro egoísmo y las acciones egoístas resultantes de él se deben a nuestra identificación con el ego, el sentido de "yo" y "mío".

La mayoría de la gente está hoy cegada por el ego. Hay dos tipos de ego. Uno es el del poder y el dinero. Pero el otro tipo es más destructivo. Es el ego que dice: "Sólo mi religión y mis opiniones son correctas. Todas las demás están equivocadas. No voy a tolerar ninguna otra cosa". Es como decir: "¡Mi madre es buena, la tuya es una prostituta!". Si no eliminamos estos dos tipos de ego, será difícil traer la paz al mundo. (M.J.7) *Ver Actitud*

✻ Hijos míos, Dios mora en lo profundo de nosotros como inocencia, como puro e inocente amor. Esta inocencia está ahora velada por los sentimientos egoístas de la mente. Pero el amor inocente está siempre ahí, sólo que lo hemos olvidado. Para redescubrirlo y recordarlo, necesitamos ir a lo más profundo de nuestro interior. (M.J.7)

✻ *¿Qué significa entregarse?*

Es una actitud hacia uno mismo. Hacia el propio Ser. Esto significa la aceptación total o eliminación del ego o ir más allá del ego. No quiere decir que elimines el ego completamente, sino que madure. (M.S.7)

* Debido al ego del discípulo, puede que esta fe no surja inicialmente. Pero si tiene inocencia y es consciente de la meta, dicha fe se irá desarrollando progresivamente. (M.D.7) *Ver Inocencia*

Entrega

✳ El discípulo debe asumir su propio *karma* (*prarabdam*). Pero cuando uno se entrega, el *Guru* elimina el noventa por ciento del *karma*. Si nos presentamos ante el *Guru* con una actitud de entrega, él podrá "descargar" nuestro *karma*. (M.S.1) *Ver Guru*

✳ La entrega no puede ser impuesta por el Maestro. Surge de forma natural en el corazón del discípulo. Es un cambio que se produce en su actitud, en su comprensión, y en su manera de hacer las cosas. El cambio procede del mundo interior. Toda la concepción de la vida cambia. Un auténtico Maestro, no obstante, no forzará jamás a un discípulo a la renuncia. Forzarlo, de la manera que sea, sería perjudicial, como el daño que se le haría a una flor intentando abrir sus pétalos, pues una agresión de ese tipo, destruiría la flor. La apertura del discípulo es un suceso que se produce espontáneamente, cuando se dan las condiciones favorables. El Maestro crea las situaciones necesarias para la eclosión del discípulo. En realidad, un auténtico Maestro no es una persona ya que no tiene cuerpo ni ego. Su cuerpo no es más que un instrumento que utiliza a fin de tener existencia en este mundo y ayudar a los demás. Dos personas pueden imponerse mutuamente sus ideas, pues están identificadas con su ego, pero un *Satguru*, que es la encarnación de la Conciencia Suprema, no puede imponerse a nadie, pues está más allá de la conciencia del cuerpo y del espíritu. El Maestro es inmenso como el cielo infinito. Existe, simplemente.

Si alguien intenta imponeros sus reglas o sus ideas, sabréis que es un falso maestro, aunque se postule como realizado. Un Maestro auténtico no postula nada. Está ahí, eso es todo. No le importa el que vosotros le abandonéis o no. Si lo abandonáis,

Entrega

dejaréis de obtener su beneficio; si no lo abandonáis, no cambiaréis nada. Tanto en un caso como en otro, el Maestro no se sentirá afectado. No se inquietará en absoluto. La simple presencia del Maestro, permite que la eclosión se realice de forma natural. El Maestro no hace nada especial para que se produzca. Él está para poder formaros sin necesidad de daros una enseñanza directa. Su simple presencia genera, automáticamente, un flujo constante de situaciones, en las que podéis llevar a cabo la experiencia de la Realidad suprema en toda su plenitud. Pero el Maestro no emplea ninguna coacción, ni pretende nada. El deseo de renuncia crecerá en vosotros a partir de la inmensa inspiración que aporta la presencia física del Maestro, pues el Maestro es la encarnación de todas las cualidades divinas. En él descubriréis la aceptación y la auténtica entrega de sí mismo, y tendréis, así, un ejemplo verdadero sobre el que apoyaros. (M.S.1)

✸ El discípulo que se entrega totalmente piensa: "No soy nada, ni nadie. Tú lo eres todo". La actitud de discípulo se despierta en aquellos que tienen esta humildad, y en ellos fluye la Gracia del *Guru*. Que mis hijos desarrollen madurez mental y humildad para merecer y recibir esa Gracia. (M.D.1) *Ver Guru*

✸ Decir lo que se debe hacer o no hacer carece de sentido si no estáis sinceramente decididos a aceptar las palabras del *Guru*. Por tanto, el *Guru* no os forzará, ni siquiera os pedirá, que hagáis algo que no deseáis hacer. (M.D.1)

✸ *"Amma, ¿Porqué hemos de confiar en Dios? ¿No basta con confiar en el auto esfuerzo? A fin de cuentas, tenemos todos los poderes en nuestro interior. ¿Acaso no han sido creados todos los dioses por el hombre?*

"Hijo, vivimos actualmente con la actitud de "yo" y "mío". Mientras persista esa actitud, no seremos capaces de encontrar el poder que tenemos dentro. Cuando una cortina cubre una ventana, no podemos ver el cielo. Si retiramos la cortina, el cielo resultará visible. De igual manera, si eliminamos el sentido de "yo" de nuestras mentes, seremos capaces de ver la luz que hay dentro de nosotros. Ese sentido no puede ser eliminado sin humildad y dedicación.

Para construir una canoa, la madera se calienta al fuego para que pueda adoptar la forma conveniente. Podemos decir que este proceso modela la madera hasta adquirir su auténtica forma. De modo similar, nuestra humildad revela nuestra verdadera forma.

Si un hilo es grueso o no tiene forma, no pasará a través del ojo de una aguja. Habrá que comprimirlo y afilarlo para que pueda pasar. Esa entrega por parte del hilo le da la capacidad de poder coser y unir innumerables piezas de tela. De igual manera, la entrega es el principio que lleva al ser individual *(jivatman)* al Ser supremo *(Paramatman)*. Todo está dentro de nosotros, pero para que salga fuera, necesitamos realizar un incesante esfuerzo.

Puede que tengamos talento musical, pero sólo si practicamos regularmente cantaremos de un modo que complazca a la audiencia. Necesitamos llevar hasta el plano de la experiencia lo que tenemos dentro. No sirve de nada decir: "Todo está en mí." Estamos orgullosos de nuestro estatus, posición y capacidad, pero nos hundimos cuando aparecen circunstancias adversas. Perdemos la fe en nosotros mismos. Se necesita un esfuerzo constante para cambiar.

Creemos que todo funciona gracias a nuestros poderes, pero sin el poder de Dios, no seríamos más que cuerpos inertes. Nos enorgullecemos de que podemos destruir el mundo entero apretando un solo botón, pero ¿acaso no necesitamos mover algún dedo para apretar este botón? ¿De dónde nos viene el poder para hacerlo?

Entrega

Hay señales de tráfico que tienen una pintura reflectante. Brillan cuando se refleja en ellas la luz de los vehículos que se aproximan. De esta forma los conductores obtienen información de la carretera y de su estado. Pero imaginad que una de esas señales pensara: "Estos coches circulan gracias a mi luz. Si no fuera por mí, no encontrarían el camino." Cuando hablamos de "mi poder" o "mi habilidad" pensamos de forma similar. Las señales brillan sólo cuando los faros delanteros de los coches se reflejan en ellas. En el mismo sentido, somos capaces de movernos y actuar sólo por la Gracia del Omnipotente y de Su poder. Él es el único que nos protege siempre. Si nos entregamos a Él, siempre nos guiará. Con esa fe, nunca desfalleceremos." (M.M.2)

✳ Una mujer se encontró un día con una vieja amiga y le dijo: "Antes de casarme, había establecido seis reglas sobre cómo educar a los hijos. Ahora que estoy casada y tengo seis hijos, no tengo regla alguna sobre cómo educarlos."

Esta es la naturaleza de la vida. Deberíamos, por tanto, desarrollar una actitud de aceptación hacia las situaciones que se nos presenten. Entregar lo mejor de nosotros mismos y dejar el resto en manos de Dios, aceptando lo que venga como procedente de su voluntad divina o como su *prasad*.

La vida no es sólo fiesta y placer. También hay dolor y sufrimiento. A veces suceden cosas impensables y la vida misma cambia en un sentido u otro. Pueden sucederle desgracias a la gente buena. A menudo vemos que no es posible elegir en cuestiones esenciales. No podemos elegir, por ejemplo, a nuestros padres o las circunstancias de nuestro nacimiento. Algunas personas han nacido con minusvalías físicas o malformaciones, como cojera o ceguera. En tales circunstancias, ¿qué podemos hacer? ¿Debemos lamentarnos o avanzar? Somos nosotros los que tenemos que decidir. Aunque el viento sople en una dirección, una embarcación podrá ir en todas direcciones. La dirección dependerá de cómo se navegue. Nuestra vida funciona de modo parecido. No podemos elegir la dirección del viento, pero podemos elegir como queremos remar y la dirección hacia donde queremos ir. No podemos elegir nuestras circunstancias, pero podemos elegir la actitud con la que vamos a afrontarlas.

Algunos consideran la entrega como una especie de esclavitud o debilidad. Muchas personas temen entregarse, pensando que lo perderán todo. Para Amma la entrega es una actitud interior, una actitud de aceptación. Entregarse significa aceptar cualquier cosa que nos suceda en la vida con un corazón alegre. Conducir nuestra vida con ideas preconcebidas es como intentar nadar a contracorriente. Acabaremos agotados. Sin embargo, entregarse significa nadar a favor de la corriente. Sólo podemos avanzar de esa manera.

Tenemos que desarrollar una actitud de entrega, con un corazón abierto que entienda y acepte la vida tal como es, con nuestras propias limitaciones. Nuestro corazón debería estar lleno de gratitud hacia Dios. Sin embargo, nos olvidamos de todo lo que Dios nos ha dado cuando no conseguimos satisfacer plenamente nuestros deseos.

En cierta ocasión, un niño y su madre caminaban por la playa. De pronto, surgió una inmensa ola y arrastró al niño. La madre estaba desesperada. Levantando las manos hacia el cielo, gritó: "¡Dios mío, apiádate y devuélveme a mi hijo! ¡Tú que puedes, sálvalo!" Tras estas palabras, surgió otra ola gigante y dejó al niño, completamente sano, a los pies de la madre. Lo tomó en sus brazos, lo miró y, a continuación, levantó la vista al cielo y gritó: "¿Se puede saber donde ha ido a parar su gorra?"

A lo largo de nuestra vida, se nos presentan situaciones enojosas o frustrantes. Pero en tales momentos, en lugar de obstinarse y preguntarse: "¿Porqué me sucede a mí?", deberíamos entender que esas situaciones son inevitables. A través de la espiritualidad podemos aprender paciencia, ver las cosas de forma distante y manejar cada situación con calma y confianza.

Había una vez dos hermanos que vivían el uno junto al otro. El hermano mayor tenía un temperamento fuerte, mientras que el pequeño era tranquilo y reservado. Un día, el mayor estaba sentado en el escritorio de su habitación y descubrió que le faltaba su estilográfica favorita. Empezó a gritar a su esposa, hijos y criados. Incluso golpeó a su perro y echó fuera de la habitación al gato, como si alguno de ellos hubiera robado la estilográfica. Estaba tan furioso que fue incapaz de escribir una sola línea. Aquel día no quiso contestar las cartas urgentes ni ir al trabajo. Rechazó utilizar cualquier otra pluma y decidió no hacer nada hasta que ésta apareciera.

Como una coincidencia, aquel mismo día, su hermano pequeño tampoco pudo encontrar su estilográfica, pero en lugar de enfadarse o ponerse a gritar a los demás, mantuvo la calma y utilizó otra pluma. Fue a su trabajo y cumplió con su tarea tranquilamente. Cuando volvió a casa por la noche, comprobó que su hermano seguía gritando y estaban todos alterados. Él, sin embargo, pidió ayuda a su familia y encontró muy pronto la pluma. Al mantener la calma fue capaz de realizar todas sus tareas y evitó enfadarse y disgustar a los demás. La espiritualidad es amor.

Muchos creen que la espiritualidad y la vida son diferentes o están separadas. Pero, en realidad, forman una unidad. No hay vida sin espiritualidad, porque la vida es amor. Y la espiritualidad es exactamente la misma cosa. La espiritualidad no es más que amor, compasión y una actitud de servicio desinteresado hacia toda la creación. ¿Qué sentido tendría la vida sin amor? Sin amor y sin compasión, la vida se convierte en una simple oficina comercial. En una oficina encontramos un jefe y unos empleados. No hay lazos familiares ni amor real o vínculos entre la gente. En otras palabras, en una oficina es posible encontrar disciplina, orden, limpieza, pero el lado humano de las cosas está ausente. No hay amor entre la gente. El auténtico "toque de la vida" está ausente. Así es como se volverá la vida si no practicamos amor y compasión. Actualmente, se realizan miles de películas y se escriben innumerables libros y canciones sobre el tema del amor. Pero para que crezca el amor auténtico no basta con escribirlo, leerlo o cantarlo. El amor auténtico constituye la naturaleza del Ser, nuestra verdadera naturaleza. Es el deseo incontrolable del corazón de entregarse a los pies del Señor. (M.J.2)

❋ Para progresar espiritualmente, debemos tener una actitud de entrega total al *Guru*. Cuando un niño aprende el alfabeto, el maestro sostiene su dedo y le hace garabatear en la arena. El movimiento del dedo del niño está controlado por el maestro. Pero si el niño piensa orgullosamente: "yo lo sé todo" y no obedece al maestro, ¿cómo va a poder aprender? (M.J.2)

❋ La vida es un misterio que resulta imposible percibirlo si no nos abandonamos a la voluntad divina, pues nuestra mente no puede captar su inmensa naturaleza, infinita, su plenitud y significado auténticos. Postraros, sed humildes, y os será revelado el sentido de la vida. (M.S.2)

❋ *Se dice que el sufrimiento y el dolor contribuyen a transformarnos, a hacer que seamos mejores seres humanos. Si es así, ¿para que sirven las plegarias y las pujas (rituales) que se hacen para evitar el sufrimiento y la enfermedad?*

Hijos míos, cuando estáis enfermos, ¿no tomáis medicamentos? Incluso los seres realizados reconocen la conveniencia de la medicina. Cuando están enfermos, aceptan ser cuidados para curarse, como todo el mundo. Ellos lo hacen con el fin de demostrar la importancia del esfuerzo personal. Nuestra cultura

Entrega

no nos enseña a permanecer con los brazos cruzados esperando que todo lo haga Dios.

Debemos esforzarnos para resolver nuestros problemas. Pero se debe hacer desarrollando la devoción y humildad, y recordando que Dios es el poder motriz de todas nuestras acciones. Eso es lo que todas las grandes almas y todas las Escrituras nos enseñan.

Aquellos que hacen *sadhana*, con una justa comprensión de los auténticos principios y lo abandonan todo a Dios no tienen necesidad de hacer plegarias ni de llevar a cabo *pujas* especiales para curar su enfermedad o remediar sus sufrimientos, pues esas almas aceptan el placer y el dolor como la voluntad de Dios. Pero aquellos seres corrientes que no son capaces de abandonarse totalmente a Dios, hacen bien en emplear remedios como la plegaria y la *puja*.

Si rezamos y hacemos una *puja*, no es con el fin de evitar el sufrimiento, sino de invocar la Gracia de Dios para encontrar la fuerza a fin de afrontar nuestro sufrimiento con coraje y superarlo. Las oraciones también contribuyen a purificarnos y a transformarnos. Los que rezan y efectúan *pujas* alcanzarán poco a poco, un estadio de devoción desinteresada. Cada uno debe hacer lo que esté en su mano. Y si las dificultades persisten, aceptémoslas como la voluntad divina, sabiendo que son por nuestro bien. No perdamos nunca la valentía. No importa las dificultades que tengamos que afrontar, seamos siempre conscientes de que reposamos en el regazo de Dios, que estamos seguros en sus manos. Esta actitud nos ayudará a remontar cualquier situación difícil.

Observamos que muchas personas sufren graves dificultades durante ciertos períodos. Las catástrofes se encadenan a veces. Un inocente puede ser acusado de un delito que no ha cometido y ser encarcelado, o bien que el hijo de un enfermo sufra un accidente cuando se dirige al hospital. Algunos fracasan en todos sus esfuerzos. En algunas familias, todas las mujeres han podido quedar viudas antes de cumplir los cuarenta. Las desgracias se suceden a veces. La mayor parte de la gente ha sufrido alguna serie de desgracias en algún período de su vida. Debemos estudiar estos casos cuidadosamente y aprender lo que nos enseñan. La única explicación es que estas tragedias son el resultado de acciones desarrolladas en vidas anteriores. Los frutos de esos actos se manifiestan durante determinados períodos astrológicos, de ciertas confluencias planetarias. Durante esas etapas, si las personas se dedican mucho más a la plegaria y a la adoración, conseguirán un gran consuelo. Obtendrán más fuerza interior, lo que les ayudará a afrontar los obstáculos que surjan.

Las *puja*s que se realizan en los templos Brahmasthanam no van destinadas sólo a atenuar las influencias planetarias maléficas. Las *puja*s son una forma de meditación. Aquellos que realizan y prestan atención a los discursos espirituales durante la *puja*, serán capaces de captar los principios esenciales de la vida. Eso los iniciará a llevar una vida conforme al *dharma* y a practicar la meditación. El consuelo que los participantes experimentan durante las *puja*s realizadas en esos templos, les ayuda a desarrollar una fe ardiente y una mayor devoción. (M.D.2)

✳ La única finalidad de la vida espiritual es la de renunciar a todo aquello que no es nuestro y llegar a ser lo que realmente somos. (M.J.3)

✳ Hijos, realizad todos vuestras acciones con el pensamiento entregado a Dios. Entonces podréis vencer incluso a la muerte, y la felicidad será vuestra para siempre. (M.S.3)

✳ Servir a un Maestro vivo es la bendición más grande que puede recibir un buscador espiritual. El discípulo debería entregarse por completo al *Guru*. Debe estar dispuesto a ofrecérselo todo, alegrías, placeres o deseos al *Guru*. Debería sentir que la felicidad del *Guru*

Entrega

es su propia felicidad y que los deseos del *Guru* son sus propios deseos. El cuerpo, la mente y el intelecto del discípulo deben ser un instrumento flexible en las manos del *Guru*. El discípulo que alcanza este estado cuando el Maestro está físicamente presente, recibe todas sus bendiciones. (M.S.3) *Ver Obediencia*

✳ *Otro devoto preguntó: "Amma, ¿cómo surge la entrega (saranagati)?"*

Amma dijo: "Cuando una persona tiene hambre, intenta comer. Cuando hay anhelo de Dios, la entrega surge espontáneamente." (M.M.4)

✳ La actitud de un discípulo supone discernimiento, al mismo tiempo que obediencia y entrega al *Guru*. Cuando nos vemos como meros instrumentos en las manos de Dios, cada uno de nuestros pensamientos y palabras están en consonancia con los deseos del *Guru*. Pero esto sólo puede darse cuando nos entregamos. (M.S.4) *Ver Actitud*

✳ Un padre de familia puede alcanzar realmente la Auto-Realización. Pero para que esto suceda, el padre o la madre tienen que realizar sus acciones de forma desinteresada, sin apego y con una actitud de entrega a los pies de Dios. Un auténtico padre de familia mantiene esta actitud: "Todo lo que es mío, pertenece a Dios, nada me pertenece a mí". Tiene la fuerte convicción de que sólo Dios es su madre, su padre, su familiar y su amigo. Pero esta actitud de entrega y autosacrificio es difícil desarrollarla. Se requiere un constante esfuerzo. (M.M.5) *Ver Apego*

✳ El amor es entrega total. Sin embargo, no puede sentirse entrega total y amor eterno por cosas efímeras. Un amor así sólo puede sentirse y experimentarse con el Eterno *Paramatman*.

El amor verdadero es el sentimiento hacia el *Paramatman*. Es el ardiente deseo del Señor. Podemos alcanzar ese amor, esa generosidad, ese éxtasis sólo a través de una completa entrega a Dios. Por tanto, deberíamos entregarnos totalmente a Él. Es nuestro único refugio. Sin Él no podemos gozar de la pura dicha. (M.M.7) *Ver Actitud*

∗ *¿Qué significa entregarse?*

Es una actitud hacia uno mismo. Hacia el propio Ser. Esto significa la aceptación total o eliminación del ego o ir más allá del ego. No quiere decir que elimines el ego completamente, sino que madure. (M.S.7)

∗ ¿Cómo podemos rechazar nada, hijo mío? Deberíamos saber disfrutar de la vida. Deberíamos ofrecer a Dios las ideas que hemos mantenido hasta ahora para que las corrija. Hemos de tener una actitud de entrega. Las creencias tan apreciadas por nuestra mente deberían ser eliminadas.

∗ El rasgo más importante que debería tener un verdadero buscador, es la actitud de entrega y aceptación. Al principio, es difícil entregarse y aceptarlo todo, sobre todo si no tienes un ejemplo que te guíe o a alguien a quien puedas considerar un ejemplo. El apego a la forma física del Maestro finalmente llevará al buscador a un desapego y libertad totales. Cuando amas la forma externa del Maestro, no estás amando a un individuo limitado, estás amando a la conciencia pura. El Maestro te revelará esto poco a poco. (M.D.7)

∗ La auto-entrega se da cuando crece el amor. De hecho, crecen de forma simultánea. Cuanto más amas a una persona, más te entregas a ella. (M.D.7)

∗ La paz y el gozo que experimentará como consecuencia de su entrega le inspirará para mantenerse firme en ella. Al final, el discípulo estará listo para entregar su voluntad totalmente a la voluntad del *Guru*

Si nos acercamos al *Guru* con *jijñasa* (sed de conocimiento espiritual) e inocencia, no tendremos ninguna dificultad para entender sus palabras. La inocencia y la actitud de entrega al *Guru* son la clave para abrir el cofre del tesoro del conocimiento espiritual. (M.D.7) *Ver Inocencia*

Escuchar - Oír

✵ Amma también considera que esta clase de orgullo les hace perder la facultad de escuchar. Y en el camino espiritual, es muy importante saber escuchar. Una persona que no escucha no puede ser humilde. Sólo cuando somos realmente humildes, puede florecer la pura Conciencia que ya existe en nosotros. Sólo aquel que es más humilde que el más humilde puede ser considerado el más grande de entre los grandes". (M.D.1) *Ver Ego*

✵ Dios está en el interior de cada uno y mora en el corazón. En cada instante de nuestra vida, Él nos habla con amor y dulzura. Solo necesitamos tener la paciencia de saber escuchar. No ponemos atención a lo que nos dice su voz y este es el motivo por el que continuamente cometemos errores y sufrimos. Pero cuando estamos dispuestos a obedecer al Señor y vamos a Él con la actitud de un discípulo, con humildad, devoción y *shraddha (fe)*, nuestro Dios interior adopta el papel de *Guru* y nos guía, tomándonos de la mano. (M.S.1) *Ver Guru*

✵ La comunicación empieza cuando se comprende totalmente el punto de vista del otro. Si no puedes hablar con amor y respeto, espera hasta que te sea posible. (M.S.2) *Ver Actitud*

✵ Hay cuatro formas de comunicarse efectivamente con los demás:
   1. Leyendo
   2. Escribiendo
   3. Hablando
   4. Escuchando

Desde nuestra infancia se nos ha dado una buena formación para leer, escribir y hablar. Pero nuestra facultad para escuchar

Escuchar - Oír

no ha sido estimulada como las otras tres. Por tanto la mayoría de la gente escucha poco.

Dios nos ha dado dos orejas y una boca. Debemos escuchar el doble de lo que hablamos. Pero sucede al contrario. Hablamos y hablamos sin escuchar adecuadamente. Necesitamos desarrollar el arte de escuchar. Si sabemos escuchar, saldremos beneficiados y podremos dar felicidad a los otros. Este arte nos ayudará a actuar apropiadamente en todas las situaciones y nos liberará de muchos problemas. (M.D.3)

✳ La disposición para escuchar a los demás, la capacidad de comprender y la amplitud de mente para aceptar incluso a quienes no están de acuerdo con nosotros, estos son los signos de la verdadera cultura espiritual. Por desgracia, estas cualidades son exactamente las que faltan en el mundo actual (M.J.7) *Ver Actitud*

✳ Contratamos seguros de vida porque sabemos que la muerte puede venir en cualquier momento. Pero vivimos nuestras vidas como si creyéramos que nunca vamos a morir.

Le damos ejercicio físico al cuerpo, pero descuidamos el corazón. El ejercicio para el corazón es ayudar a los necesitados y a los que sufren. La belleza de nuestros ojos no está en el sombreado de ojos, sino en una mirada llena de compasión. La belleza de nuestras orejas no está en los pendientes, sino en escuchar a los que sufren. La belleza de nuestras manos no está en los anillos, sino en nuestras buenas acciones.

Deberíamos ser agradecidos en la vida. (M.M.8)

Esfuerzo

✱ El *Guru* nos muestra el camino. Todo lo demás depende de la mente y del esfuerzo del discípulo.(M.S.0)

✱ Algunos pueden decir que el mundo seguirá igual por mucho que intentemos cambiarlo. Esforzarse por la paz es tan inútil como intentar poner derecho el rabo de un perro. Por mucho que uno lo intente, el rabo vuelve inmediatamente a su posición original. Sin embargo, a través de constante esfuerzo, desarrollaremos nuestros músculos aunque el rabo del perro siga igual. De igual modo, pase lo que pase, si fracasamos o triunfamos en conseguir la paz mundial; nosotros, por nosotros mismos, evolucionaremos a mejor. Aunque no haya cambios visibles, el cambio en nosotros finalmente repercutirá en el cambio en el mundo. Más aún, cualquier armonía que existe en el mundo actual es el resultado de tal esfuerzo. (M.D.0) *Ver Religión*

✱ Dios no da nada a quien no trabaja para conseguirlo. La Gracia y el esfuerzo personal están vinculados. (M.J.1)

✱ Aunque el *Guru* sea un maestro perfecto, un ser realizado, mientras el discípulo no abra su corazón, el *Guru* no podrá entrar.
   Hemos sido capaces de inventar numerosos tipos de instrumentos, escáner, aparatos de rayo X, etc. Todos estos aparatos son capaces de examinar distintas partes del cuerpo humano, pero para conseguir una imagen nítida, es necesario seguir las instrucciones del médico. Tenemos que presentarnos en ayunas, beber gran cantidad de agua, tomar alguna medicina amarga, como una solución de barium que se precisa para realizar una fluorgrafía digital. Después tendremos que colocarnos en una determinada posición y permanecer quietos. Tenemos que respetar una serie de reglas, pues de otro modo la imagen del escáner

Esfuerzo

saldrá defectuosa. De igual manera, se necesita un esfuerzo por parte del discípulo. Si el discípulo no abre su corazón, al *Guru* no le será posible entrar.

No basta con vivir cerca de una emisora de radio para recibir sus programas. Debemos encender el aparato de radio y sintonizarlo adecuadamente si queremos escuchar bien su música. También el discípulo debe abrir su corazón y entrar en sintonía con el *Guru*. (M.S.1)

* Hijos, vuestro corazón debería latir y suspirar constantemente por Dios. No tendría que existir ni un solo momento en que no recordarais a Dios. Solo aquellos que lo han hecho han alcanzado la salvación. Por tanto, esforzaos sinceramente para mantener el recuerdo constante de Dios.

* Si tenéis una fe total, ella es, en sí misma, la realización. No estáis todavía ahí. Debéis intentar alcanzarla y hacer vuestra *sadhana*. Para curarse no basta con tener confianza en la medicina, sino que también tendremos que tomarla. De igual manera, tanto la fe como el esfuerzo personal son necesarios. Si plantáis una semilla, brotará, pero para que crezca adecuadamente, se necesita agua y abono. La fe nos hará conscientes de nuestra verdadera naturaleza, pero para poder experimentarla, necesitamos de nuestro esfuerzo. (M.M.2) *Ver Dios*

* Todo está dentro de nosotros, pero para que salga fuera, necesitamos realizar un incesante esfuerzo. (M.M.2) *Ver Entrega*

* La acción realizada con un espíritu desinteresado es muy superior a la acción con fines egoístas. Un ser que actúa movido por el ideal de sacrificio está menos apegado a la acción y más al ideal. Esta actitud generosa tiene una belleza intrínseca. A medida que la Gracia y la alegría de la acción desinteresada se intensifican,

os situáis, cada vez con más fuerza, en un estado en el que la abnegación y la meditación surgen de forma natural.

Al principio, basta con sentiros motivados por ese ideal. Prestarle atención para que sea la fuente de la que brotan vuestras acciones. Eso exige inicialmente un esfuerzo consciente y deliberado. Después, alimentados por ese ideal, tratad de escuchar vuestro corazón. Así, en cada una de vuestras acciones, surgirá un sentimiento de alegría desde lo más profundo de vuestro ser, que se convertirá en algo espontáneo. (M.J.2)

✻ Algunas personas preguntan: "Ahora que ya estamos con Amma, ¿es realmente necesario esforzarse más?" Amma afirma que nuestro esfuerzo personal es absolutamente necesario, pues solo entonces nos hacemos merecedores de recibir la Gracia de Dios.(M.S.2)

✻ Un día, un muchacho pobre y hambriento llegó hasta la puerta de un comedor social. Servían la comida a las doce pero, como ya era casi la una, las puertas estaban cerradas. El muchacho intentó llamar al timbre que había en la puerta. Dada su pequeña estatura, ni saltando podía llegar hasta el timbre. Consiguió unos cuantos tablones de madera y se subió para llamar, pero sin éxito. Después cogió un palo para darle al timbre. Probó de diversas maneras, pero sus esfuerzos resultaron vanos. Entonces se puso a lanzar piedras para ver si alguna daba en el timbre. Tampoco acertó. Mientras todo esto sucedía, un hombre que estaba a corta distancia y observaba los intentos del muchacho, se sintió conmovido por los esfuerzos de éste y, apiadándose de él, llamó al timbre. La puerta se abrió y le dieron al muchacho su ración de comida.

Al igual que este muchacho, deberíamos estar preparados para esforzarnos con optimismo y sin ceder al desaliento. La Gracia de Dios siempre acompañará todos nuestros esfuerzos. El esfuerzo personal nos sitúa en la sintonía adecuada para recibir la Gracia de Dios. No importa si estamos cerca o lejos de una emisora

Esfuerzo

de radio, pues todos tenemos que tratar de sintonizar nuestros aparatos de radio para poder escuchar bien su música. (M.S.2)

✻ Debemos esforzarnos para resolver nuestros problemas. Pero se debe hacer desarrollando la devoción y humildad, y recordando que Dios es el poder motriz de todas nuestras acciones. (M.D.2)
Ver Entrega

✻ Podéis alcanzar la meta si realizáis las acciones de forma desinteresada y se lo dedicáis todo a Dios. Un buscador tendría que mantenerse firmemente unido a la meta. No dejéis de practicar sadhana cuando os sintáis decepcionados o frustrados. Continuad siempre con la máxima perseverancia.(M.D.2)

✻ Así, aquel que desee progresar espiritualmente, debe primero esforzarse por purificarse. Purificarse significa purificar la mente, renunciar a los pensamientos inútiles o perversos y reducir el egoísmo y el número de deseos. (M.D.2)
Ver Mente

✻ No hay nada que la fe y el esfuerzo no puedan conseguir. (M.S.5)

✻ Así que, en primer lugar, deberíamos esforzarnos en cambiar nosotros. Cualquier cambio en nosotros influirá en la gente que nos rodea, lo cual, a su vez, les ayudará a cambiar a mejor.

No podemos cambiar a los demás dándoles únicamente consejos o reprendiéndoles. Deberíamos dar ejemplo. Sólo a través de nuestro amor desinteresado podemos influir positivamente en las personas. Puede que el cambio no sea visible inmediatamente, pero eso no debería desanimarnos. Deberíamos seguir esforzándonos, pues eso producirá, al menos, un cambio positivo en nosotros mismos. (M.S.6) *Ver Actitud*

✻ De esta manera, los sinceros esfuerzos del discípulo despertarán al *Guru* en su interior. Para que esto ocurra, son necesarios *shraddha* (atención sincera a las palabras del *Guru*), paciencia, actitud de entrega y fe optimista. (M.D.7) *Ver Inocencia*

Espiritualidad

✳ Hijos míos, sólo podremos obtener paz y felicidad cuando estemos inmersos en la espiritualidad. (C.2)

✳ Nuestra comprensión de la espiritualidad está del todo equivocada. Sólo a través de las buenas obras conseguiremos la Gracia de Dios. La gente piensa que puede sobornar a Dios.

✳ Amma dice que nuestra vida debería convertirse en una sonrisa expresada con un corazón abierto, una sonrisa que se manifiesta espontáneamente cuando experimentamos el auténtico gozo espiritual en nuestro interior. Esta es la auténtica oración, la auténtica religión, la auténtica espiritualidad. (M.J.1) *Ver Hablar*

✳ Cuando llegue el momento de partir, deberíamos abandonar esta morada como si se tratara de un juego, riendo gozosamente, en lugar de llorar o lamentarse de dolor. Por ello es importante la práctica de la ciencia de la espiritualidad. (M.S.1) *Ver Muerte*

✳ La causa última de todas nuestras heridas emocionales es nuestra separación del *Atman*, que es nuestra verdadera naturaleza. Quien quiera consultar un psicólogo, puede hacerlo, no hay nada malo en ello. Pero abandonar la espiritualidad para tratar de reforzar el ego no hará nada más que perpetuar este sentimiento de separación y conducirnos a mayores sufrimientos (M.D.1) *Ver Entrega*

✳ Muchos creen que la espiritualidad y la vida son diferentes o están separadas. Pero, en realidad, forman una unidad. No hay vida sin espiritualidad, porque la vida es amor. Y la espiritualidad es exactamente la misma cosa. La espiritualidad no es más que amor, compasión y una actitud de servicio desinteresado hacia toda la creación. (M.J.2) *Ver Amor*

✱ La espiritualidad, la auténtica religión, tiene el papel de despertar esa conciencia y ayudarnos a desarrollar cualidades como el amor, la empatía, la tolerancia, la paciencia y la humildad. Tenemos información pero no conciencia. (M.J.2) *Ver Conocimiento*

✱ La espiritualidad no es para disfrutarla hablando de ella, hay que vivirla a cada instante. (M.D.2) *Ver Dharma*

✱ No es posible acercarse a Dios si no hay alguna clase de dolor. La espiritualidad no es para la gente perezosa. Las dificultades del mundo sutil son más duras que los sufrimientos del mundo exterior. (M.J.3)

✱ Hijos míos, la espiritualidad no es algo que nos diga como alcanzar el cielo tras la muerte. La espiritualidad es la ciencia de la mente. Nos enseña a afrontar los problemas de la vida, a mantener la ecuanimidad ante los altibajos de la vida, y a superar las pruebas y tribulaciones para lograr una vida de contentamiento interior y felicidad permanente. Es la primera ciencia que todos deberían dominar. Cuando comprendemos lo que es la espiritualidad, nos percatamos de lo que somos. Descubrimos el secreto de la felicidad. Nos damos cuenta de nuestro deber y meta en esta vida. (M.D.3)

✱ La espiritualidad es el alma interior de la religión. Las costumbres y creencias forman el caparazón externo. La espiritualidad supone despertar al Ser propio de cada uno. Aquel que trata de conseguirlo es realmente una persona religiosa. Cuanto más se despierta al Ser, más nos liberamos de los confines de la religión. Cuando comprendamos completamente a nuestro Ser, nos percataremos de que la Verdad es única y no hay nada en el universo que esté separado de nuestro Ser. Toda diferencia, sentido de separación o temor se disuelve en el Ser. (M.M.6) *Ver Actitud*

Espiritualidad

✷ Se necesita muy poco jabón para eliminar una pequeña mancha, pero mucho más, si la mancha es grande y densa. De igual modo, una persona que se siente inclinada por la espiritualidad tal vez no necesite demasiada atención o cuidado, pero el que ha estropeado su vida sin seguir unos principios necesitará más atención y cuidados para ser reeducado y alcanzar una vida plena de sentido.
Un café ligero sólo precisa un poco de leche, mientras que un café fuerte necesita mucha más leche para suavizarlo. (M.J.6)

✷ Este mundo es una representación teatral. Cada uno de nosotros está para representar un papel en ella. Esto es lo que aprendemos de la vida de Krishna. Aunque alguien pueda adoptar distintos papeles en una obra, sigue sin embargo siendo el mismo. De manera parecida, deberíamos saber que somos el Ser mientras realizamos diferentes acciones en diferentes situaciones. No deberíamos perder nuestro sentido del desapego. Esto es la espiritualidad. Esta es la lección que podemos aprender de Krishna.. (M.J.6) *Ver Actitud*

✷ La vida debería ser puro entusiasmo, pura risa. Eso es la religión. Eso es la espiritualidad. (M.M.7) *Ver Actitud*

✷ La disposición para escuchar a los demás, la capacidad de comprender y la amplitud de mente para aceptar incluso a quienes no están de acuerdo con nosotros; éstos son los signos de la verdadera cultura espiritual. Por desgracia, estas cualidades son exactamente las que faltan en el mundo actual.
El mayor enemigo al que se enfrenta el mundo es la pobreza. (M.J.7) *Ver Actitud*

✷ Veo mucha oscuridad en el mundo. Todos deberían tener el máximo cuidado y atención. Cuando miro hacia arriba, veo mucha oscuridad y cuando miro hacia abajo, veo profundos hoyos. Si la gente no tiene el máximo cuidado y atención, las cosas pueden ponerse realmente difíciles. Hay mucho miedo en la sociedad. Mucha gente se ha preparado para aceptar o dar la bienvenida a cualquier cosa que ocurra, en particular quienes tienen una comprensión de la espiritualidad más profunda o de los principios esenciales de la vida. Están dispuestos a aceptar seguir adelante ocurra lo que ocurra. (M.S.7) *Ver Actitud*

✶ Se puede ser un experto en muchos campos del conocimiento de la vida mundana y, sin embargo, ser un principiante en lo que atañe al conocimiento espiritual. Para obtener conocimiento espiritual, uno debe inclinarse. Una única llave no puede abrir todas las cajas. Mientras uno no se incline, no avanzará ni un centímetro en la espiritualidad. (M.D.7) *Ver Inocencia*

Expectativas

✳ Conducir nuestra vida con ideas preconcebidas es como intentar nadar a contracorriente. Acabaremos agotados. Sin embargo, entregarse significa nadar a favor de la corriente. Sólo podemos avanzar de esa manera. (M.J.2) *Ver Entrega*

✳ Podemos experimentar dolor en las relaciones mundanas. Si la persona amada nos muestra menos amor, nos podemos enfadar o estar resentidos. Esto es porque la relación está basada en el deseo y las expectativas. Pero no ocurre así cuando lloramos por Dios o cantamos *bhajans*. No esperamos nada a cambio (aun cuando lo conseguimos todo). "Concédenos tus cualidades divinas, danos fuerza para hacer servicio desinteresado", esta es la verdadera oración. (M.D.5) *Ver Amor*

✳ En el fondo del mar no hay olas. Las olas sólo aparecen en la superficie. Pero en el fondo del océano todo está en calma. A medida que nos acercamos a Dios, nos volvemos más calmados. (M.M.6)

✳ Gracias a postrarse humildemente ante Dios, sabemos discernir sobre nuestra propia naturaleza. Sólo a través de la humildad y la entrega a la Divinidad podemos percatarnos de nuestro Ser. Cuando descartamos nuestros prejuicios o concepciones sobre los demás, llegamos a darnos cuenta de que no somos diferentes de ellos. Todos los temores se desvanecen entonces. (M.M.6) *Ver Actitud*

✳ Hay que comprender que igual que nosotros tenemos expectativas respecto al mundo, los demás también las tienen. Deberíamos darnos cuenta de que todos nosotros somos hijos de la misma Madre. Entonces podremos eliminar el odio entre las personas. Al olvidar todo lo que odiamos, llegamos a abrazarnos mutuamente. (M.M.6) *Ver Actitud*

* La ganancia es para el que cree. Pero si tenemos ideas preconcebidas, no podremos percibir la verdad. Por tanto, sólo si se es un *jijnasu* (alguien que tiene jijnasa, ansia por conocer la verdad espiritual) se puede entender la verdadera trascendencia de cualquier cosa. Pero hoy son muchos los que llevan gafas con cristales de colores y, por eso, no pueden ver la verdad. Si llevamos gafas con cristales verdes, todo nos parecerá verde. Nuestra perspectiva se refleja en los demás objetos.

Si abordamos algo con ideas preconcebidas, no podremos entender su esencia. Interpretaremos lo que oigamos según nuestras preferencias. Pero si tenemos *jijnasa* e inocencia, no nos resultará difícil captar su significado correcto. Al igual que un relámpago ilumina el camino en medio de la oscuridad total, la inocencia nos muestra la dirección correcta. (M.D.7) *Ver Inocencia*

Experiencias

✤ Hijos míos, consolaros pensando que toda experiencia difícil o dolorosa es por vuestro bien. Sabed que todo lo que llega es por vuestro bien. (M.M.1) *Ver Felicidad*

✤ Queridos hijos, comprended que todo lo que os llega es por vuestro bien. Las adversidades nos hacen más fuertes. (M.M.1) *Ver Felicidad*

✤ Pero en un verdadero devoto no hay atracción ni aversión. Puede ver la Mano de Dios detrás de cada experiencia y de cada acto. ¿Acaso en una persona así puede haber algo que le parezca malo? Si odia o siente aversión hacia algo, es como si odiara a Dios, lo que resultaría antinatural para él. En su mundo solo hay amor. Ante un devoto así, Dios se convierte en su sirviente. (M.M.1) *Ver Amor*

✤ De igual manera, cuando el discípulo interior se despierta, todas las experiencias de la vida, incluso el universo entero, se convierten en nuestro *Guru*. Para que las experiencias por las que atravesamos se transformen en nuestro *Guru*, es necesario que se despierte el *Guru* interior. De no ser así, seremos incapaces de aprender algo de las experiencias que tengamos. (M.S.1) *Ver Guru*

✤ Hasta que no seas consciente de que estás indefenso, de que tu ego no puede salvarte, de que todo lo que has adquirido no es nada, Dios y el *Guru* seguirán creando las circunstancias necesarias para hacerte comprender esta verdad. (M.S.1)
Ver Ego

✤ Las situaciones que se os presentan para abriros y crecer interiormente se producen por la Gracia de Dios o por la voluntad del *Guru*. Nada se debe al azar. Debemos ser conscientes de ese hecho. (M.D.1)

∗ El discípulo camina en busca del supremo conocimiento. El *Satguru* (el Maestro Auto-Realizado), por otro lado, ha completado el camino y permanece sereno e imperturbable, descansando en la morada del Ser. Es consciente de que su amado discípulo titubea y tropieza, dominado por los cambios que le provoca la mente, así como por las circunstancias que lo ponen a prueba. Para prevenirlo, el *Guru* derramará sobre él sus rayos de amor desinteresado y compasión infinita, pues lo ama más que si fuera su propio hijo. El *Satguru* guiará, llevándolo de la mano, ofreciéndole apoyo y protección. (M.D.1) *Ver Guru*

∗ Toda experiencia que la vida nos aporta, ya sea buena o mala, contiene un mensaje divino. Id más allá de la superficie y recibiréis el mensaje. Nada viene del exterior, todo está en vosotros. El universo está contenido en vosotros. Encontraréis el camino a pesar de las tentaciones y de los desafíos. Sólo una persona experimentada os puede ayudar. El camino que conduce a *moksha* (liberación) es muy sutil y es fácil, para un aspirante espiritual, sucumbir a la ilusión." (M.D.1) *Ver Ego*

∗ "En verdad, las experiencias de la vida son nuestro propio *Guru*. Hijos míos, el dolor es el *Guru* que nos aproxima a Dios." (M.S.2) *Ver Guru*

∗ El alma individual nace muchas veces, de acuerdo con las acciones *(karma)* que ha realizado, consciente o inconscientemente, en sus vidas anteriores. Cada experiencia individual, dolorosa o placentera, es el resultado de acciones hechas en vidas previas. Igual que la rueda de la vida va girando, el *karma* previo de una persona va cosechando los frutos de la experiencia. (M.M.5) *Ver Karma*

Experiencias

✳ "La experiencia es una buena enseñanza para todos nosotros. El sufrimiento, hijos míos, es el aprendizaje que nos acerca a Dios". (M.D.6)

✳ El sufrimiento, de hecho, puede servir como una luz en la oscuridad si lo entendemos adecuadamente. Si aprendemos a ahondar bajo la superficie de nuestras experiencias dolorosas, sin duda podemos obtener muchas lecciones maravillosas de ellas. En estos momentos, tenemos conocimiento pero no verdadera conciencia, no verdadera comprensión. No somos conscientes ni de nuestra cabeza. Sólo lo somos cuando nos duele.(M.S.7) *Ver Actitud*

✳ En cada momento de la vida hay esperándonos otra experiencia más que puede ayudarnos a acercarnos a Dios. Pero, por lo general, dejamos pasar estas oportunidades a causa de nuestra actitud crítica. Estos momentos son tan preciosos que, de hecho, nos miran directamente a la cara, esperando que abramos las puertas de nuestros corazones para invitarlos a entrar. (M.D.7)

✳ ¿Cuál es el camino que tiene que ocurrir? Es cultivar la actitud correcta hacia la vida. Es ser más abiertos. Todas las experiencias nos ofrecen lecciones que aprender. Pero lo triste es que continuamente dejamos de hacerlo. (MM.8) *Ver Sufrimiento*

Fe

✳ Creer en Dios no es fe ciega. Es la fe que disipa nuestra ceguera. (C.5)

✳ Hijos míos, Amma no os pide que creáis en Ella o en un Dios entronizado en el cielo. Basta con que tengáis fe en vosotros mismos. Todo está en vosotros. (M.S.0)

✳ El amor y la fe son la belleza de la vida. Son las rosas que dan su fragancia al mundo entero. Aplicar la razón, al amor y la fe, sería como tirar directamente el estiércol sobre las flores.(M.S.2) *Ver Amor*

✳ Nuestra relación más fuerte debería ser con Dios. Si decidimos contarle nuestros sufrimientos, será con el fin de acercarnos a Él. Es nuestra fe y entrega total a Dios, o al *Guru*, lo que elimina nuestras penas, y no únicamente el expresarle nuestras dificultades. (M.M.2) *Ver Dios*

✳ Hijo, una persona que tiene fe en la Madre realizará su *sadhana* siguiendo Sus instrucciones. Esa persona vivirá sin errar lo más mínimo. ¿Cómo vas a curar tu enfermedad, si sólo crees en el médico y no tomas las medicinas? (M.M.2)

✳ Si tenéis una fe total, ella es, en sí misma, la realización. No estáis todavía ahí. Debéis intentar alcanzarla y hacer vuestra *sadhana*. La fe nos hará conscientes de nuestra verdadera naturaleza, pero para poder experimentarla, necesitamos de nuestro esfuerzo. (M.M.2) *Ver Dios*

✳ Hay una historia acerca de un padre y su hijo. El hijo tenía una enfermedad y el doctor le prescribió el extracto de cierta planta como remedio. Buscaron la planta por todas partes, pero no pudieron encontrarla. Caminaron en todas direcciones durante

Fe

mucho tiempo y acabaron cansados y sedientos. Al ver un pozo, se aproximaron a él, y encontraron allí mismo una cuerda y un cubo. A su alrededor crecían muchas hierbas silvestres. Cuando puso el cubo en el pozo para extraer agua, el padre se dio cuenta de que en el fondo del pozo se encontraba la planta medicinal que había estado buscando por todas partes. Intentó descender, pero no podía. No había escaleras y el pozo era muy profundo.

El padre sabía que tenía que hacer. Ató la cuerda en la cintura de su hijo y con cuidado lo fue descendiendo. "Arranca la planta cuando llegues al fondo", le dijo al muchacho. En aquel momento algunas personas que pasaban por allí se acercaron. Asombrados al ver aquella acción, preguntaron: "¿Cómo te atreves a atar a un niño de una cuerda para que descienda por este pozo?". El padre guardó silencio. El muchacho llegó al fondo del pozo y cuidadosamente arrancó la planta. El padre lo subió lentamente, y cuando el muchacho estuvo fuera del pozo, los otros preguntaron: "¿De dónde sacaste tanto coraje para descender atado a una cuerda?" El hijo contestó sin dudar: "Era mi padre el que sostenía la cuerda."

El hijo tenía una profunda fe en su padre, pero hasta que no la puso en acción, descendiendo por el pozo para conseguir la planta medicinal, no recibió los beneficios de su fe. Hijos, esta es la clase de fe que necesitamos tener en Dios. Deberíamos pensar: "Dios está aquí para protegerme, ¿para qué voy a apenarme? Ni siquiera estoy ansioso por la Auto-realización". Deberíamos tener esta clase de confianza. La devoción de alguien que está inmerso en permanentes dudas no es auténtica devoción, tal fe no es verdadera fe." (M.M.2)

✻ Puede que tengamos talento musical, pero sólo si practicamos regularmente cantaremos de un modo que complazca a la audiencia. Necesitamos llevar hasta el plano de la experiencia lo que tenemos dentro. No sirve de nada decir: "Todo está en mí." Estamos orgullosos de nuestro estatus, posición y capacidad, pero nos hundimos cuando aparecen circunstancias adversas. Perdemos la fe en nosotros mismos. Se necesita un esfuerzo constante para cambiar. (M.M.2) *Ver Entrega*

* Cuando nos enfrentamos a situaciones difíciles en la vida, acostumbramos a perder toda nuestra fuerza mental y empieza a disminuir nuestra fe en Dios. Amma nos dice que es en esos momentos cuando debemos sujetarnos con más intensidad a Dios y conseguir una mayor fuerza interior. Por ejemplo, con el calor del sol, el hielo se transforma en agua, mientras que la arcilla se vuelve más sólida y fuerte. Nuestra fe y nuestra fuerza mental no deberían ser como el hielo que se deshace fácilmente, sino como la arcilla que adquiere una mayor consistencia. Ante las dificultades de la vida, en lugar de perder la fe, debemos sujetarnos fuertemente a los pies del Señor. (M.S.2) *Ver Mente*

* La belleza y el esplendor de la vida dependen enteramente del amor y de la fe. (M.S.2)

* Hijos, no basta con amar a un *Guru* para destruir vuestros *vasanas*. Nuestra devoción y fe deben estar basadas en los principios esenciales de la espiritualidad. La dedicación de cuerpo, mente e intelecto es necesaria para ello. Los *vasanas* pueden ser erradicados por medio del desarrollo de la fe y la obediencia al *Guru*. (M.J.3) *Ver Devoción*

* La auténtica unidad ya sea entre los seres humanos o entre la humanidad y la naturaleza sólo vendrá a través de nuestra fe en el inmenso poder de nuestro ser interior, que está más allá de todas las diferencias externas. (M.D.4) *Ver Religión*

* "Siempre lamentamos las pérdidas que se producen en la vida. Nunca deberíamos olvidar que tenemos el gran tesoro de la vida ante nosotros. Deberíamos pensar en las grandes ganancias

Fe

espirituales que podemos alcanzar. Ante el dolor lo único que nos reconforta es el optimismo de la fe. Nunca deberíamos perder esta fe.

Hijos míos, no temáis la oscuridad exterior. Tenéis una lámpara con vosotros, la lámpara de la fe. Así, a cada paso, esa luz de la Gracia divina os guiará. (M.M.5) Ver *Amor*

✱ Una fe absoluta implica Liberación. El que tiene una fe absoluta es un Ser Liberado. Tiene la certeza de que sólo existe Dios, el *Paramatman*. (M.M.5)

✱ Dios nos está modelando hacia este final, haciendo que experimentemos placer y dolor. Es una transformación laboriosa concebida a largo plazo. Se requiere mucho trabajo, para despostillar, esculpir y pulir. Todavía no podemos comprender del todo el poder divino que actúa silenciosamente detrás de estos misterios. Uno sólo puede tener fe. (M.M.5) Ver *Karma*

✱ No hay nada que la fe y el esfuerzo no puedan conseguir. (M.S.5)

✱ Basta con que tengas fe en ti mismo. Si no tienes fe en ti, no conseguirás nada, aunque creas en Dios. La fe en Dios es para reforzar la fe en ti, la fe en tu propio Ser. A eso se le denomina Auto-confianza, confianza en tu propio Ser.

En el sendero de la auto-realización, el intelecto o la razón son un gran obstáculo. El intelecto siempre duda, y la duda no es lo que se necesita en la espiritualidad. En ella, todo depende de la fe. De la fe en Dios o en el *Guru*, de la fe en las Escrituras o en las palabras del *Guru*. Tener fe en el *Guru*, te eleva; mientras que dudar del *Guru*, te destruye. (M.S.5)

✱ Destruir la fe de una persona constituye un gran pecado, es equivalente a un crimen. Tras destruir la fe de alguien, no resulta fácil construir algo más en su lugar.

Hay que esforzarse por crecer a partir de la propia fe o creencia. Dejemos que los demás también lo hagan. Ese es el medio correcto. (M.M.6) *Ver Actitud*

✳ Naturalmente, podemos preguntarnos: "¿Qué sentido tiene que una persona luche sola en la sociedad, en un mundo lleno de oscuridad?" Cada uno de nosotros tenemos una vela, la vela de nuestro corazón. Sin dudarlo un momento deberíamos encender esa vela con la lámpara de la fe. No penséis: "¿Cómo puedo recorrer una distancia tan larga con una vela pequeña?" Da sólo un paso cada vez. Habrá luz suficiente para iluminar cada paso del camino.

✳ Obligar a todas las personas a aceptar una única fe no es correcto. (M.S.6) *Ver Dios*

✳ Desgraciadamente, pertenece a la naturaleza humana tirar piedras, destruir el amor y la fe allí donde esté presente. Pero no debería ser así, ya que el amor es la rosa que llena de fragancia la sociedad. Nadie debería tirarle piedras y dañarla. La gente moderna dice que el amor y la fe son ciegos. Ellos creen en la lógica y la inteligencia. Pero Amma dice que la lógica es ciega, ya que la vida se marchita si sólo está llena de racionalismo. Por tanto, sólo deberíamos tener ojos para el amor y la fe.

No creen en la utilidad de esta práctica ni la valoran. Hemos de tener en cuenta que la crítica es necesaria, pero no por eso debe ser ciega. No debería ser destructiva, ya que a través del amor y la fe alcanzamos finalmente la realización del Ser. (M.M.7) *Ver Actitud*

✳ Nunca deberíamos ser víctimas del pesimismo. La paciencia, la fe optimista y el entusiasmo son esenciales en la vida y debemos esforzarnos siempre por cultivar estas cualidades y mantenerlas vivas en nuestros corazones. (M.J.7) *Ver Actitud*

Fe

∗ Para que esto ocurra, son necesarios *shraddha* (atención sincera a las palabras del *Guru*), paciencia, actitud de entrega y fe optimista. Es natural cometer errores en el camino espiritual. Pero no hay que venirse abajo por eso, ya que es desde el error desde donde uno se eleva hacia la verdad. El loto surge del lodo. Si somos inocentes, podemos corregir nuestros errores y avanzar. El mayor peligro viene de no intentarlo siquiera.

Cuando los niños pequeños están aprendiendo a andar se caen, pero se levantan y lo intentan de nuevo. Sin embargo, se vuelven a caer. Pero la fe en que su madre está ahí para ayudarles en caso de que se caigan de nuevo les inspira para seguir adelante. De la misma manera, la fe en el que el *Paramatman* (Ser Supremo) nos salvará de cualquier peligro es nuestra fuerza e inspiración para continuar. Debido al ego del discípulo, puede que esta fe no surja inicialmente. Pero si tiene inocencia y es consciente de la meta, dicha fe se irá desarrollando progresivamente. (M.D.7) *Ver Inocencia*

∗ En realidad tenemos fe, pero no en el *Guru*, sino en nuestra mente. Tener fe en la mente es como fiarse de un idiota. La mente es errática, y se siente muy feliz reflejando la superficie de todo lo que ve, sin conocer la verdad más profunda. (M.M.8) *Ver Mente*

Felicidad

✳ Hijos míos, sólo podremos obtener paz y felicidad cuando estemos inmersos en la espiritualidad. (C.2)

✳ Sólo existe la alegría para quien está libre del egoísmo. (C.4)

✳ *¿Cree que es posible alcanzar la felicidad?*

Estar contento y feliz depende únicamente de la mente, no de las circunstancias. En realidad la felicidad depende del dominio de uno mismo. Incluso el más sublime de los paraísos se transforma en un infierno si la mente está agitada, y viceversa. (M.S.0) Ver *Sufrimiento*

✳ Queridos hijos:
Venid rápido...
¿Qué hay de nuevo? ¿Son felices todos mis hijos? Amma sabe que estáis tristes al pensar que os sentís alejados de Ella. Por este motivo Amma os pide que miréis en vuestro interior. ¿Acaso no saben mis hijos que todo lo que viene del exterior sólo produce sufrimiento? Buscar la felicidad en el exterior es como intentar remar un barco que está varado a la orilla de un río. Una cadena es una cadena, aunque sea de oro o de cualquier otro metal.

Un soldado muerto, caído en el campo de batalla, no se siente afectado por la derrota ni por la victoria, ni por los combates que se libran en el frente. Vivid así, como un testigo desapegado. Por eso os pido que practiquéis la contemplación y que busquéis la compañía de santos (*satsang*).

Había una vez un hombre rico que estaba siempre inquieto. Sufría de insomnio crónico. Incluso cuando se detenía, apenas conseguía reposar. Su mayordomo, en cambio, era feliz, sin preocupaciones, su rostro reflejaba siempre una serenidad gozosa. El

Felicidad

hombre rico al observarlo, le preguntó un día: "¿Cómo consigue estar siempre tan feliz y contento?" El mayordomo le respondió sonriente: "Señor, hago el mejor uso posible de lo que me llega, no pienso jamás sobre lo pasado, ni doy vueltas sobre lo que no he conseguido." Hijos míos, cultivad la actitud del mayordomo. Haced el mejor uso de la ocasión de oro que se os ha dado para alcanzar la realización.

Queridos hijos, comprended que todo lo que os llega es por vuestro bien. Las adversidades nos hacen más fuertes. El Señor Brahma dio un día semillas a los dioses, les pidió que las plantaran bajo tierra y que vivieran felices en compañía de los seres humanos. Cuando las pusieron, los demonios montaron en cólera. Ellos no querían que Brahma enviara a los devas a la tierra para la felicidad de los hombres y decidieron vengarse. Entonces colocaron excrementos en los agujeros donde se habían plantado las semillas, a fin de impedir que germinaran. Pero los excrementos sirvieron de alimento a las semillas y la cosecha fue excelente.

Hijos míos, consolaros pensando que toda experiencia difícil o dolorosa es por vuestro bien. Sabed que todo lo que llega es por vuestro bien.

Que vuestras lágrimas sean para la humanidad sufriente, para su bienestar y su felicidad.

Al contemplar el rostro de todos mis hijos, sin cesar... me inclino afectuosamente ante cada uno de vosotros, queridos hijos míos. Om Namah Shivaya. (M.M.1)

* Muchos sienten ahora que esta forma de vida es demasiado aburrida, por lo que cambian de pareja cuando lo desean. Pero a pesar de estos cambios, no parece que esas personas sean felices. ¿Es realmente éste, el tipo de cambio que deberíamos hacer en nuestras vidas? Desde luego, no. Esto solo nos conducirá a la destrucción.

La gente que vive así, es posible que diga que disfruta de la vida, pero esa no es la forma correcta de vida. (M.J.1) *Ver Casarse*

✽ Si esperamos triunfar en todas las acciones que emprendemos, ese mismo deseo nos conducirá a los más grandes fracasos de nuestra vida. Amma no dice que no debamos desear el éxito, sino que la vida está llena de altibajos. Éxito y fracaso, alegría y sufrimiento (placer y dolor), van y vienen. Esa es la naturaleza misma de la vida sobre la que nosotros no tenemos ningún control.

La vida comprende tres factores: El "yo" o lo individual, el mundo y Dios. Nuestro contacto se produce sobre todo con el mundo, y muy rara vez nos acordamos de Dios. Muchos rezamos a Dios únicamente cuando aparece algún sufrimiento en nuestra vida, o bien cuando queremos que se cumplan nuestros deseos. Amma dice que si vivimos en el mundo, debemos comprender su auténtica naturaleza. Una persona que no sepa nadar no se atreverá a adentrarse en el mar, mientras que quien sepa nadar bien disfrutará jugando con las olas. De igual modo, si entendemos la verdadera naturaleza del mundo, no nos afectarán los inevitables altibajos. Nunca podremos conseguir en este mundo el cien por cien de felicidad. Intentarlo sería parecido a querer enrollar el cielo para llevárnoslo bajo el brazo.

Tenemos libertad para realizar cualquier acción que deseemos, pero no poseemos el control sobre el resultado de nuestra acción. Por ejemplo, somos libres para comprar el coche que más nos guste, construir la casa de nuestros sueños, etc., pero el coche en cuestión puede verse implicado en un accidente, sin que nosotros podamos controlarlo. Las alegrías que podemos conseguir de este mundo son limitadas, mientras que sus sufrimientos son ilimitados. Amma explica esta cuestión a través de una historia.

Había una vez un joven que, tras finalizar con éxito sus estudios, trató de conseguir un trabajo, pero estaba desesperado al

Felicidad

ver que no le salía ninguna buena oportunidad. Envió multitud de solicitudes y después de mucho tiempo, consiguió un buen empleo. Estaba encantado con él, pero su alegría duró bien poco. Su jefe era una persona de temperamento muy fuerte, que le gritaba por cualquier tontería. De esta forma, el muchacho fue perdiendo su paz mental. Cuando volvía a casa de noche no podía conciliar el sueño por toda la tensión mental acumulada. Dejó de ser aquella persona jovial que tanto apreciaba toda su familia. Al final, comprobó que no tenía sentido seguir por este camino, y decidió abandonar aquel empleo. Al carecer de trabajo, se sintió de nuevo apesadumbrado.

Después de algún tiempo, consiguió otro buen empleo en una fábrica y se sintió feliz. Pero la fábrica estaba muy alejada de su casa. Tenía que levantarse de madrugada y no volvía hasta muy entrada la noche. Su hijo pequeño todavía dormía cuando salía de casa, y cuando volvía ya estaba otra vez dormido. Lamentaba profundamente no poder compartir ningún momento con su familia, así que decidió cambiar de casa. Después de mucho buscar encontró una vivienda cerca de la fábrica, y se sintió feliz en su nuevo hogar, ya que podía dedicar más tiempo a su familia. Pero al cabo de unos meses, su hijo enfermó a causa de la contaminación de las industrias cercanas. De nuevo, el hombre se sintió apesadumbrado. Esta es, en realidad, la naturaleza de la vida. La felicidad y el sufrimiento se van alternando sin cesar.

Amma compara nuestra vida con el péndulo de un reloj que se mueve constantemente de un lado a otro y nunca permanece quieto. Necesitamos llevar el péndulo de nuestra mente a un lugar de quietud, a un punto de equilibrio. Para lograrlo necesitamos meditar y hacer otras prácticas espirituales. Sólo entonces podremos disfrutar de equilibrio, de paz mental, y permanecer como testigos que no se ven afectados por los altibajos de la vida. Si vivimos manteniendo una correcta comprensión de la naturaleza del mundo, estaremos entonces preparados para afrontar y aceptar, con equilibrio mental, cualquier situación que se nos presente o cualquier nueva experiencia que tengamos en esta vida. (M.J.1)

✼ Recientemente alguien dijo: "No me gusta sentarme al lado de Amma, porque cuando Amma muestra más amor hacia los demás, siento celos." Yo dije: "También los demás se sienten tristes. Intenta ser feliz cuando veas que Amma consigue hacer felices a los otros. ¿Acaso no es bueno que se sientan mucho más contentos?" Piensa: "¡Qué maravilloso sería si yo también pudiera dar felicidad a los demás!" Si alimentaras esta clase de pensamientos, participarías naturalmente de su alegría.

De esta manera, podemos olvidarnos de nuestras penas y convertirnos en instrumentos de felicidad para los demás. Intenta, pues, cultivar esta actitud, en lugar de evitar aproximarte por temor a sentirte celosa. Alejarse del *Guru* es como abandonar una habitación completamente perfumada para irse a otra llena de carbón: acabaremos cubiertos de hollín.

Cuando intentamos constantemente obtener más y más, no sólo perdemos lo que nos llega, sino que somos incapaces de dar. Si nos dedicamos a dar, nuestros corazones se abrirán más y más, incluso sin que nos demos cuenta. No basta con contemplar una flor y disfrutar de su belleza. Deberíamos convertirnos en flor, ofreciendo la misma fragancia y belleza a los demás. El sufrimiento de los demás, debería convertirse en nuestro sufrimiento, y su felicidad también debería ser nuestra felicidad. (M.S.1)

✼ El auténtico contentamiento es una actitud interior. Un millonario carente de contentamiento es realmente un pobre, mientras que un pobre que acepta su escaso salario y está contento con lo que tiene, es ciertamente rico. Procuremos estar satisfechos con

Felicidad

lo que tenemos, pues el contentamiento es, en sí mismo, la mayor de las riquezas. (M.J.2)

✻ La acción realizada con un espíritu desinteresado es muy superior a la acción con fines egoístas. Un ser que actúa movido por el ideal de sacrificio está menos apegado a la acción y más al ideal. Esta actitud generosa tiene una belleza intrínseca. A medida que la Gracia y la alegría de la acción desinteresada se intensifican, os situáis, cada vez con más fuerza, en un estado en el que la abnegación y la meditación surgen de forma natural.

Al principio, basta con sentiros motivados por ese ideal. Prestarle atención para que sea la fuente de la que brotan vuestras acciones. Eso exige inicialmente un esfuerzo consciente y deliberado. Después, alimentados por ese ideal, tratad de escuchar vuestro corazón. Así, en cada una de vuestras acciones, surgirá un sentimiento de alegría desde lo más profundo de vuestro ser, que se convertirá en algo espontáneo. (M.J.2)

✻ En un rincón solitario de un parque, había un hombre sentado en un banco. Estaba muy abatido y lleno de dolor, pues acababa de presentarse en una importante empresa a pedir trabajo, y le había salido mal la entrevista que había mantenido. De pronto oyó unos pasos, abrió sus ojos y miró hacia arriba. Frente a él había un muchacho con gafas de sol, que llevaba una flor marchita.

El muchacho dijo: "Mira esta flor, ¿no te parece bonita?" El hombre abatido pensó: "¿cómo puede creer eso, si está completamente marchita?" Como quería seguir solo, le contestó: "Sí, parece bella".

El muchacho insistió: "Huele, huele la flor y verás que fragancia tiene." El hombre la olió, pero no percibió ninguna fragancia en especial. No obstante, para acabar la conversación, le dijo: "Sí, huele bien." Entonces apareció una dulce sonrisa en el rostro del muchacho y, depositando la flor en el regazo del hombre, le dijo: "Tómala, es para ti. ¡Qué Dios te bendiga!".

Tras estas palabras, el muchacho se marchó dando pequeños golpes con su bastón. Entonces, el hombre se dio cuenta de que el muchacho era ciego. Su corazón se sintió profundamente conmovido y reflexionó: "¿Cómo puedo sentirme abatido porque he fallado en una entrevista de trabajo, si este muchacho no puede ver y, sin embargo, está contento? Es más, incluso hace que los demás se sientan felices."

En aquel momento, el hombre comprendió la verdad. Era la belleza y la fragancia del corazón del muchacho lo que se reflejaba en la flor. Lo buscó con la mirada y vio como se acercaba a otra persona mísera, intentando alegrarla con una flor en la mano. Se levantó del banco, corrió hacia el muchacho y lo abrazó, derramando lágrimas de gozo.

Al igual que este muchacho ciego, también nosotros deberíamos ser una fuente de felicidad. Cuando olvidamos nuestro sufrimiento e intentamos hacer felices a los demás, crecemos interiormente y hacemos que nuestros corazones se transformen en una morada de paz. Todo lo que obtenemos se debe a la Gracia de Dios y, por tanto, tendríamos que regocijarnos de ello. No debemos lamentarnos ni preocuparnos por lo que nos falta. En lugar de comparar nuestras posibilidades. De que nos sirve ganar el mundo entero, si vamos a lamentarnos de lo que no obtuvimos. Con esta clase de actitud, nunca estaremos satisfechos. Debemos esforzarnos para ser siempre dadores y no contentarnos sólo con tomar.

No obstante, Amma nos dice que hay un sitio donde siempre se puede encontrar la felicidad. ¿Sabéis donde? En el diccionario. (M.J.2)

Felicidad

✳ Si deseamos disfrutar de paz, tenemos que encontrar su auténtica fuente y buscarla allí. El mundo exterior nunca nos dará verdadera paz o felicidad. (M.J.3)

✳ La felicidad no se halla en los objetos externos, sino en nosotros mismos. Cuando somos conscientes de este hecho y vivimos suficientemente desapegados, la mente deja de ir en busca de los placeres externos. (M.S.3)

✳ Hijos, realizad todas vuestras acciones con el pensamiento entregado a Dios. Entonces podréis vencer incluso a la muerte, y la felicidad será vuestra para siempre. (M.S, 3)

✳ El sufrimiento aparece a causa del deseo. Si a través del deseo se consiguiera la auténtica felicidad, hace ya tiempo que hubiéramos logrado el gozo de la liberación. (M.S.3)

✳ ¿Crees que la felicidad procede del desapego? Ciertamente, no. La felicidad surge del amor supremo. Lo que se necesita para la realización del Ser o Dios, es amor. Solo a través del amor experimentarás un completo desapego. (M.S.3)

✳ El arco iris se convirtió en un ser tan bello porque se olvidó de sí mismo y entregó su vida a los demás. De igual manera, cuando nos olvidamos de nosotros mismos y vivimos por la felicidad de los demás, experimentamos la belleza auténtica de la vida. (M.D.4) *Ver Religión*

✳ Nuestro egoísmo y las acciones egoístas resultantes de él se deben a nuestra identificación con el ego, el sentido de "yo" y "mío". Al considerarnos seres limitados e incompletos, es natural que luchemos para obtener y mantener las cosas que nos parece que necesitamos para ser felices. (M.J.7) *Ver Actitud*

✳ *¿Cómo es que la felicidad viene de servir a los demás?*

Depende de la actitud mental de cada uno. Algunas personas se sienten tremendamente felices cuando dan o comparten algo con los demás. Pero hay otros que pueden sentirse un tanto tristes porque "he tenido que compartir esto con alguien". Depende de la actitud y constitución mental de cada uno. (M.S.7) *Ver Actitud*

✴ Si el amante tiene fe en su amada, la felicidad es para el amante. La ganancia es para el que cree. La paz y el gozo que experimentará como consecuencia de su entrega le inspirará para mantenerse firme en ella. (M.D.7) *Ver Inocencia*

www.ingramcontent.com/pod-product-compliance
Lightning Source LLC
Chambersburg PA
CBHW071210090426
42736CB00014B/2766